"十四五"职业教育国家规划教材

汽车类专

汽车
涂装技术

◆第4版◆微课版◆

吴兴敏 黄艳玲 翟静◎主编

张兴良 尤建祥 郝继升◎副主编

程玉光◎主审

人民邮电出版社

北 京

图书在版编目（CIP）数据

汽车涂装技术：微课版 / 吴兴敏，黄艳玲，翟静主
编. -- 4版. -- 北京：人民邮电出版社，2024.8
汽车类专业人才培养系列教材
ISBN 978-7-115-62450-5

Ⅰ. ①汽… Ⅱ. ①吴… ②黄… ③翟… Ⅲ. ①汽车－
涂漆－教材 Ⅳ. ①U472.44

中国国家版本馆CIP数据核字(2023)第146691号

内 容 提 要

本书按照汽车涂装修复的实际工艺过程编写，共 8 个项目，包括汽车涂装修复职业健康与安全事
项，涂层种类的鉴别与漆膜损伤的评估，表面预处理方法，原子灰的刮涂、干燥、打磨与修整，底漆
的准备和车身的准备，底漆的喷涂、干燥与打磨，中涂底漆的喷涂、干燥、检查与打磨，素色漆、银
粉漆和珍珠漆的调色，素色面漆、银粉面漆和珍珠面漆的整板（整车）喷涂和驳口喷涂，面漆涂装后
的修整项目及修整方法，塑料件与水性漆的涂装等内容。

本书符合职业教育"基于工作过程、行动导向、任务驱动"的教学要求，可用作职业院校汽车车
身维修技术相关专业的教材，也可作为职业院校汽车相关专业选修课程的教材、汽车车身维修技术培
训教材和汽车维修技师自学的参考资料。

- ◆ 主　　编　吴兴敏　黄艳玲　翟　静
　　 副 主 编　张兴良　尤建祥　郝继升
　　 责任编辑　王丽美
　　 责任印制　王　郁　焦志炜
- ◆ 人民邮电出版社出版发行　　北京市丰台区成寿寺路 11 号
　　邮编　100164　　电子邮件　315@ptpress.com.cn
　　网址　https://www.ptpress.com.cn
　　三河市君旺印务有限公司印刷
- ◆ 开本：787×1092　1/16
　　印张：16.5　　　　　　　　　　2024 年 8 月第 4 版
　　字数：453 千字　　　　　　　　2024 年 8 月河北第 1 次印刷

定价：66.00 元

读者服务热线：(010)81055256　印装质量热线：(010)81055316
反盗版热线：(010)81055315
广告经营许可证：京东市监广登字 20170147 号

前 言

一、汽车涂装修复职业背景

在《中华人民共和国职业分类大典》中，从事汽车涂装修复的技术人员称为涂装工，目前流行的称呼为喷漆技师，是汽车维修行业中的一个热门岗位。近年来，涂装工的收入水平不断提高，而且越来越受到社会的认可和重视。汽车保有量的日益增多及大中城市交通拥挤的现实状况，导致汽车事故发生率逐年升高，事故车的维修数量明显增加。据调查，目前汽车维修企业中，事故车维修率约占 70%，而对事故车的维修作业中，汽车涂装作业约占 30%。可见，目前汽车维修行业对汽车涂装修复人才的需求量较大，各职业院校相继开设了汽车车身维修技术相关专业方向，以满足汽车维修企业对汽车钣金维修、汽车涂装修复及汽车美容护理等人才的需求。

二、课程与教材情况

1. 课程情况

① "汽车涂装技术"是高职汽车车身维修技术相关专业方向的一门专业核心课程，也是其他汽车相关专业的一门专业限选课。

② "汽车涂装技术"课程按国家颁布的专业教学标准制定课程标准。

③ 本书对应的课程为国家"双高"教学资源建设立项项目。

2. 之前版次教材情况

① 教材第 1 版是编者在经历了多年的课程改革、课程教学、汽车涂装工职业资格证书培训及汽车车身维修实践的基础上，精心设计、编写而成的。教材第 1 版自出版以来，受到广大使用者的欢迎。

② 教材第 2 版和第 3 版延续了第 1 版项目引领、行动导向、任务驱动的特点，但仍存在一些细节问题，如部分内容介绍得还不够详细，引用标准及案例陈旧等。

3. 修订理由及内容

为了全面贯彻党的二十大精神、更新技术、体现新的职业教育教学理念，突出产教结合，满足中高职衔接职业教育教学要求，吸纳新的课程改革成果，完善课程教学资源，故对教材第 3 版实施了修订。

教材第 4 版的修订由吴兴敏教授牵头并组建编写团队，团队由中高职学校具备多年本课程教学工作经验的教师和企业多年从事汽车涂装修复一线工作的能工巧匠组成。教材的主要修订内容如下。

① 更新技术、更新文件规范、更新内容，删除行业内已不再使用的操作等。

② 精简理论知识内容，突出实践能力培养。

③ 全书在每个学习任务的"学习目标"模块，均增加素质目标。在正文适当的位置，自然引入胸怀祖国、服务人民的爱国精神，勇攀高峰、敢为人先的创新精神，公平、公正、科学、严谨的工作作风以及精益求精的大国工匠精神等元素。

④ 增加了微课、动画等数字资源。

⑤ 为体现教材编写的严谨性，特聘请行业专家作为本书主审。

三、修订后教材特色与创新

① 本书全面贯彻党的二十大精神，紧密对接汽车行业发展重大战略需求，不断更新专业知识体系，更好服务于新时代创新人才培养。

② 编写团队具备权威性。本书编写团队由中高职职业学校教师和汽车维修企业汽车涂装修复专家组成，体现了"生产与教学紧密结合"和"校企双元合作建设"的特点。

③ 采用项目引领、任务驱动的编写模式。本书完全按照汽车涂装修复流程划分项目，在大部分项目中，按具体的工作内容分为若干个学习"任务"，符合"任务驱动、行动导向"教学模式的要求。学习任务下设"任务引入""学习目标""相关知识学习""技能学习"等模块。这种体例结构的设计，既符合知识认知规律，又具备知识传授与技能学习并重的特点。

④ 注重职业素养养成。在每个学习任务中，有关于该任务的劳动安全卫生、节能环保及团队协作等方面的详细要求，可使学生在学习过程中逐步养成良好的职业素养。

⑤ 编写内容参考国家职业技能（汽车涂装工）等级标准，以满足 1+X 证书制度的要求，引入世界技能大赛评分标准，满足"岗课赛证"的要求。

⑥ 提供配套的工作手册（技能学习工单），为学生技能学习和教师教学过程考核提供了极大的便利。

⑦ 配备丰富的多媒体教学资源，如微课、视频等，读者可通过手机等移动终端扫描二维码在线学习。同时还配备 PPT 课件、课程标准、教学计划、教学设计、题库及答案等教学资源，读者可登录人邮教育社区（www.ryjiaoyu.com）下载。

⑧ 同步出版数字教材，推进教育数字化。

四、教学建议

本课程教学建议为 60～90 学时。各项目的参考学时见下表。

序号	学习项目	学习任务	学时	理论学时	实操学时	教学形式	备注
1	职业健康与安全	职业健康与安全	2	2	0	理论	
2	底处理	任务 2-1 漆膜损伤评估	4	2	2	理论+实操	
		任务 2-2 表面预处理	4	2	2	理论+实操	
3	原子灰的涂装	任务 3-1 原子灰的刮涂与干燥	2	2	0	理论	
		任务 3-2 原子灰的打磨与修整	4	2	2	理论+实操	
4	底漆的涂装	任务 4-1 底漆的准备	2	2	0	理论	实操训练在后续其他课程进行
		任务 4-2 车身的准备	2	2	0	理论	实操训练在后续其他课程进行
		任务 4-3 底漆的喷涂	4	2	2	理论+实操	实操项目为喷涂手法练习
5	中涂底漆的涂装	中涂底漆的喷涂、干燥、检查及打磨	4	2	2	理论+实操	
6	面漆的调色	任务 6-1 素色漆的调色	6	4	2	理论+实操	
		任务 6-2 银粉漆的调色	4	2	2	理论+实操	
		任务 6-3 珍珠漆的调色	4	2	2	理论+实操	

续表

序号	学习项目	学习任务		学时	理论学时	实操学时	教学形式	备注
7	面漆的涂装	任务 7-1	面漆的整板喷涂	4	2	2	理论+实操	
		任务 7-2	面漆的驳口喷涂	4	2	2	理论+实操	
		任务 7-3	面漆涂装后的修整	4	2	2	理论+实操	
8	塑料件与水性漆的涂装	任务 8-1	塑料件的涂装	4	2	2	理论+实操	
		任务 8-2	水性漆的涂装	4	2	2	理论+实操	
学时合计				62	36	26		

注：各学校可根据自身条件及课程要求适当调整实操项目及学时分配。

本书由辽宁省交通高等专科学校吴兴敏、黄艳玲、翟静任主编，由巴斯夫（中国）有限公司张兴良、盘锦职业技术学院尤建祥和凤城市职业教育中心郝继升任副主编，北京中车行高新技术有限公司程玉光任主审。参与本书编写工作的还有高元伟、金艳秋、宋孟辉、张成利、鞠峰等。

由于编者水平有限，书中若有疏漏与不足之处，敬请读者提出宝贵意见和建议。

编者

2024 年 2 月

目　录

项目一
职业健康与安全

【项目引入】

　　汽车涂装工为特殊工种。汽车涂装作业过程中存在很多关于劳动安全、卫生及环保的特殊事项，涂装作业人员必须熟记这些事项并且具备丰富的劳动安全、卫生及环保知识与技能，才能最大限度地避免工作事故的发生，即便发生事故，也能进行有效的处理。因此，劳动安全、卫生及环保知识与技能是汽车修复涂装作业人员必须要学习的第一课。"健康中国"离不开职业安全。

　　本项目主要学习与汽车修复涂装作业相关的职业健康、安全、急救与医护相关知识，防护面罩的使用方法和特殊情况下伤患者救护方法等。

【学习目标】

1. 知识目标
（1）能够充分认识汽车涂装作业可能对人体造成的伤害。
（2）能够正确说明进行汽车涂装作业应采取的防护措施。
（3）能够高度重视涂装车间设备和工具的安全使用事项。

2. 能力目标
（1）能够识读与汽车涂装作业相关的安全警告标志。
（2）能够正确使用防护面罩。
（3）能够对涂装作业中发生的意外事件进行合适的应急处理。

3. 素质目标
（1）培养良好的安全卫生习惯等职业素养。
（2）培养居安思危、尊重生命、人道主义精神等思想素养。

【相关知识学习】

一、涂装安全警告标志

　　在使用涂装材料前要仔细阅读产品的使用说明书和相应的标签，并能充分理解各类型安全警告标志的含义，以便做到提前准备。

　　常见的与汽车修复涂装作业相关的安全警告标志主要有以下几种。

1．避免皮肤接触警告标志

避免皮肤接触警告标志如图 1-1 所示。工作时应采取如下措施。

图 1-1　避免皮肤接触警告标志

（1）穿着合适的工作服，佩戴合适的手套。

（2）使用隔绝性防护霜以保护裸露的皮肤。

（3）避免使用稀释剂洗手，应使用合适的清洁剂。

（4）若皮肤接触有害污物（如涂料、稀释剂等），应立即除掉污物并以大量清水和肥皂水清洗。

2．避免眼睛接触警告标志

避免眼睛接触警告标志如图 1-2 所示。工作时应采取以下措施。

（1）使用或处理涂料、固化剂和稀释剂时必须佩戴护目镜。

（2）如有任何涂料溅入眼睛，应马上用清水冲洗 10 min 以上，并送医院治疗。

图 1-2　避免眼睛接触警告标志

3．避免呼吸系统接触警告标志

避免呼吸系统接触警告标志如图 1-3 所示。工作时应采取以下措施。

（1）避免处于充满涂料和尘雾的工作间，工作间应安装良好的排风系统。

（2）进行干打磨或喷涂操作时，必须佩戴合适的防护面罩。

图 1-3　避免呼吸系统接触警告标志

4．毒性/刺激警告标志

毒性/刺激警告标志如图 1-4 所示，该标志提示可能存在以下安全危害。

图 1-4　毒性/刺激警告标志

（1）急性毒性。

（2）皮肤腐蚀/刺激性。

（3）严重眼损伤/眼睛刺激性。

（4）呼吸道过敏和皮肤过敏。

5．避免食用警告标志

避免食用警告标志如图 1-5 所示。工作时应采取以下措施。

（1）切勿在工作间内进食及吸烟，以免误服有害物质。

（2）工作人员进食前要彻底洗手。

（3）误服有害物质后不要强行催吐，设法保持体温并尽快

图 1-5　避免食用警告标志

送医救治。

6. 注意防火警告标志

注意防火警告标志如图 1-6 所示。漆雾和涂料中的挥发性气体是易燃易爆的,所用工作间必须配备防火设备,工作人员必须具备正确的安全防火知识。

图 1-6 注意防火警告标志

7. 健康危害警告标志

健康危害警告标志如图 1-7 所示,该标志提示可能存在以下健康危害。

(1)呼吸道过敏和皮肤过敏。

(2)生殖细胞突变性。

(3)致癌性。

(4)生殖毒性。

(5)特异性淋巴器官一次接触毒性。

(6)特异性淋巴器官反复接触毒性。

8. 易燃警告标志

易燃警告标志如图 1-8 所示,该标志提示可能存在以下易燃物。

(1)易燃气体。

(2)易燃气溶胶。

(3)易燃液体。

9. 腐蚀性警告标志

腐蚀性警告标志如图 1-9 所示,该标志提示可能存在以下腐蚀情况。

(1)金属腐蚀。

(2)皮肤腐蚀/刺激。

(3)严重眼损伤/眼睛刺激性。

图 1-7 健康危害警告标志　　图 1-8 易燃警告标志　　图 1-9 腐蚀性警告标志

10. 急性毒性警告标志

急性毒性警告标志如图 1-10 所示,该标志提示可能存在急性毒性。

11. 水环境危害警告标志

水环境危害警告标志如图 1-11 所示,该标志提示可能存在急性/慢性水环境危害。

图 1-10　急性毒性警告标志　　图 1-11　水环境危害警告标志

二、涂装职业健康

1. 涂装作业可能对人体的伤害

进行汽车涂装作业时能够危害人体的物质有很多，有时在短期内可能不易察觉其对身体造成的伤害，但多年以后，病症就会发作。通常这种伤害是无法挽回的。

涂料可能含有铅、铬、镉等重金属。铅会影响神经系统、循环系统、肾脏系统、生殖系统；铬会损伤呼吸道、消化道，引起皮肤溃疡、鼻中隔穿孔等；镉会引起呼吸道病变，危害肾脏系统。

有机溶剂可能含有甲苯、二甲苯，会刺激中枢神经、皮肤，损伤肝脏。

树脂可能会引起呼吸道过敏、皮肤过敏。

2K 型（双组分）涂料的固化剂可能含有异氰酸盐，会刺激皮肤、黏膜，引起呼吸器官障碍。

涂装工在进行汽车修复涂装作业过程中必须注意安全，避免意外的发生。因为一旦发生事故，将可能造成不可挽回的损失，因此必须谨记：预防胜于补救。

还要注意一点：有慢性肺病或呼吸系统疾病者，应避免接触涂料及有关产品。

2. 职业防护措施

（1）环境控制。涂装作业环境控制中很重要的内容是通风。在使用涂料、稀释剂以及原子灰等化学品时，适当的通风是非常重要的，通常采用换气扇等换气系统强制通风。特别是喷漆车间，更需要充分换气，这样不仅可以加速漆膜的干燥，也可以除去有害粉尘和有害气体。如果条件允许，最好在具有强制换气扇的喷烤漆房或无尘车间内喷漆。

（2）使用先进的工具和设备。先进的涂装设备可以有效地降低化学物质对操作者的危害。

① 使用高质量的喷枪，如高流量低压力（HVLP）喷枪，可提高喷涂时的涂料利用率，减少漆雾。

② 使用无尘干磨设备可以使打磨产生的粉尘量降到最低，减少操作者呼吸系统吸入粉尘的量。

③ 改进喷烤漆房的排风效率，减少喷漆时漆雾对人体的影响。

④ 在准备工作、调漆和喷漆作业时，为抵御产生的溶剂蒸气和漆雾，应佩戴高质量的劳动保护用品。

（3）使用环保性能较好的涂装产品。

① 使用固体含量高的涂料。高固体含量涂料中，溶剂少，涂装作业时可减少对人体的伤害。

② 使用水性涂料等。水性涂料以水为稀释剂，相对溶剂型涂料，其对人体伤害的程度较小。

（4）佩戴个人安全防护用品。汽车涂装作业操作者的部分个人安全防护用品如图 1-12 所示。在工作中采取安全防护措施的成本，远比健康损害和工作能力降低

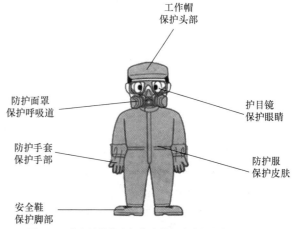

图 1-12　汽车涂装作业操作者的部分个人安全防护用品

的损失要低。下面对防护用品进行详细介绍。

① 护目镜。护目镜用于防止稀释剂、固化剂、飞溅的涂料以及打磨出的灰尘对眼睛造成伤害。图 1-13 所示为佩戴护目镜示意及需佩戴护目镜警告标志。

② 防尘面具（口罩）。防尘面具用于保护肺部免受打磨时产生的固体微粒的危害。图 1-14 所示为佩戴防尘面具示意及需佩戴防尘面具警告标志。防尘面具应根据需要使用不同级别的滤芯。防尘面具滤芯的保护等级见表 1-1。

图 1-13　佩戴护目镜示意及需佩戴护目镜警告标志　　　图 1-14　佩戴防尘面具示意及需佩戴防尘面具警告标志

表 1-1　　　　　　　　　　　　　防尘面具滤芯的保护等级

过滤物质	英文代号	颜色	保护等级	保护范围
颗粒	P	白色	P1	低毒性固体物质
			P2	低毒性固体及液体物质
			P3	一般毒性固体及液体物质
有机气体及挥发物	A	棕色	A1	沸点在 65 ℃及以上的有机气体及挥发物（如溶剂）
			A2	沸点在 65 ℃以下的有机气体及挥发物（如溶剂）

③ 防护手套。汽车修复涂装工作中使用的防护手套主要有两种：一种是棉手套，主要用于打磨或处理汽车零件时避免手部受到伤害；另一种是橡胶手套，主要用于可能接触涂料、稀释剂等时，防止有害物质通过皮肤渗入人体。图 1-15 所示为佩戴防护手套示意及需佩戴防护手套警告标志。

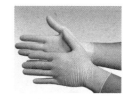

图 1-15　佩戴防护手套示意及需佩戴防护手套警告标志

另外，对手部皮肤的保护还可在涂装操作前涂抹防护霜；如果皮肤沾有涂料，应用专用的清洗膏清洁；如果皮肤出现划伤等，应进行有助于皮肤再生的护理。

④ 防护面罩。涂装作业中的防护面罩主要有过滤式、半面供气式和全面供气式 3 种类型。

a. 过滤式防护面罩。如图 1-16（a）所示，过滤式防护面罩适合在短时间接触有害气体时佩戴，其过滤等级一般为 P2 或 A2 级。

b. 半面供气式面罩。如图 1-16（b）所示，半面供气式面罩适合在长时间接触有害气体时佩戴。这种类型的防护面罩，呼吸空气的质量与环境空气无关，两侧送风，气流均匀，通过附设的气压计可随时调整送风气压，可以随时观察活性炭滤芯的有效性。半面供气式面罩需配备活性炭过滤器、空气加热器、空气加湿器等。

c. 全面供气式面罩。如图 1-16（c）所示，全面供气式面罩的用途、配套装置及特点与半面供气式面罩的相同，只不过它能够将整个面部遮盖起来，实现对面部的完全保护。

（a）过滤式防护面罩　　　（b）半面供气式面罩　　　（c）全面供气式面罩

图 1-16　防护面罩

图 1-17 所示为需佩戴防护面罩警告标志。

⑤ 防护服。涂装作业防护服通常分两种：一种是机械危险防护服，即普通棉质工作服，主要在进行打磨等机械性作业时穿戴，主要作用是防止人体直接接触脏污和避免一般的机械伤害；另一种防护服为化学防护服，主要在进行调漆、喷漆及抛光等作业时穿戴，用于防止涂料、稀释剂及抛光剂飞溅等造成的危害。涂装作业防护服最好是带帽连体式，用透气、耐溶剂、防静电、不起毛的材料制作，袖口为收紧式，如图 1-18 所示。

⑥ 安全鞋。在设有排水（排漆雾）的金属格栅的喷烤漆房内作业，必须穿安全鞋。安全鞋通常具有耐溶剂、绝缘等特性，鞋头和后跟均有内置钢板。图 1-19 所示为安全鞋及需穿戴安全鞋警告标志。

图 1-17　需佩戴防护　　　图 1-18　涂装作业防护服　　　图 1-19　安全鞋及需穿戴安全鞋警告标志
　　　面罩警告标志

⑦ 耳罩（或耳塞）。涂装作业间的噪声主要有喷烤漆房的排气扇噪声、排气管道噪声、打磨噪声及压缩空气机噪声等。这些噪声虽然不是很大，但操作人员长期在噪声环境中工作，即使噪声很小也会对听力产生损伤，因而应该佩戴耳罩或耳塞予以保护。图 1-20 所示为耳罩及需佩戴耳罩警告标志。

图 1-20　耳罩及需佩戴耳罩警告标志

涂装作业个人
安全防护

三、急救与医护

尽管技术上、组织上和个人的安全措施已相当周全，但有时仍无法避免事故的发生，必须要考虑到员工突然发病的可能性。因此，急救在发生事故和其他紧急情况时是必不可少的。

汽车维修企业、相关培训机构等，只允许安排在经过认证的救助机构中接受过培训和进修的人员作为急救员。只有受过培训的、熟悉各种必要措施的急救员才能提供有效的急救。因此，必须在适当的时间范围内提升急救员的知识水平和能力水平。

【技能学习】

一、使用防护面罩

1. 检查

在每次使用防护面罩之前必须检查，如有损坏或零件缺损，则必须弃置处理，检查程序如下。

防护面罩的
检查

（1）如图 1-21 所示，检查防护面罩有无裂痕、撕破或污物。确保面罩尤其是面罩与面部贴合密封部分，不能缺损和变硬。

（2）如图 1-22 所示，将呼吸阀提起，检查呼吸阀有无变形和损伤。

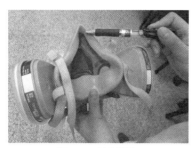 

图 1-21　检查损伤　　　　　　　　　图 1-22　检查呼吸阀

（3）检查头带、颈带是否完整并有弹性。

（4）检查所有的塑料部件是否有裂痕，检查过滤盒安装座是否完好。

2．更换过滤棉

（1）先将塑料盖打开，如图 1-23 所示。

（2）如图 1-24 所示，将过滤棉放入塑料盖中，使印有字的一面向外。

（3）将塑料盖扣向过滤盒并卡紧。

（4）先将过滤盒标记部分对准面罩本体的标记部分，然后扣上。

更换过滤棉

（5）以顺时针方向扭转过滤盒至锁紧位置（约转 1/4 圈），如图 1-25 所示。

图 1-23　打开塑料盖　　　　　图 1-24　安装过滤棉　　　　　图 1-25　安装过滤盒

3．佩戴

（1）将防护面罩盖住口鼻，然后将头带拉至头顶后侧，如图 1-26 所示。

（2）用双手将下面的颈带拉向颈后，然后扣住，如图 1-27 所示。

图 1-26　套头带　　　　　　　　　图 1-27　扣紧颈带

（3）上下调整防护面罩，以不阻挡视野并保持良好密封性的位置最为合适，如图 1-28 所示。

（4）先调整头带，然后调整颈带，不要拉得过紧（如果过紧，可向外推塑料卡将头带放松）。

防护面罩的佩戴与密封性测试

图 1-28　调整防护面罩位置

4. 测试密封性

（1）正压测试。如图 1-29 所示，用手掌盖住呼气阀并慢慢呼气，如防护面罩向外轻轻鼓胀，且没有感觉气体从面部及面罩之间泄漏，则表示密封性良好；如感觉有气体泄漏，重新调整防护面罩位置和（或）调整头/颈带的松紧度，重复进行正压测试，直至密封性良好。

（2）负压测试。如图 1-30 所示，用手捂住过滤棉的中心孔（吸气孔），轻轻吸气，如果防护面罩有轻微塌陷，并向面部靠拢，而没有感觉气体从面部和面罩间吸进，则表示密封性良好；如感觉有气体吸进，重新调整防护面罩位置和（或）调整头/颈带的松紧度，重复进行负压测试，直至密封性良好。

图 1-29　正压测试　　　　　　　图 1-30　负压测试

如果佩戴的防护面罩不能达到良好的密封性要求，请勿进入污染环境。

5. 维护

（1）清洁。在每次使用完防护面罩后，应卸下过滤盒和（或）过滤棉，用医用酒精棉球清洁防护面罩，如图 1-31 所示。

如果防护面罩脏污较严重，可将其浸在温热的清洗液中（液温不要超过 50 ℃），用擦布或软刷清洗直至清洁，如图 1-32 所示。用干净、温和的水冲洗，并在清洁的空气中风干。

图 1-31　清洁防护面罩　　　　　　图 1-32　清洗防护面罩

（2）存放。清洁的防护面罩必须在污染区以外的地方密封保存，如图 1-33 所示。

图 1-33　防护面罩的存放

防护面罩的维护与保存

二、应急处理意外事件

1. 人工呼吸

当意外事件使人员出现呼吸困难时，尽快将伤患者移至有新鲜空气处，使其保持适合呼吸的姿势休息，如没有呼吸，应实施人工呼吸，并呼叫求助。正确实施人工呼吸抢救的操作流程如下。

（1）先拍打伤患者肩部，以确定伤患者是否有意识反应，如图 1-34 所示。

（2）若伤患者没有意识反应，则应高声求救，如图 1-35 所示。

图 1-34　确定伤患者是否有意识反应

图 1-35　求救

（3）若伤患者有意识反应，则先将伤患者翻身（见图 1-36），使其处于平躺姿势。

（4）解开伤患者衣领，清除口鼻内异物，最好将其颈部垫高，使头部后仰，张开口，如图 1-37 所示。

图 1-36　将伤患者翻身

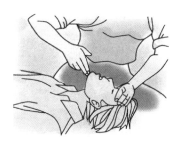

图 1-37　畅通呼吸道

（5）检查是否还有呼吸，如图 1-38 所示。注意，应在畅通呼吸道 10 s 内，判定伤患者是否有呼吸。

（6）救护人深吸气，对准并紧贴伤患者口部，一手捏紧伤患者的鼻孔，用力吹气，如图1-39所示。

（7）吹气停止后，松开捏鼻子的手，抬起头，再次深吸气，重复上述吹气动作。每分钟吹气次数和平时呼吸频率相似，进行5～10次吹气后，应停下来，检查一下伤患者是否有脉搏（或比原脉搏加快的迹象），如图1-40所示。

图1-38　检查呼吸　　　　　　图1-39　吹气　　　　　　图1-40　检查脉搏

（8）继续进行人工呼吸，直到伤患者能够进行自主呼吸为止。注意要有耐心，要坚持不放弃。

2. 救护眼睛溅入有害物的伤患者

（1）将伤患者引到眼睛冲洗机处或水槽边，使其伏在水槽上。

（2）将眼睛冲洗机喷嘴对准伤患者进入有害物的眼睛，轻轻地持续按压喷射按钮，使清洗液连续冲洗眼睛。注意应从鼻子向太阳穴方向冲洗，以避免有害物进入另一只眼睛。其间要求伤患者保持眼睛微睁，必要时救护者可用两根手指小心地将伤患者的眼睑分开。

（3）连续冲洗直到伤患者感觉眼睛内没有异物为止。

（4）根据事故情况咨询医生。

3. 救护皮肤接触有害物的伤患者

立即清除有害物并以大量清水及肥皂水清洗皮肤。

4. 救护误服有害物的伤患者

立即呼叫中毒控制中心电话或就医。注意不要催吐或诱使伤患者呕吐，应维持伤患者体温，保持安静并尽快送医救治。

项目二

底处理

|任务 2-1　漆膜损伤评估|

【任务引入】

图 2-1 所示为一辆漆膜受损的车辆，其车身中部、后轮罩及后保险杠处均有漆膜损伤。对这类漆膜进行修复时，第一步便是进行漆膜损伤程度的评估。

为什么要进行漆膜损伤评估呢？

准确评估漆膜损伤程度是确定维修成本、保证涂装质量的关键因素之一。对漆膜损伤进行了正确的评估后，才能确定修复范围，从而确定各道工序处理的范围、过渡区域、需遮盖保护的部位、需拆卸的零部件等，为后续工作的正确开展及保证满意的修复质量奠定基础。

图 2-1　漆膜受损的车辆

在进行漆膜损伤评估的同时，应鉴别车身漆膜的类型。鉴别车身漆膜类型在修复涂装工艺中是非常重要的。如果没有正确鉴别漆膜，在施涂面漆时会出现严重的问题。例如，准备修复涂装的车身板件之前涂装的是硝基漆，那么在中涂底漆之后喷涂的涂料中，所含有的稀释剂就会透入硝基漆涂层，这会引起后涂装的漆膜产生皱纹（收缩）。为了防止发生此类问题，在处理底材时必须正确鉴别漆膜的类型，以便选用与其配套的涂装材料及涂装工艺。

本任务主要介绍涂装的作用、工艺流程、涂料及涂层标准等相关知识，以及评估板面损伤程度、鉴定车身钣金效果、鉴别不同结构涂层、鉴别不同类型漆膜和判定汽车是否经过漆膜修复的方法。

【学习目标】

1. 知识目标

（1）能够正确描述汽车涂装的定义及作用。

（2）能够正确描述常规汽车修复涂装的工艺流程。

（3）能够正确描述涂料的组成、各组成成分在涂料中的作用、涂料的分类方法、汽车涂装常用涂料的品种及其特点。

（4）能够正确解释涂料的成膜方式。

（5）能够正确描述汽车涂层的类型及各类型涂层的结构特点。

2. 能力目标

（1）能够用目测法和触摸法评估板面损伤的程度。

（2）能够正确进行车身钣金效果的检查鉴定。

（3）能够用溶剂擦拭法鉴别漆膜的类型。

3. 素质目标

（1）培养良好的安全卫生习惯、节能环保意识及团队协作精神等职业素养。

（2）培养重视科学、尊重知识产权的思想素养。

【相关知识学习】

一、涂装的定义

涂装使用的材料主要是涂料，如图 2-2 所示。涂料可以用不同的施工工艺涂覆在物件表面，形成附着牢固、具有一定强度、连续的固态薄膜，通称漆膜。涂装是指将涂料涂覆于经过处理的物面（基底表面）上，经干燥成膜的工艺。有时也将使涂料在被涂物表面扩散开的操作称为涂装，俗称涂漆或油漆。

图 2-2　涂料（彩图）

彩图 2-2 和彩图 2-3

由两层及两层以上的漆膜组成的复合层称为涂层。汽车表面涂装就是典型的多涂层涂装。

汽车涂装是指各种车辆的车身及其零部件的涂漆装饰。根据涂装的对象不同，汽车涂装可以分为新车涂装和修复涂装两大体系。本书所阐述的内容均为修复涂装。

二、汽车涂装的作用

汽车涂装的主要作用有保护作用、装饰作用、标志作用和特定作用。

1. 保护作用

汽车用途非常广泛，活动范围广，运行环境复杂，经常会受到水分、微生物、紫外线、酸碱气体、酸碱液体等的侵蚀，有时会被磨、刮而造成损伤。如果在它的表面涂上涂料，就能在一定程度上保护汽车板件免受损坏，延长其使用寿命。如图 2-3 所示，经过涂装的钢板在被雨淋时不会与雨水直接接触，避免生锈。

图 2-3　涂装后钢板淋雨情况（彩图）

涂料可以从两方面保护汽车：一方面，车身表面经涂装后，零件的基本材料与大气环境隔绝，涂料起到屏蔽作用进而防止锈蚀；另一方面，有些涂料对金属本身还能起到缓蚀作用，比如磷化底漆可以借助涂料内部的化学成分与金属反应，使金属表面钝化，这种钝化膜加强了漆膜的防腐蚀效果。

2. 装饰作用

现代汽车不但是实用交通运输工具，而且是一种工业美术品，具有艺术性。汽车涂装的装饰性主要取决于涂层的色彩、光泽、鲜明程度和外观等方面。

汽车的色彩一般根据汽车的类型、车身美术设计和流行色等来选择。其主要由色块、色带、图案构成，使车身颜色与车内颜色相匹配，与环境颜色相协调，与人们的爱好以及时代感相适应。

漆膜的光泽度与丰满程度取决于涂料的品种和施工工艺，绚丽的色彩与优美的线型融为一体构成了汽车的造型艺术，协调的色彩烘托了汽车的造型，使汽车具有更佳的艺术美感。特殊的漆膜可以产生变色龙的效果，如图2-4所示。

彩图 2-4

图 2-4　变色龙效果的漆膜（彩图）

3. 标志作用

涂装的标志作用由涂料的颜色来体现。用颜色作标志的方法被广泛应用在各个方面，目前已经逐渐标准化。例如，在工厂用不同的颜色标明水管、空气管、煤气管、输油管等，使操作人员易于识别和操作；在道路上用不同颜色的画线标明道路的不同用途；在交通上常用不同颜色来表示警告、危险、前进及停止等信号，以保证交通安全。

在汽车上涂装不同的颜色和图案以便区别汽车的不同用途。例如，消防车涂成大红色；邮政车涂成橄榄绿色，车字、车号为白色；救护车为白色并有红十字标记；工程车整体为黄色，并可局部喷涂黑色，字及车号用黑色；等等。

4. 特定作用

涂装的特定作用是指应用涂料的特殊性能，使汽车具有特殊功用来完成特种作业或适应特定的使用条件。例如，化工物品运输车辆要在车体表面或货箱、罐仓内部涂布耐酸碱、耐油、耐热、绝缘的涂料，以防止化学品的腐蚀、渗漏等；军用汽车采用保护色以达到隐蔽的目的等。

三、汽车修复涂装工艺流程

1. 确定修复涂装工艺时应考虑的因素

汽车修复涂装工艺是指从接收一辆漆面受损的汽车，到修复后交车的一系列工作的总称。不同的条件下，修复涂装工艺是不同的。确定具体工艺时，应考虑以下几方面的因素。

（1）漆膜损伤的部位。相关标准将不同类型的车辆外表划分为5个区域，分别以A区、B区、C区、D区和E区来表示，见表2-1，其涂装性能要求逐一降低。确定具体修复涂装工艺时，要根据损伤区域的涂装质量标准来选择，而且要选择能够达到质量标准的最简单的工艺，在保证质量的同时，使成本最低。

表 2-1　　　　　　　　　汽车涂装区域划分及质量标准

汽车种类	区域划分	部位名称	质量标准
轿车	A 区	① 驾驶室外侧面到车身下部装饰下棱线（含车身和顶盖）； ② 前舱盖及行李箱盖上平面； ③ 前后外面向下到保险杠以上的部位； ④ 翼子板高于装饰棱线或保险杠以上的部位	漆膜丰满光亮、平整光滑，无可见杂质、麻点、皱皮、流淌、流痕、针孔、气泡、橘纹、粗面及浮色等不良现象
	B 区	① 车身外侧装饰件或棱线以下部位； ② 门框、立柱及开门可见部位； ③ 车身内部任何可见的裸露部位	漆膜丰满、平整光滑、颜色均匀一致、附着力强，无杂色、流淌、流痕及明显的颗粒、杂质、橘纹等不良现象
	C 区	各门下边表面	漆膜平整光滑，无漏喷、露底等不良现象
	D 区	① 前舱盖及行李箱盖内表面； ② 各装饰盖面	漆膜平整较光滑、颜色一致，无杂色及残缺等不良现象
	E 区	轮罩及挡泥板里外等	漆膜均匀，颜色一致。无漏喷、露底等不良现象
普通大中型客车	A 区	① 车身外侧表面至底边 300 mm 以上至车窗上框沿（含车门）部位； ② 前后围外侧面至保险杠以上的部位	漆膜平整光滑，丰满度好，光泽度高，不得有流淌、流痕、粗粒、砂痕及明显橘纹等不良现象
	B 区	① 车身外侧面下部 300 mm 以下部位； ② 前后围外面保险杠以上部位； ③ 车身门框、立柱等可见外表面； ④ 保险杠和车内任何座位上可见的裸露部位	漆膜平整光滑、光亮、有丰满度，各边棱整齐、清洁。不得有流漆、杂漆雾、明显橘纹及杂质等不良现象
	C 区	① 车顶外表面； ② 各门框口和立柱开门可见的各边面等	漆膜均匀平整、颜色一致、整齐、清洁，不得有漏漆、露底及明显的可见杂质
	D 区	① 各舱体内表面； ② 各舱门的背面； ③ 各舱体口边和各舱门的边棱面	漆膜均匀平整、颜色一致、光滑度一般、附着力强，不得有漏喷、露底及明显流漆等不良现象
	E 区	① 轮罩和挡泥板内、外面； ② 前后围和车门板表面	漆膜均匀平整、附着力强，不得有脱漆、漏漆等不良现象
豪华大客车	A 区	① 车身外侧至底边 200 mm 以上部位； ② 前后围外面至保险杠以上部位； ③ 各车门外表面	漆膜丰满、平滑、光亮，光泽能清晰照出人影，装饰性能好，不得有流淌、流痕、橘纹、气泡、杂质等不良现象
	B 区	① 车身外侧面下部 200 mm 以下部位； ② 前后围及保险杠外表面； ③ 车门门口立柱面； ④ 车身内在座位上可见的各裸露面	漆膜平滑光亮、丰满度好，不得有麻眼、气泡、流漆、橘纹、颗粒、杂质等可见不良现象
	C 区	① 车顶表面； ② 车门口立柱各可见面； ③ 各门边四周面	漆膜丰满、平整光滑、颜色均匀一致、附着力强，各边棱面整齐、清洁，不得有漏喷、露底、流漆及明显可见杂质等不良现象
	D 区	① 各舱盖口面和内表面； ② 各舱门的背面与四周表面； ③ 各门的下表面； ④ 各零件或装饰件的覆盖表面	漆膜均匀平整、光滑性一般、附着力强，不得有明显的杂质、流漆、漏喷、露底、脱皮等不良现象
	E 区	① 地板上、下表面； ② 轮罩和挡泥板内、外表面； ③ 前后围和车门板内表面； ④ 其他各可见裸露面	漆膜均匀平整，颜色符合工艺要求。不得有残漆物、明显杂质颗粒、流漆、皱纹、麻眼等不良现象

汽车种类	区域划分	部位名称	质量标准
货车驾驶室	A区	① 车身外侧表面（含门）底边以上300 mm至流水槽下沿区域； ② 车外面保险杠至前风窗框上沿部位； ③ 前翼子板各外表面	漆膜光滑平整、光泽度好、有丰满度、颜色符合要求，不得有流漆、橘纹、皱纹、针孔、麻眼、色差、气泡、颗粒、杂质等不良现象
	B区	① 车身外侧面离底边300 mm以下部位； ② 前风窗框上沿和顶盖四周外侧面； ③ 后围外侧面； ④ 室内座位上任何可见的各裸露面； ⑤ 前面罩和灯框面	漆膜均匀平整、光亮，颜色符合规定，附着力强。不得有颗粒、杂质、流漆、针孔、气泡、麻眼、皱纹及明显橘纹等不良现象
	C区	① 顶盖上表面； ② 开门可见的门框口和立柱面； ③ 保险杠面； ④ 各门边的四周面	漆膜均匀平整、附着力强，不得有明显的流漆、漏喷、皱皮、橘纹等不良现象
	D区	① 前舱盖内表面； ② 零件和装饰盖面； ③ 脚踏板面	漆膜均匀平整、附着力强，不得有漏喷、露底及明显流漆等不良现象
	E区	① 地板上、下表面； ② 轮罩和挡泥板内、外表面	漆膜均匀平整、附着力强。无漏涂、露底等不良现象
货车车厢	A区	① 车厢各侧板的外表面及上表面； ② 护栏左、右立柱外侧面	漆膜均匀平整、光滑、光亮，无明显流漆、橘纹不良现象
	B区	① 车厢各侧板的内表面； ② 前板的各边面	漆膜均匀平整、光滑性一般。无明显流漆、杂质不良现象
	C区	地板的上、下表面	漆膜均匀平整、附着力强，无漏喷、露底等不良现象
	D区	轮罩和挡泥板的内、外表面等	漆膜均匀平整、附着力强。无漏喷、露底等不良现象

（2）漆膜损伤面积。

① 漆膜损伤面积在10 cm² 以内或小凹坑的直径在2.5 cm范围内时，采用点修复工艺。如果不止一处损伤，但互相邻近，且总体覆盖面积不大，也应采用点修复工艺。

② 若板面的中间和边缘有损坏，或板面的两侧有损坏，一般采用底色漆过渡喷涂、清漆整板喷涂工艺；当板面损伤较大时，采用整板重涂工艺。

③ 车身漆膜大面积损伤或多处损伤时，在局部修复不能解决的情况下，一般采用整车重涂工艺。

（3）凹陷情况。若车身板面没有凹陷，一般采用局部修复；若板面凹陷的直径在2.5 cm范围内，需要刮涂原子灰，可采用点修复工艺；若凹陷面积较大，底色漆局部修复完成后面积会较大，则整板喷涂是较好的解决方法。

（4）颜色匹配要求。当修复区域在板面中间部位时，浅颜色底色漆不适于在小范围采用点修复工艺；当损伤部位位于板面的边缘时，浅颜色底色漆可以采用点修复工艺；对于半暗、较深颜色的底色漆以及三工序珍珠漆，大部分区域都可在小范围内采用点修复工艺。

（5）车身底材的特性。

① 钢铁材料的涂装一般包括表面预处理（除锈、除油、除旧漆膜、刮原子灰等）、底漆层涂装和面漆层涂装等工艺。

② 铝材表面附着力小，必须进行除油、蚀洗、酸洗和粗化处理，然后才能进行底漆层、中涂底漆层和面漆层涂装等工艺。

③ 镀锌板必须进行钝化和磷化处理后才能涂装。

④ 硬塑料表面一般不用喷涂底漆，但对于软塑料，如聚丙烯、聚碳酸酯等，则需要使用专用塑料底漆，以增强面漆与被涂物表面的附着力。

2. 常规汽车修复涂装工艺

一辆漆膜受损的汽车，从接收到修复后交车，一般要经过下述的系列工作。

（1）清洗。修复涂装前应进行汽车清洗，其目的是：保持涂装车间的清洁，便于准确鉴定漆膜损伤程度，防止在之后的涂装作业过程中产生缺陷。

（2）鉴定损伤程度。汽车修复涂装操作人员必须全车查找漆膜损伤的地方，包括板件的轻微变形（可以用涂装方法修复的），然后鉴定损伤的程度（范围、深度等），如图 2-5 所示，认真做好记录后，在精心研究的基础上，才能制订合理的修复方案。

（3）表面预处理。表面预处理也称为旧漆膜处理。对于损伤（或老化）的旧漆膜，在进行修复涂装前，必须对旧漆膜进行适当的处理，如将损伤的部分打磨掉，才能进行涂装施工，如图 2-6 所示。

图 2-5　鉴定损伤程度

图 2-6　表面预处理

（4）施涂原子灰。目前各大汽车涂料生产商均生产防锈原子灰（含锌），该种原子灰可以直接施涂在裸金属表面，具备较好的防锈功能。损伤处通常会有板件表面凸凹不平现象，特别是经过了钣金修理之后的板件表面，这种凸凹不平现象更为严重。为了快速将凹陷处填平，通常用刮涂的方法施涂一层原子灰（含锌），如图 2-7 所示。

（5）涂装防锈底漆。原子灰打磨后，如果露出金属表面，且不再适合刮涂原子灰（表面较高），则需喷涂防锈底漆（环氧底漆），以遮盖裸露的金属表面，如图 2-8 所示。

图 2-7　施涂原子灰

图 2-8　涂装防锈底漆

（6）施涂中涂底漆。为了填平底材表面的凹陷和原子灰打磨后的痕迹，并快速建立一定的漆膜厚度，保证面漆施工质量，需喷涂一层中涂底漆或填充底漆，如图 2-9 所示。

（7）面漆调色。为了使修复的漆膜颜色与原车身漆膜颜色一致，必须用涂料生产商提供的涂料（有限的颜色种类）进行颜色调配，如图 2-10 所示。

（8）喷涂面漆。调好颜色的面漆，通常用喷涂的方式施涂于中涂底漆的表面，如图 2-11 所示。

（9）处理漆面。面漆施工后，由于各种原因，表面会留下种种缺陷，必须经过适当的处理（如抛光）将其消除，如图 2-12 所示。

图 2-9 喷中涂底漆

图 2-10 面漆调色

图 2-11 喷涂面漆

图 2-12 处理漆面（抛光）

（10）交车。经过上述施工后，再经详细检验，确认修复质量达到要求且没有遗漏之处（包括修复过程拆下的零件均已安装到位），即可交车。

3. 典型漆膜损伤修复流程

不同类型的漆膜损伤，其修复涂装操作流程不同。常见的汽车修复涂装种类如图 2-13 所示。

在汽车修复涂装实际工作中，遇到最多的是原车身板件漆膜损伤修复，即局部的面漆修复或整块/多块面漆修复喷涂和板块过渡喷涂。汽车漆膜的损伤程度通常可分为严重损伤、较重损伤和无损伤（新更换板件）3种，不同的漆膜损伤程度，修复涂装工艺不同。图 2-14、图 2-15 和图 2-16 所示为 3 种不同类型漆膜损伤的修复涂装工艺。

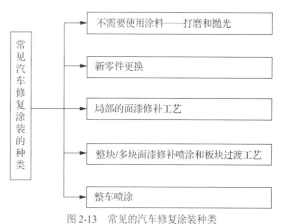

图 2-13 常见的汽车修复涂装种类

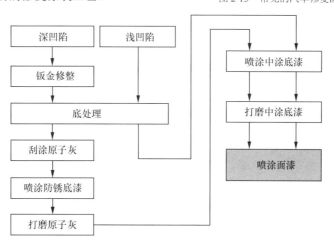

图 2-14 严重漆膜损伤的修复涂装工艺

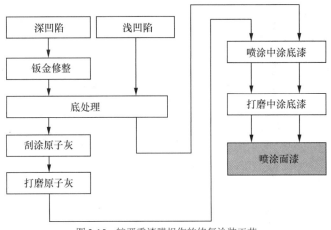

图 2-15　较严重漆膜损伤的修复涂装工艺

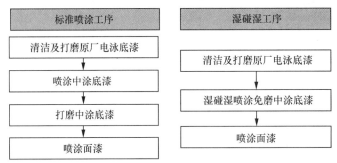

图 2-16　无损伤漆膜（新更换板件）的修复涂装工艺

在修复涂装前对被涂物表面进行的一切准备工作，称为底处理。底处理主要是采用物理、化学或电化学方法，使金属或非金属材料表面的化学成分、组织结构或物理形貌发生变化，从而使漆膜更好地附着在底材之上，充分发挥漆膜的性能，起承上启下的作用，底处理是修复涂装的第一道工序。

底处理的目的主要是清除表面的污垢、损伤的旧漆膜、底材的锈蚀等，使新涂的漆膜与被涂工件表面具有良好的附着力，并保证漆膜具有良好的性能。污垢可分为无机污垢和有机污垢，它们的存在会影响漆膜的外观，严重的会使漆膜成片脱落。漆膜质量的影响因素中，底处理的质量约占 50%。

底处理包括两个具体工作环节，即漆膜损伤评估和表面预处理。

四、涂料

1. 涂料的组成

涂料通常由主要成膜物质、次要成膜物质、稀料和辅助成膜物质等组成。

主要成膜物质包括油料和树脂两大类。用油料作为主要成膜物质时，涂料呈现较强的油性，故称为油漆；而用树脂作为主要成膜物质时，涂料的油性很弱，通常称为涂料。由于目前应用于汽车涂装的涂料几乎全部采用树脂作为主要成膜物质，所以统称为涂料。次要成膜物质指颜料，包括着色颜料和体质颜料（填料）等。稀料指真溶剂、助溶剂和稀释剂，统称为溶剂。辅助成膜物质指各种添加剂（也称助剂）。所以在汽车涂装行业，普遍认可的涂料组成为树脂、颜料、溶剂和添加剂，

汽车涂料

如图 2-17 所示。

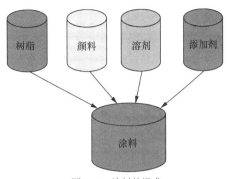

图 2-17　涂料的组成

（1）树脂。树脂是一种高分子有机物，漆膜的性质主要由树脂决定，故又称为基料。树脂（见图 2-18）在常温下可以以固态或液态方式存在。汽车涂料所用树脂一般为有黏性的透明液体，在被施涂到物体上干燥以后便形成薄膜。树脂结合湿润的颜料，赋予漆膜附着力、硬度和耐久性等特性，同时也影响漆膜的装饰性，如纹理和光泽度等。

树脂按来源不同可分为天然树脂和合成树脂；按结构和成膜方式不同可分为非转化型（热塑性）树脂和转化型（热固性）树脂。天然树脂一般是从动物或植物中提炼出来的，如虫胶、松脂等；合成树脂主要是由石油提炼成分合成的，其类型和特点如图 2-19 所示。

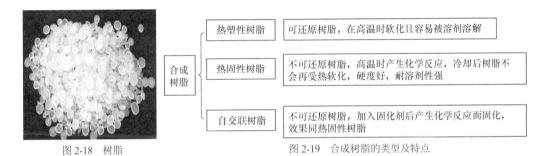

图 2-18　树脂

图 2-19　合成树脂的类型及特点

（2）颜料。颜料是涂料中的不挥发物质之一，呈微细粉末状，有颜色，如图 2-20 所示。它赋予面漆色彩和耐久性，起美观、装饰作用，同时使涂料具有较强的遮盖力，提高强度、增强附着力，改善流动性和涂装性能，改变光泽度等。颜料分着色颜料、体质颜料（主要用于改进涂料性能并降低成本，大多为天然白色或无色物，如滑石粉、高岭土、轻钙、硫酸钡等）、防锈颜料（如氧化铁红、铝粉、红丹、铬黄、磷酸锌等）及特种颜料。颜料还可按化学成分分为无机颜料和有机颜料。无机颜料遮盖力强，密度大，色调稍不鲜明；有机颜料遮盖力弱，密度小，色调鲜明。

彩图 2-20

图 2-20　颜料（彩图）

（3）溶剂。溶剂是涂料中的挥发成分，它的主要功能是能够充分溶解涂料中的树脂，使涂料呈液态（或半流动状态），便于在表面正常涂布。大多数溶剂是从原油中提炼出来的挥发性物质，具有良好的溶解能力。优质的溶剂能改善涂料的涂布性能和漆膜特性，并能增强其光泽度，同时也有助于更精确地调色。

溶剂按用途不同可分为真溶剂、助溶剂和稀释剂。真溶剂能够溶解树脂，主要应用于涂料生产；助溶剂本身不能溶解树脂，但能够增强真溶剂溶解树脂的能力，主要应用于涂料生产；

稀释剂不能溶解树脂，但能够稀释树脂，主要应用于涂装作业。

涂料中使用各种各样的树脂，不同的树脂用不同的溶剂来溶解和稀释。不同的稀释剂应用于不同的涂料，其所含的溶剂种类及混合比各不相同，使用时可以按环境温度选用合适的蒸发速度的稀释剂，如快、中、慢及特慢稀释剂等。

汽车修复涂装所使用的稀释剂通常装于铁制的罐内，如图 2-21 所示。

（4）添加剂。近年来涂料生产工艺发生了巨大变化，添加剂的使用也越来越普遍。虽然添加剂在涂料中的比例一般不超过 5%，但它们在涂料储存、涂料施工成膜、漆膜性能、颜色调整等方面起着各种重要的作用。

常用的涂料添加剂有柔软剂、固化剂、分散剂、防沉降剂、防分离剂、流平剂、增塑剂等。

① 柔软剂。柔软剂能够使漆膜柔软性增加，主要应用于塑料专用涂料的生产及塑料件涂装施工。

② 固化剂。它也称催干剂、硬化剂、干燥剂，是一种具有催化作用的化合物。固化剂加入双组分涂料中，能与合成树脂发生交联反应形成漆膜。固化剂主要应用于不能自然干燥和烘烤成膜的涂料中，如环氧漆、聚氨酯漆、聚酯漆等。

③ 分散剂。它能够促进颜料的分散，使颜料与树脂混合均匀，主要应用于涂料生产。

④ 防沉降剂。它能够防止涂料在存储中出现沉淀。

⑤ 防分离剂。它能够防止涂料中的某些成分分离。

⑥ 流平剂。它又称为抗鱼眼添加剂，能够提高漆膜的流动性和浸润性，防止涂装时漆膜出现缩孔（俗称鱼眼）现象。

⑦ 增塑剂。它能够增加涂料的黏性及塑性，主要应用于塑料专用涂料的生产及塑料件涂装施工。

有些添加剂起的是综合作用，如能使漆膜减少起皱、加速干燥、防止发白、增强对化学物质的耐受能力等。

汽车修复涂装过程中使用的添加剂大多使用小型的罐制容器盛装，如图 2-22 所示。

图 2-21　稀释剂　　　　图 2-22　添加剂

2．涂料的分类

根据国家标准 GB/T 2705—2003《涂料产品分类和命名》规定，涂料产品有两种分类方法。

（1）第一种是以涂料产品的用途为主线，以主要成膜物质为辅线的分类方法，将涂料产品划分为 3 个主要类别，即建筑涂料、工业涂料、通用涂料及辅助材料，见表 2-2。

表 2-2 　　　　　　　　　　　　　　涂料的分类方法（一）

主要产品类型			主要成膜物质类型
建筑涂料	墙面涂料	合成树脂乳液内墙涂料 合成树脂乳液外墙涂料 溶剂型外墙涂料 其他墙面涂料	丙烯酸酯类及其改性共聚乳液；乙酸乙烯及其改性共聚乳液；聚氨酯、氟碳等树脂；无机黏合剂等
	防水涂料	溶剂型树脂防水涂料 聚合物乳液防水涂料 其他防水涂料	EVA（乙烯-乙酸乙烯共聚物）、丙烯酸酯类乳液；聚氨酯、沥青、PVC（聚氯乙烯）胶泥或油膏、聚丁二烯等树脂
	地坪涂料	水泥基等非木质地面用涂料	聚氨酯、环氧等树脂
	功能性建筑涂料	防火涂料 防霉（藻）涂料 保温隔热涂料 其他功能性建筑涂料	聚氨酯、环氧、丙烯酸酯类、乙烯类、氟碳等树脂
工业涂料	汽车涂料（含摩托车涂料）	汽车底漆（电泳漆） 汽车中涂漆 汽车面漆 汽车罩光漆 汽车修补漆 其他汽车专用漆	丙烯酸酯类、聚酯、聚氨酯、醇酸、环氧、氨基、硝基、PVC 等树脂
	木器涂料	溶剂型木器涂料 水性木器涂料 光固化木器涂料 其他木器涂料	聚酯、聚氨酯、丙烯酸酯类、醇酸、硝基、氨基、酚醛、虫胶等树脂
	铁路、公路涂料	铁路车辆涂料 道路标志涂料 其他铁路、公路设施涂料	丙烯酸酯类、聚氨酯、环氧、醇酸、乙烯类等树脂
	轻工涂料	自行车涂料 家用电器涂料 仪器、仪表涂料 塑料涂料 纸张涂料 其他轻工专用涂料	聚氨酯、聚酯、醇酸、丙烯酸酯类、环氧、酚醛、氨基、乙烯类等树脂
	船舶涂料	船壳及上层建筑物漆 船底防锈漆 船底防污漆 水线漆 甲板漆 其他船舶漆	聚氨酯、醇酸、丙烯酸酯类、环氧、乙烯类、酚醛、氯化橡胶、沥青等树脂
	防腐涂料	桥梁涂料 集装箱涂料 专用埋地管道及设施涂料 耐高温涂料 其他防腐涂料	聚氨酯、丙烯酸酯类、环氧、醇酸、酚醛、氯化橡胶、乙烯类、沥青、有机硅、氟碳等树脂
	其他专用涂料	卷材涂料 绝缘涂料 机床、农机、工程机械等涂料 航空、航天涂料 军用器械涂料 电子元器件涂料 以上未涵盖的其他专用涂料	聚酯、聚氨酯、环氧、丙烯酸酯类、醇酸、乙烯类、氨基、有机硅、氟碳、酚醛、硝基等树脂

续表

主要产品类型		主要成膜物质类型
通用涂料及辅助材料	调和漆 清漆 磁漆 底漆 原子灰 稀释剂 防潮剂 催干剂 脱漆剂 固化剂 其他通用涂料及辅助材料	
	以上未涵盖的无明确应用领域的涂料产品	改性油脂；天然树脂，酚醛、沥青、醇酸等树脂

注：主要成膜物质类型中树脂类型包括水性、溶剂型、无溶剂型、固体粉末等。

（2）第二种是除建筑涂料外，以涂料产品的主要成膜物质为主线，并适当以产品主要用途为辅线的分类方法，将涂料产品划分为两个主要类别，即建筑涂料、其他涂料及辅助材料，见表 2-3～表 2-5。

表 2-3　　　　　　　　　　涂料的分类方法（二）——建筑涂料

主要产品类型		主要成膜物质类型
墙面涂料	合成树脂乳液内墙涂料 合成树脂乳液外墙涂料 溶剂型外墙涂料 其他墙面涂料	丙烯酸酯类及其改性共聚乳液；乙酸乙烯及其改性共聚乳液；聚氨酯、氟碳等树脂；无机黏合剂等
防水涂料	溶剂型树脂防水涂料 聚合物乳液防水涂料 其他防水涂料	EVA、丙烯酸酯类乳液；聚氨酯、沥青、PVC 胶泥或油膏、聚丁二烯等树脂
地坪涂料	水泥基等非木质地面用涂料	聚氨酯、环氧等树脂
功能性建筑涂料	防火涂料 防霉（藻）涂料 保温隔热涂料 其他功能性建筑涂料	聚氨酯、环氧、丙烯酸酯类、乙烯类、氟碳等树脂

注：主要成膜物质类型中树脂类型包括水性、溶剂型、无溶剂型等。

表 2-4　　　　　　　　　　涂料的分类方法（二）——其他涂料

主要成膜物质类型[①]		主要产品类型
油脂漆类	天然植物油、动物油（脂）、合成油等	清油、厚漆、调和漆、防锈漆、其他油脂漆
天然树脂[②]漆类	松香、虫胶、乳脂素、动物胶及其衍生物等	清漆、调和漆、磁漆、底漆、绝缘漆、生漆、其他天然树脂漆
酚醛树脂漆类	酚醛树脂、改性酚醛树脂等	清漆、调和漆、磁漆、底漆、绝缘漆、船舶漆、耐热漆、黑板漆、防腐漆、其他酚醛树脂漆
沥青漆类	天然沥青、（煤）焦油沥青、石油沥青等	清漆、磁漆、底漆、绝缘漆、防污漆、船舶漆、耐酸漆、防腐漆、锅炉漆、其他沥青漆
醇酸树脂漆类	甘油醇酸树脂、季戊四醇醇酸树脂、其他醇类的醇酸树脂、改性醇酸树脂等	清漆、调和漆、磁漆、底漆、绝缘漆、船舶漆、防锈漆、汽车漆、木器漆、其他醇酸树脂漆
氨基树脂漆类	三聚氰胺甲醛树脂、脲（甲）醛树脂及其改性树脂等	清漆、磁漆、绝缘漆、美术漆、闪光漆、汽车漆、其他氨基树脂漆
硝基漆类	硝基纤维素（酯）等	清漆、磁漆、铅笔漆、木器漆、汽车修补漆、其他硝基漆

主要成膜物质类型		主要产品类型
过氯乙烯树脂漆类	过氯乙烯树脂等	清漆、磁漆、机床漆、防腐漆、可剥漆、胶漆、其他过氯乙烯树脂漆
烯类树脂漆类	聚二乙烯乙炔树脂、聚多烯树脂、氯乙烯乙酸乙烯共聚物、聚乙烯醇缩醛树脂、聚苯乙烯树脂、含氟树脂、氯化聚丙烯树脂、石油树脂等	聚乙烯醇缩醛树脂漆、氯化聚烯烃树脂漆、其他烯类树脂漆
丙烯酸酯类树脂漆类	热塑性丙烯酸酯类树脂、热固性丙烯酸酯类树脂等	清漆、透明漆、磁漆、汽车漆、工程机械漆、摩托车漆、家电漆、塑料漆、标志漆、电泳漆、乳胶漆、木器漆、汽车修补漆、粉末涂料、船舶漆、绝缘漆、其他丙烯酸酯类树脂漆
聚酯树脂漆类	饱和聚酯树脂、不饱和聚酯树脂等	粉末涂料、卷材涂料、木器漆、防锈漆、绝缘漆、其他聚酯树脂漆
环氧树脂漆类	环氧树脂、环氧酯、改性环氧树脂等	底漆、电泳漆、光固化漆、船舶漆、绝缘漆、画线漆、罐头漆、粉末涂料、其他环氧树脂漆
聚氨酯树脂漆类	聚氨（基甲酸）酯树脂等	清漆、磁漆、木器漆、汽车漆、防腐漆、飞机蒙皮漆、车皮漆、船舶漆、绝缘漆、其他聚氨酯树脂漆
元素有机漆类	有机硅、氟碳树脂等	耐热漆、绝缘漆、电阻漆、防腐漆、其他元素有机漆
橡胶漆类	氯化橡胶、环化橡胶、氯丁橡胶、氯化氯丁橡胶、丁苯橡胶、氯磺化聚乙烯橡胶等	清漆、磁漆、底漆、船舶漆、防腐漆、防火漆、画线漆、可剥漆、其他橡胶漆
其他成膜物类涂料	无机高分子材料、聚酰亚胺树脂、二甲苯树脂等以上未包括的主要成膜材料	

注：① 主要成膜物质类型中树脂类型包括水性、溶剂型、无溶剂型、固体粉末等。
　　② 包括直接来自天然资源的物质及其经过加工处理后的物质。

表 2-5　　　　　　　　涂料的分类方法（二）——辅助材料

主要品种	主要品种
稀释剂	脱漆剂
防潮剂	固化剂
催干剂	其他辅助材料

3. 涂料的命名

（1）涂料名称的组成。涂料全名一般是由颜色或颜料名称加上成膜物质名称，再加上基本名称（特性或专业用途）组成的。对于不含颜料的清漆，其全名一般由成膜物质名称加上基本名称组成。

（2）涂料的命名规则。

① 颜色名称通常由红、黄、蓝、白、黑、绿、紫、棕、灰等，有时再加上深、中、浅（淡）等词构成。若颜料对漆膜性能起显著作用，则可用颜料的名称代替颜色的名称，如铁红、锌黄、红丹等。

② 成膜物质名称可适当简化，如聚氨基甲酸酯简化成聚氨酯，环氧树脂简化成环氧，硝酸纤维素（酯）简化为硝基等。漆基中含有多种成膜物质时，选取起主要作用的一种成膜物质命名。必要时也可选取两或三种成膜物质命名，主要成膜物质名称在前，次要成膜物质名称在后，如红环氧硝基磁漆。

③ 基本名称表示涂料的基本品种、特性和专业用途，例如清漆、磁漆、底漆、锤纹漆、罐头漆、甲板漆、汽车修补漆等，见表2-6。

④ 在成膜物质名称和基本名称之间，必要时可插入适当词语来标明专业用途和特性等，例如白硝基球台磁漆、绿硝基外用磁漆、红过氯乙烯静电磁漆等。

⑤ 需烘烤干燥的漆，名称中（成膜物质名称和基本名称之间）应有"烘干"字样，例如银灰氨基烘干磁漆、铁红环氧聚酯酚醛烘干绝缘漆。如名称中无"烘干"字样，则表明该漆可自然干燥，或自然干燥、烘烤干燥均可。

⑥ 凡双（多）组分的涂料，在名称后应增加"（双组分）"或"（三组分）"等字样，例如聚氨酯木器漆（双组分）。双组分涂料也称为2K型涂料。

注：除稀释剂外，混合后产生化学反应或不产生化学反应的独立包装的产品，都可被认为是涂料组分之一。

表 2-6　　　　　　　　　　　　　　　　涂料基本名称

基本名称	基本名称
清油	铅笔漆
清漆	罐头漆
厚漆	木器漆
调和漆	家用电器涂料
磁漆	自行车涂料
粉末涂料	玩具涂料
底漆	塑料涂料
原子灰	（浸渍）绝缘漆
大漆	（覆盖）绝缘漆
电泳漆	抗电弧（磁）漆、互感器漆
乳胶漆	（黏合）绝缘漆
水溶（性）漆	漆包线漆
透明漆	硅钢片漆
斑纹漆、裂纹漆、橘纹漆	电容器漆
锤纹漆	电阻漆、电位器漆
皱纹漆	半导体漆
银粉漆、闪光漆	电缆漆
防污漆	可剥漆
水线漆	卷材涂料
甲板漆、甲板防滑漆	光固化涂料
船壳漆	保温隔热涂料
船底防锈漆	机床漆
饮水舱漆	工程机械用漆
油舱漆	农机用漆
压载舱漆	发电、输配电设备用漆
化学品舱漆	内墙涂料
车间（预涂）底漆	外墙涂料
耐酸漆、耐碱漆	防水涂料
防腐漆	地板漆、地坪漆
防锈漆	锅炉漆
耐油漆	烟囱漆
耐水漆	黑板漆
防火涂料	标志漆、路标漆、马路画线漆
防霉（藻）涂料	汽车底漆、汽车中涂底漆、汽车面漆、汽车罩光漆

基本名称	基本名称
耐热（高温）涂料	汽车修补漆
示湿涂料	集装箱涂料
涂布漆	铁路车辆涂料
桥梁漆、输电塔漆及其他（大型露天）钢结构漆	胶液
航空、航天用漆	其他未列出的基本名称

4. 汽车涂装常用涂料

按不同的分类标准，汽车涂装常用涂料有不同的种类。

（1）按使用部位分类。按涂料在汽车上使用部位不同，汽车涂装常用涂料分为车身用涂料，货箱用涂料，车轮、车架等部件用的耐腐蚀涂料，发动机部件用涂料，底盘用涂料，车内装饰件用涂料和特殊要求用涂料等。

① 车身用涂料。车身用涂料是汽车用涂料的主要代表，所以从狭义上讲，所谓的汽车用涂料主要指车身用涂料。车身涂层一般是由底层涂层（底漆）、中间涂层（中涂底漆）和表面涂层（面漆）3 层或由底层涂层和表面涂层两层构成的，各涂层基本上要兼备汽车用涂料的多项要求。

② 货箱用涂料。货箱用涂料的质量要求较车身用涂料的低，一般为底、面两层涂层。

③ 车轮、车架等部件用的耐腐蚀涂料。它的主要技术指标是要求耐腐蚀性能（耐盐雾性、耐水性）好；要求漆膜坚韧耐磨，具有耐机油性。

④ 发动机部件用涂料。因发动机体不能高温烘烤，故要求发动机部件用涂料具备低温快干性能，要求漆膜的耐汽油、耐机油和耐热性较好。

⑤ 底盘用涂料。因车桥、传动轴等底盘件不能高温烘烤，所以要求底盘用涂料具备低温快干性能。因在车下使用环境恶劣，经常与泥水接触，故要求其耐腐蚀性优良，具备较好的耐机油性。

⑥ 车内装饰件用涂料。车内装饰件用涂料指轿车和大客车车内装饰件用涂料，其主要性能要求是极高的装饰性。

⑦ 特殊要求用涂料。蓄电池固定架用耐酸涂料，汽油箱内表面用耐汽油涂料，汽车消声器、排气管和气缸垫片用耐热涂料，车身地板下用耐磨防声涂料，车身焊缝用密封涂料等。

（2）按涂装工艺分类。按在涂装工艺及在涂层中所起的作用不同，涂料可分为涂前表面处理用材料、汽车用底漆、汽车用中间涂料、汽车用面漆和辅助材料等。

① 涂前表面处理用材料。其主要包括清洗剂和磷化处理剂。

② 汽车用底漆。底漆是防腐系统中重要的组成部分，它能阻止水和氧侵入金属表面同时增强漆膜与板件表面的附着力。原厂备件的正反面一般带有黑色的电泳涂层，底漆种类视使用领域而定。

③ 汽车用中间涂料。汽车用中间涂料包括原子灰和中涂底漆。原子灰主要用于填平凹陷，增强漆膜与底材（底漆）之间的附着力。中涂底漆用于填平底层缺陷，增强漆膜抗石击能力，增强漆膜间的附着力，为面漆涂装获得平滑的表面，同时可以防止面漆有机溶剂溶解旧漆膜而产生咬底缺陷。对于可调色中涂底漆（着色中涂底漆），还可使面漆容易遮盖底涂层颜色。

④ 汽车用面漆。面漆是整个涂层的最外层，使漆膜具有良好的耐候性、外观、硬度、抗石击性、耐化学性、耐污性和防腐性等性能。

⑤ 辅助材料。辅助材料主要包括溶剂、粘尘涂料、抛光材料、防噪声涂料等。

（3）按是否含有颜料分类。按涂料中是否含有颜料，将涂料分为清漆、色漆和原子灰 3 类。

① 清漆。涂料中没有颜料的透明体称为清漆（也称为罩光清漆）。

② 色漆。涂料中加有颜料和/或体质颜料的有色体称为色漆。

③ 原子灰。加有大量体质颜料的浆状体，称为原子灰。

（4）按溶剂构成情况分类。按涂料中溶剂的构成情况不同，将涂料分为无溶剂涂料、溶剂涂料和水性涂料 3 种。

① 无溶剂涂料。涂料中没有挥发性溶剂的称为无溶剂涂料。其中呈粉末状的称为粉末涂料。

② 溶剂涂料。涂料中以一般有机物为溶剂的称为溶剂涂料。

③ 水性涂料。涂料中以水作为稀释剂的称为水性涂料。

（5）按主要成膜物质分类。

① 双组分丙烯酸聚氨酯涂料。目前双组分丙烯酸聚氨酯涂料在汽车修补涂料领域用途十分广泛，几乎所有的汽车修补涂料生产商都力主推广该体系。双组分丙烯酸聚氨酯涂料由两种组分形成，漆基是以羟基聚酯树脂为基料的组分，固化剂是异氰酸酯。当两种组分分别包装时各自可以稳定存储，当两种组分以一定的比例混合时会发生化学反应而固化。

无论是饱和的聚氨酯还是丙烯酸树脂，由于含有较多的羟基，可以通过人工加工来达到各种目的，因此丙烯酸聚氨酯树脂可以用于纯色漆、底色漆（银粉漆）、清漆及底漆中，并具有柔软性好、柔韧性强、坚硬耐久等各种性能。双组分丙烯酸聚氨酯涂料的主要特点见表 2-7。

表 2-7　　双组分丙烯酸聚氨酯涂料的主要特点

优点	缺点
耐候性好。由于其结构是高分子产品经过交联反应而成的，同单组分产品比较，其分子间结构更紧密，因此其耐候性能非常好	操作复杂（双组分），使用条件要求高
光泽度高，光泽保持性好	价格高
黏度低，容易施工，流平性好	
漆膜的力学性能及耐化学品性能好	

双组分丙烯酸聚氨酯涂料的以上特点，使得其在汽车涂装行业得到非常广泛的应用和发展，经严格施工控制的双组分丙烯酸聚氨酯面漆系统一般可以提供 3～5 年的性能质量保证。

由于固化剂异氰酸酯气雾对人体的呼吸道有较大的影响，因此操作人员在喷涂双组分丙烯酸聚氨酯涂料时一定要严格使用安全防护用品，最好使用供气式面罩。

② 环氧树脂涂料（简称环氧涂料）。环氧树脂是由环氧氯丙烷和双酚 A 缩聚而成的，此反应非常复杂，树脂的结构不同可以得到各种性能的产品以满足不同需求。环氧树脂涂料的特点见表 2-8。

表 2-8　　　　　　环氧树脂涂料的特点

优点	缺点
良好的耐化学品性（包括耐腐蚀和强碱的能力）	耐候性差
极强的附着力	
良好的硬度和柔韧性	

由于环氧树脂的耐候性差，所以一般不用于面漆中。

用环氧树脂可以制作单组分的高温烤漆，通过与三聚氰胺树脂交联可得到硬度高、耐久性好、具有一定光泽的涂层，也可以制成以聚氨酯树脂为硬化剂的双组分产品，在常温下风干。

环氧树脂在汽车修复涂装领域主要用于底漆，一般有耐腐蚀的底漆和具有填充性的头二道复合底漆两种形式。

③ 醇酸树脂涂料（简称醇酸涂料）。醇酸树脂是由醇和酸缩合而成的线型聚合物。醇酸树脂涂料的主要干燥机理是氧化，因此其干漆膜不被溶剂溶解。由于醇酸树脂干燥性较差，

所以一般用其他聚合物改性来提高其干燥性并同时提高硬度。醇酸树脂一般可用于烤漆及风干漆中。

同溶剂挥发干燥型产品（如硝基树脂涂料）比较，醇酸树脂涂料的特点见表 2-9。

表 2-9 醇酸树脂涂料的特点

优点	缺点
高膜厚	干燥时间长
光泽度高	重涂时间长
流动性好	对施工环境要求高
温和的溶剂	打磨性差
成本低	用作清漆可能黄变

同双组分丙烯酸聚氨酯涂料比较，醇酸树脂涂料的干燥性、光泽度、耐候性等都比较差，因此在高档汽车修复涂装行业，醇酸树脂涂料已逐渐淡出市场，但在货车、低档小客车等的涂装和修复领域，醇酸树脂涂料仍在被使用。经改性的醇酸可以使用以异氰酸酯作为固化剂的双组分产品用于汽车修补涂料中。

④ 硝基树脂涂料（简称硝基涂料）。硝基树脂常被称为硝化纤维，其实它的正确名称为纤维素硝酸盐。棉绒纤维或针叶木浆通过硝化过程（即用硝酸处理），一些纤维中的羟基被硝基取代，得到可溶于有机溶剂的纤维素。各种颜料都可以用于硝基树脂中，因此硝基树脂涂料容易制作成各种颜色、各种效果的漆膜，如各种颜色的纯色漆和银粉漆等。当硝基树脂涂料被制作成高黏度的涂料时，往往需要加入大量的溶剂才能达到施工黏度，因而降低了施工时的固体含量，必须喷涂多层。硝基树脂涂料的成膜机理是溶剂挥发，即溶剂挥发后，涂料就变干、变硬，形成干漆膜，其干漆膜可溶于溶剂。

硝基树脂涂料的特点见表 2-10。

表 2-10 硝基树脂涂料的特点

优点	缺点
快干	喷涂时固体含量低
对重涂时间要求低	使用强溶剂、低闪点溶剂
抛光性能好	耐候性不佳

由于其漆膜的可溶性及不理想的耐候性，硝基树脂涂料正逐渐从汽车新车涂装和修复涂装领域退出市场。

⑤ 热塑性丙烯酸涂料。热塑性丙烯酸也称风干型丙烯酸，英文缩写为 TPA，是由甲基丙烯酸酯和乙基丙烯酸酯交联而成的，其性能取决于交联比值。此共聚物的分子结构很大，因此制成涂料后的黏度很高，往往需要使用大量的溶剂稀释后才能施工。

热塑性丙烯酸涂料可以溶解于酯、酮和芳香烃中。热塑性丙烯酸涂料的成膜机理是溶剂挥发形成干漆膜，而干漆膜是可以溶解于溶剂的。

热塑性丙烯酸涂料干漆膜在加热到 160～180℃时，会发生软熔现象，即漆膜会变软，而冷却后，漆膜的光泽度更高。该技术在汽车原厂涂料涂装时应用，但由于其涂装工艺是低温烘干漆膜再高温烘烤，比较烦琐，所以该技术也正在被逐渐淘汰。在汽车涂装领域，一般只利用热塑性丙烯酸涂料的溶剂挥发成膜性能，不用软熔技术。热塑性丙烯酸涂料主要应用于纯色漆和底色漆，但由于其喷涂时固体含量低、漆膜光泽度低等缺点也逐渐被双组分丙烯酸聚氨酯涂料所替代。

热塑性丙烯酸涂料的特点见表 2-11。

表 2-11　　　　　　　　　　　热塑性丙烯酸涂料的特点

优点	缺点
耐久性好	喷涂固体含量低
漆膜不黄变	溶剂挥发成膜，漆膜亮度不高
使用方便	必须使用低闪点溶剂，不安全
银粉的控制性好	耐水性差
非常好的抛光性	

⑥ 聚酯树脂涂料。这类聚酯树脂是不饱和聚酯，可溶解于苯乙烯单体中，漆膜在干燥剂的作用下，通过氧化反应，由聚合物和单体共聚而成。苯乙烯既作溶剂又参加反应成为漆膜的一部分。聚酯树脂涂料一般固体含量高、漆膜坚固、耐磨并具有一定的光泽。

在汽车新车涂装和修复涂装领域，聚酯树脂涂料被广泛地用于原子灰以及同氨基树脂反应形成烘烤型高厚膜底漆方面。

⑦ 氨基树脂涂料。氨基树脂一般不单独用于涂料中。氨基树脂可以和其他含羟基树脂交联以得到坚固的漆膜。在汽车新车涂装领域，氨基树脂常用于氨基醇酸面漆或热固性丙烯酸涂料中。

5. 涂料的成膜方式

为了达到预期的涂装目的，除合理地选用涂料、正确地进行表面处理和施工外，充分且适宜的干燥成膜过程也是重要的环节。涂料的成膜方式有溶剂挥发型和反应型两种。反应型又包括氧化聚合型、加热聚合型和双组分聚合型 3 种。

（1）溶剂挥发型。溶剂挥发型也称为风干型，即当涂料中的溶剂挥发后，这种涂料形成一个涂层。这种涂层由于树脂分子没有结合在一起，所以可以被稀释剂溶解。这种涂料的特性是干得快，容易使用。但是，它在耐溶剂性和自然老化性能方面不及反应型涂料。溶剂挥发型涂料主要有硝基树脂涂料和热塑性丙烯酸涂料。

溶剂挥发型涂料的干燥成膜机理如图 2-23 所示，靠溶剂挥发而干燥成膜，属于物理成膜方式。成膜前后，物质分子结构不发生变化，仅靠溶剂（或水）挥发、温度变化等物理作用使涂料干燥成膜。

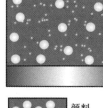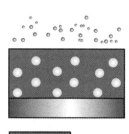

图 2-23　溶剂挥发型涂料的干燥成膜机理（彩图）

（2）反应型。在此类涂料中，涂料中的溶剂和稀释剂挥发，而树脂通过聚合反应固化。如图 2-24 所示，刚刚喷涂后，新涂料是一种液化层，其中的树脂、颜料、溶剂及稀释剂是混合在一起的。在固化过程中，溶剂和稀释剂蒸发，树脂中的分子由于化学反应而互相结合。在完全固化以后，涂层中完全没有溶剂和稀释剂，分子的化学反应结束，形成一层固态的高聚物层。

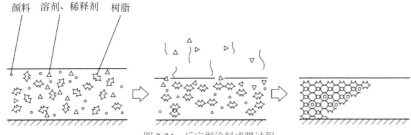

颜料　溶剂、稀释剂　树脂

图 2-24　反应型涂料成膜过程

分子通过化学反应结合成三维交联结构。如果涂层具有较大、较密的交联结构，它便具有更好的涂层性能，如较高的硬度和较好的耐溶剂性。反应型涂料也被称为磁漆或瓷漆。

反应型涂料的特点是，除非向涂料施加能引起化学反应的要素，否则涂料不会开始固化。能引起化学反应的要素包括热、光、氧、水、催化剂及固化剂等。在汽车修复涂装中使用的大多数反应型涂料中，固化是由于固化剂引起的。具体的反应包括以下几种。

① 氧化聚合成膜。当树脂中的分子吸收空气中的氧气而氧化时，它们便聚合为交联结构。这种涂料很少用于汽车，因为形成交联结构的时间太长，而且粗交联结构不能产生理想的涂层性能。邻苯二甲酸酯和合成树脂混合涂料是氧化聚合涂料的两个例子，其反应机理如图 2-25 所示。

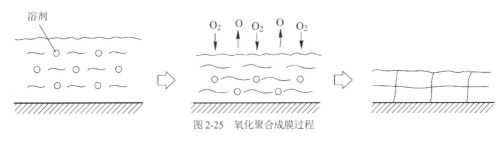

溶剂

O_2　O　O_2　O　O_2

图 2-25　氧化聚合成膜过程

② 加热聚合成膜。当这种涂料被加热至一定温度（一般在 120℃以上）时，树脂便发生化学反应，使涂料固化。所形成的交联结构密度很大，所以在该涂料彻底固化以后，不会溶解于稀释剂，如合成聚酯（原始设备制造涂装用涂料，即 OEM 涂料）等，其反应机理如图 2-26 所示。它广泛使用于汽车装配线上，但是在修复涂装中很少使用。这是因为，为了保护有关区域的塑料件及电子零件，在修复涂装以前必须将它们拆下或用其他方法加以保护，以免受热影响，而大量的拆装作业势必影响涂装作业效率。

彩图 2-26

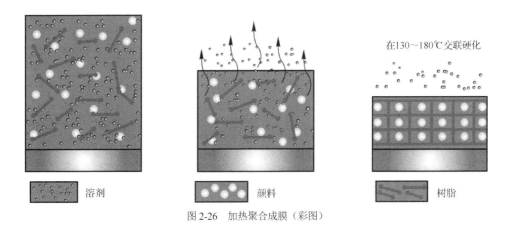

在130～180℃交联硬化

溶剂　　　　　颜料　　　　　树脂

图 2-26　加热聚合成膜（彩图）

③ 双组分聚合成膜。在这种涂料中，主要成分与固化剂混合，以便在树脂中产生化学反应，从而使涂料固化。虽然该反应可以在室温下发生，但是可以使用 60～70℃的中温来加速干燥过程。汽车修复涂装大多使用这种涂料，其反应机理如图 2-27 所示。有些双组分聚合型涂料的性能与加热聚合型的相同，形成的漆膜不能再被溶剂溶解或受热熔化。

彩图 2-27～
彩图 2-29

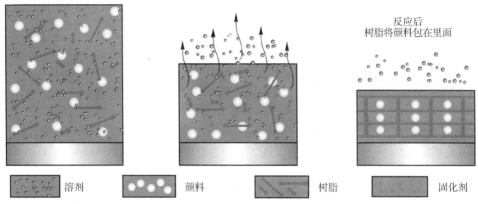

图 2-27　双组分聚合成膜（彩图）

五、涂层标准

汽车涂装属工业涂装的范畴。所谓工业涂装，即涂装工艺已形成工业生产的流程，流水作业生产，涂装过程的机械化和自动化程度较高，漆膜干燥一般采用烘干方式。汽车涂装是工业涂装的典型代表。

1. 车身涂层的类型

车身涂层的类型通常指面漆的结构，按面漆的施工工艺不同，车身涂层可分为单工序面漆、双工序面漆和三工序面漆 3 种。

（1）单工序面漆。单工序面漆通常应用于素色漆（也称为纯色漆或单色漆），其涂层结构如图 2-28 所示。单工序是指面漆仅施工一次即可获得所需的颜色和光泽。其形成的漆膜既有遮盖力（能遮盖住底漆颜色，呈现出需要的颜色），也有一定的光泽度，并且还有很好的抗机械损伤能力。白色的普通桑塔纳轿车和红色捷达轿车多使用单工序面漆。

（2）双工序面漆。双工序面漆通常指银粉漆，其涂层结构如图 2-29 所示。双工序是指面漆需要分两次施工来获得，即第一次要喷涂底色漆，底色漆为银粉漆，干燥以后主要提供遮盖力，展现出绚丽的金属光泽；第二次要喷涂清漆，清漆层能提供光泽度和抗机械损伤的能力。底色漆层和清漆层合起来构成面漆层（见图 2-29 中的 D），现代轿车绝大多数使用双工序或多工序的面漆。

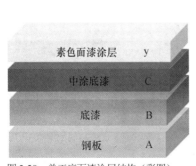

图 2-28　单工序面漆涂层结构（彩图）　　图 2-29　双工序面漆涂层结构（彩图）

需要注意的是，随着涂料及涂装技术的发展，素色漆也有双工序甚至三工序涂层结构。

在进行漆膜修复时，维修技师通常使用原子灰。修复后的双工序涂层结构如图 2-30 所示。

（3）三工序面漆。三工序面漆顾名思义就是指面涂层要分 3 次施工才能获得，通常指珍珠漆，如图 2-31 所示。施工时第一次要喷涂底色漆，这种底色漆为没有金属颗粒的素色漆；第二次喷涂珍珠漆，喷涂的方法和喷涂的道数要求严格，否则会影响到涂层的颜色；第三次喷涂清漆，喷涂方法与双工序的一致。

彩图 2-30 和彩图 2-31

图 2-30 修复后的双工序涂层结构（彩图）　　图 2-31 三工序面漆漆膜结构（彩图）

2. 原厂涂层结构

汽车涂装一般属于多层涂装，按涂层（Coat）的层数及烘干（Bake）次数不同，又可分为单层（1 Coat 1 Bake，1C1B）涂装体系、双层（2C2B）涂装体系、3 层（3C3B）涂装体系、4 层（4C4B）涂装体系、5 层（5C5B）涂装体系等，目前有高达 7C5B 等的涂装体系。涂层的总厚度也由原来的 30～40 μm 增加到 130～150 μm，有的甚至超过 200 μm，逐步实现了由低级到高级的过渡，能够基本满足汽车工业对不同档次车辆涂装的要求。汽车总装厂通常采用的涂装系统大体上可归纳为以下几类。

① 底漆→原子灰→素色面漆。

② 底漆→原子灰→中间漆→素色面漆。

③ 底漆→原子灰→中间漆→单层金属漆。

④ 底漆→原子灰→中间漆→金属底色漆→清漆。

⑤ 底漆→原子灰→中间漆→本色底色漆→清漆。

⑥ 底漆→原子灰→防石击中间漆→中间漆→金属底色漆→清漆。

⑦ 底漆→原子灰→中间漆→金属底漆→底色漆→清漆。

⑧ 底漆→原子灰→防石击中间漆→中间漆→金属底漆→底色漆→清漆。

上述涂装系统中，第①类是汽车工业发展初期所采用的涂装系统，国外基本不采用了，但在我国的一些低档车辆（如载货车、农用车、公共汽车等）上仍然采用。第②、第③类在国外被用于大型车辆（如巴士、货车等中档车）上；国内则用于小型客车，各种微型车等中、高档车上。第④、第⑤、第⑥类则用于轿车。第⑦、第⑧类是后期发展成功的新型的涂装系统，其中的金属底漆不同于以往的金属底色漆，在这一类漆膜中不含着色的透明颜料，只有铝粉、珠光粉之类的闪光颜料，在底色漆中则仅仅含有某些透明的着色颜料，不含闪光颜料。采用这类涂装系统，涂层装饰性更为优越，外观显得更加美观、豪华、别致；铝粉或珠光粉的排列更为规整，闪烁均匀，立体感强。观察这类涂层时，人们可明显地感受到它不同寻常的丰满度、深度，其艺术感染力更强。现代轿车涂装系统中，由于板材加工成形工艺精湛，原子灰层多数都被取消了。原厂涂层结构的不断变化是科技创新的结果。

典型的原厂金属漆涂层结构如图 2-32 所示。

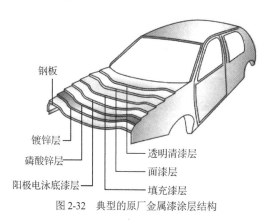

图 2-32　典型的原厂金属漆涂层结构

3. 原厂漆涂层厚度

涂层厚度在业内也被称为漆膜厚度，是指从板材表面到面漆层的涂层厚度。不同结构的涂层，其漆膜厚度是不同的。

（1）单工序素色漆涂层。溶剂型单工序的素色漆原厂涂层从底到面的总厚度约为 80 μm，单工序水性素色漆原厂涂层厚为 70～150 μm，其涂层结构如图 2-33 所示。

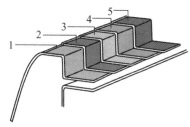

1—钢板；2—磷酸锌涂层；3—阴极电泳涂层；4—中间漆（水性中间漆）；5—单色面漆（水性面漆）

图 2-33　单工序素色漆原厂涂层结构

（2）双工序金属漆涂层。双工序的金属漆原厂涂层从金属底材到表面的总厚度大约为 100 μm，双工序水性金属漆原厂涂层厚 70～150 μm，其涂层结构如图 2-34 所示。

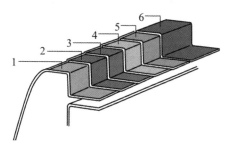

1—钢板；2—磷酸锌涂层；3—阴极电泳涂层；4—中间漆（水性中间漆）；5—金属底色漆（水性底色漆）；6—清漆

图 2-34　双工序水性金属漆原厂涂层结构

（3）双工序的素色漆涂层。双工序素色漆涂层结构与双工序的金属漆涂层结构类似，只是面漆不喷涂金属底色漆，而是喷涂素色漆，最外层仍然是清漆层，其涂层厚度与双工序的金属漆涂层的相近。

（4）三工序的珍珠漆涂层。三工序的珍珠漆涂层从金属底材到表面的总膜厚大约为 120 μm，其涂层结构如图 2-35 所示。

目前涂层厚度呈增厚趋势，高档轿车涂层厚度甚至超过 300 μm。

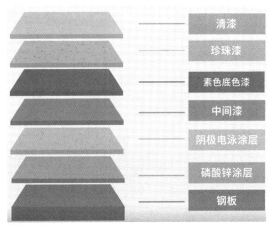

图 2-35　三工序珍珠漆涂层结构

4. 修复涂装后的涂层厚度

修复涂装过程所用的原材料基本上为双组分的反应型涂料,采用室温固化或烘烤强制固化工艺。按要求维修后的涂层厚度通常超过 150 μm(不包括原子灰层),实际情况与维修材料和维修技师的技术水平有直接关系,但一定要保证修复后的涂层性能与原厂涂层性能相近。图 2-36 所示为典型的修复后的涂层结构。

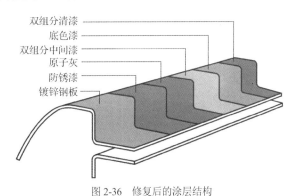

图 2-36　修复后的涂层结构

【技能学习】

一、评估板面损伤程度

车身由于碰撞造成的损伤从外观上来看较明显,关于该种损伤的分类和评价在车身钣金维修中会有详细的介绍,对修复涂装来说不做过多要求。汽车修复涂装操作人员要掌握的是车身覆盖件的漆膜损伤、板件轻微变形(不需要钣金修复或者只要简单敲打就可恢复的变形)以及车身板件的锈蚀等损伤的评估方法。

漆膜损伤评估

评估板面损伤程度的方法有目测评估、触摸评估和用直尺评估等。

1. 目测评估

根据光照射板件的反射情况,以评估损伤的程度及受影响的面积,如图 2-37 所示。稍微改变眼睛相对于板件的位置,即可看到微小的变形和损伤。

目测评估的内容主要有:观察漆膜有无划伤、开裂等损伤,观察板件是否有锈蚀、凹坑和凸起变形等。

对于漆膜破损形成锈蚀的部位，一般都会有红色或黄色的锈迹，观察起来很简单，如图 2-38 所示。需要注意的是有些锈蚀是从板材的底部开始的，尤其是经过涂装维修的部位，从外表看不到锈迹，只是在漆膜表面有不规则的凸起。把凸起部分敲破就能看到板材的锈蚀情况。

图 2-37 目测评估板面损伤

图 2-38 车身锈蚀

车身板件的凹坑和凸起变形主要是根据光线照射板面后的反射情况进行判别的。观察时目光不要与板件垂直，而是有一定的角度，角度的大小根据光线来调整，以能看清板件表面情况为准。如果板件表面有变形，由于变形部位与良好部位反射光线不同，很容易观察到变形的部位。找到变形部位以后，要及时做好标记，便于维修。

2. 触摸评估

戴上手套（最好为棉质的），从各个方向触摸受损的区域，如图 2-39 所示，但不要用任何压力。触摸时要将注意力集中在手掌上，通过感觉来评定不平度及漆膜损伤情况。为了能准确地找到受影响区域的不平整部分，手的移动范围要大，要包括没有损伤的区域。此外，对于有些损伤的区域，手在向某个方向移动时，可能比向另一个方向移动时更易感觉到。

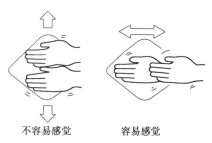

不容易感觉　　　容易感觉

图 2-39 触摸法评估板面损伤程度

3. 用直尺评估

将一把直尺放在车身与损伤区域对称的没有损伤的区域上，检查车身和直尺的间隙；然后将直尺放在损伤的车身板件上，评估损伤的和未损伤的车身板件的间隙差，来判断损伤的情况，如图 2-40 所示。

如果在用直尺评估时，损伤件有凸出部分，将影响评估操作，此时可用冲子或鸭嘴锤，将凸起的区域敲平或稍稍低于正常表面，如图 2-41 所示。

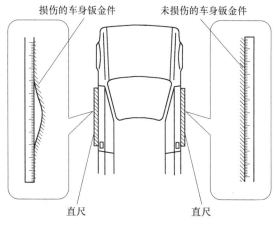

图 2-40 用直尺评估板面损伤程度

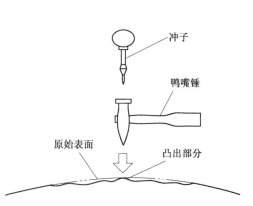

图 2-41 敲平损伤件的凸出部分

漆膜缺陷鉴定

二、鉴定车身钣金效果

　　如果车身损伤严重，则首先需要进行钣金处理。当钣金工作结束后转入涂装工序时，涂装工需要对钣金修复的效果进行检查鉴定，以确定是否满足涂装条件。

　　车身板件变形损伤修复的最终要求是恢复原板件的形状，修复部位可以比原表面低，但凹陷深度最大不能超过 3 mm（不同的涂料生产商有不同的建议）。

　　车身板件变形损伤修复质量检查通常采用人工检视或借助简单工具（量具）进行，具体方法与板面损伤程度评估的类似，实际检查时可综合运用多种方法。

　　（1）目视检查。根据光照射板件的反射情况，评估变形损伤修复的程度。

　　（2）触摸检查。戴上手套（最好为棉质的），从各个方向触摸修复的区域（包括没有损伤的区域），凭手掌的感觉来评定不平度，以判断变形修复的质量。

　　（3）样板检测。通过使用样板对车身板件的修复部位和对称的未损伤部位进行对比检测，以判断变形损伤修复质量。

　　（4）零部件对比检测。板件修复过程中，应将相关零部件安装上去，检查相关部位的配合情况，以便判断、检测修复的程度。必要时可用新件安装，进行对比判断。

　　（5）测量尺寸。用钢板尺配合塞尺检查凹陷处的深度。

　　（6）车身锉检测。车身锉检测是指观察车身锉在板件上锉过的痕迹，从而找出损伤部位修复后所存在的高点与低点等缺陷。检查弧形面时，建议使用可调节的柔性锉，使用前，通过螺栓将车身锉的弧度调整到比板件平面的略大，这样在压到弧形面时两端留有一定的间隙，操作起来更方便。

　　使用时，应从没有损伤的部位开始，然后经过已经修复的部位，到达没有损伤的另一侧。在锉的过程中，应握住手柄向前推，另一只手握住锉的头部，以便控制压力的大小和方向，每次锉的行程都应尽量长。在返回的行程中，用手柄将车身锉从板件上拉回。当锉一个平坦的部位时，将锉与推进方向成 30°角水平地推，也可将锉平放，沿着 30°斜角的方向推。在隆起的板件上，应将锉平放，沿着凸起处最平坦的方向平放，以 30°或更小的角度向一边推。用车身锉可以找出损伤部位的高点与低点，高点的部位会留下锉痕，留有金属光泽，低点的部位没有锉痕，如图 2-42 所示，这样便可直观地识别出凹陷部位。

高点（明亮）

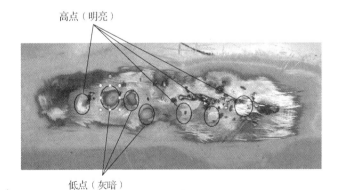

低点（灰暗）

图 2-42　用车身锉检测钣金修复质量

三、鉴别不同结构涂层

鉴别涂层结构常用的方法有观察法和打磨法两种。

1. 观察法

因为单工序面漆中没有金属颗粒，所以漆膜外观看上去没有金属闪烁感，同时，由于面漆之上没有清漆层，因此漆膜立体感不强，即从各方向观察颜色基本一致。

双工序和三工序面漆多为金属漆或珍珠漆，底色漆里含有金属及金属氧化物颗粒，比如铜、铝、氧化铜、云母粉等，阳光照射后，色彩斑斓。加上透明的清漆层对光线的折射作用，使漆膜富有立体感。如果角度合适还会发生光线干涉现象，使漆膜呈现多彩的效果。

2. 打磨法

（1）工具准备。P2000水磨美容砂纸、喷水壶、抹布等。

（2）操作步骤。

① 在车身涂层上选一块不显眼的位置，比如车门、加油口盖、行李箱盖等处的内侧。用P2000水磨美容砂纸轻轻打磨。打磨时一定要加水，因为干磨下来的清漆会呈现灰白颜色，不容易分辨。加些水湿打磨后，磨掉的清漆就不会呈现颜色。

② 观察打磨后砂纸上附着的粉末是否有颜色，如果有颜色（与车身漆色相同），说明面漆是单工序的；如果没有颜色，说明面漆是双工序的，打磨下来的是清漆，如图2-43所示。

彩图2-43和彩图2-44

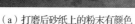
（a）打磨后砂纸上的粉末有颜色　　（b）打磨后砂纸上的粉末没有颜色
图2-43　打磨法判断涂层结构类型（彩图）

四、鉴别不同类型漆膜

1. 溶剂擦拭法

用普通的硝基稀释剂在原涂层上进行涂抹擦拭，通过观察有无溶解现象来判别原面漆是否为溶剂挥发干燥型涂料。

漆膜类型和结构鉴别

检查时使用白色的无纺布浸适量的硝基稀释剂在破损涂层周围或在车身隐蔽处轻轻擦拭，如果原涂层溶解，并在布（纸）上留下颜色痕迹，说明原涂层属于溶剂挥发干燥型涂料，如图2-44所示；如果原涂层不溶解，说明原涂层属于烘干型或双组分型涂料。丙烯酸聚氨酯涂料层不易溶解，但稀释剂会减少漆面光泽。若原涂层为自然挥发干燥型涂料，则在修复喷涂时要充分考虑新涂层中的溶剂成分会溶解原涂层的问题，以防造成咬底等漆膜缺陷。

图2-44　用溶剂擦拭法确定车身原面漆类型（彩图）

2. 加热判定法

加热判定法用来判别原面漆是热固性涂料还是热塑性涂料。如果原涂层为热塑性涂料，则在修复喷涂时应选用同类型的涂料，或将原涂层完全打磨掉后再进行涂装。用红外线烤灯对漆膜进行加热，如图 2-45 所示（注意控制加热温度，过热易损伤漆膜），如果漆面有软化现象则可证明其为热塑性涂料。

3. 硬度测定法

各种面漆干燥后漆膜的硬度不同，大体上看双组分面漆和烘干型面漆硬度较高，而自干型面漆硬度较低。所以可使用硬度计测量漆膜硬度来判定面漆的类型。

4. 厚度测试法

各种面漆由于性质不同，其涂层厚度是不一样的，所以可通过用厚度计（也称膜厚仪，见图 2-46）测定漆膜厚度来判定面漆的大致类型，但是这种方法的测定结果不是十分准确。因为修复过的涂层厚度基本都会超过 150 μm，要比原厂漆膜厚，但这种方法不会损伤漆面。

图 2-45　用加热判定法判定原面漆类型　　　　　图 2-46　膜厚仪

5. 计算机检测法

利用计算机调色系统可直接获得原车面漆的有关资料，这是目前涂装行业中较先进的检测方法。此方法方便快捷，只需利用原车车身加油口盖，利用仪器很快就能准确无误地判别面漆的类型。

判断面漆的类型是为了便于进行维修时选用合适的材料，表 2-12 中列出了各种类型的原有涂层与修复面漆涂料的配套性。

表 2-12　　　　　　　　　　　原有涂层与修复面漆涂料的配套性

新喷面漆	原有涂层					
	醇酸磁漆	聚丙烯漆	聚丙烯磁漆	聚氨酯磁漆	聚丙烯聚氨酯漆	聚丙烯聚氨酯磁漆
醇酸磁漆	○	●	○	○	●	○
聚丙烯漆	○	●	●	○	○	○
聚丙烯磁漆	○	●	●	○	○	○
聚氨酯磁漆	●	●	●	○	○	○
聚丙烯聚氨酯漆	●	●	●	○	○	○
聚丙烯聚氨酯磁漆	○	○	○	○	○	○

注：○—能够重新涂装；●—重新喷涂前，必须使用特定的封闭涂料。

五、判定修补漆膜

判定修补漆膜

1. 打磨法

（1）从整块 P80 砂纸上裁下一小块。

（2）在漆膜受损区域内选一小块漆面，配合打磨垫对漆膜进行打磨，直到露出金属，如图2-48所示。

（3）通过涂层的结构可以看出这辆汽车过去是否经过修复涂装。图 2-47（a）所示的面漆单一均衡，未曾补涂过；而图 2-47（b）所示的面漆明显分层，或因曾经喷涂过与原车面漆不一样的面漆，漆膜呈现不同颜色的两层面漆层，由此可以判断过去曾补涂过。

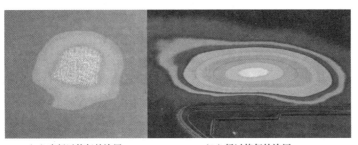

彩图2-47

（a）未经过修复的涂层　　　（b）经过修复的涂层

图2-47　用打磨法判定板面是否经过漆膜修复（彩图）

2. 测量涂层厚度法

用膜厚仪测量车身涂层厚度，如果涂层厚度明显大于新车涂层的标准厚度，则说明这辆汽车曾经进行过漆膜修复。

|任务 2-2　表面预处理|

【任务引入】

对于漆膜损伤评估后发现的各类漆膜损伤，必须将损坏的漆膜清除掉，清除程度可根据旧漆膜的损伤程度和重新涂装后的质量要求，进行全部或部分清除。图2-48所示的漆膜损伤，必须经表面预处理（清除损伤的旧漆膜和做羽状边等），以达到可以进行后续工作（如施涂原子灰、喷底漆等）的状态。表面预处理的工艺流程如图2-49所示，表面预处理是整个漆膜修复工作的关键环节，表面预处理技能也是汽车涂装工的关键技能。

图2-48　漆膜损伤状态

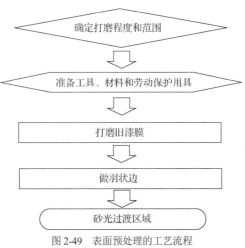

确定打磨程度和范围

↓

准备工具、材料和劳动保护用具

↓

打磨旧漆膜

↓

做羽状边

↓

砂光过渡区域

图2-49　表面预处理的工艺流程

本任务主要介绍不同程度漆膜损伤的处理要求、底处理用工具/设备及材料等相关知识、手工法打磨旧漆膜、用打磨机打磨旧漆膜及钢板表面锈的清除方法，对无损伤板件的预处理方法及压缩空气系统的维护项目、内容及方法。

【学习目标】

1. 知识目标

（1）能够正确描述对不同漆膜损伤的处理要求。

（2）能够正确描述底处理常用工具、仪器、设备及材料的种类及用途。

2. 能力目标

（1）能够准备任务相关的工具、仪器、设备和工作场所。

（2）能够用砂纸（或与打磨垫配合）清除旧漆膜。

（3）能够正确使用打磨机打磨旧漆膜。

（4）能够采用手工方法或使用电动工具、气动工具清除钢板表面的锈。

3. 素质目标

（1）培养良好的安全卫生习惯、节能环保意识等职业素养。

（2）培养节能减排的思想素养。

【相关知识学习】

一、不同程度漆膜损伤的处理要求

对于损伤漆膜的处理原则是，损伤到哪一层，就处理到哪一层。

① 如果损伤仅限于面漆层，只要将面漆损伤部分磨掉即可。

② 如果损伤到了中涂层，则需打磨到原厂底漆层。因原厂底漆性能非常好，所以打磨时一定要注意尽量保留完好的原厂底漆。

③ 如果损伤到了原厂底漆层，则需打磨到露出底板表面，并对底板表面可能存在的锈蚀、穿孔等进行处理。

④ 对于严重漆膜损伤，通常需要在较大面积区域内清除旧漆膜至裸金属（板材表面）。

二、底处理用工具、设备及材料

1. 砂纸

砂纸是汽车维修中经常使用的打磨材料，用于除锈，砂磨旧涂层、原子灰及中涂底漆等。图2-50所示是典型干磨砂纸的结构，它将各种不同粒度的磨料通过黏结层黏于基材上，制成各种规格的砂纸。通常基材为纸质材料时称为砂纸，基材为布质材料时称为砂布。磨料黏结牢固程度是评价砂纸质量的一个重要标志。

（1）磨料。制造砂纸的磨料根据原料可分为氧化铝（刚玉）、碳化硅（金刚砂）

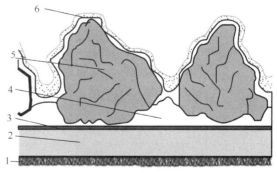

1—丝网连接层；2—基材；3—乳胶涂层；
4—黏结层；5—磨料；6—特制抗灰涂层

图2-50 干磨砂纸的结构

和锆铝 3 种。根据磨料在基材上的疏密分布情况可分为密砂纸和疏砂纸两种，密砂纸上的磨料几乎布满砂纸面，疏砂纸的磨料只占砂纸面积的 50%～70%。

磨料颗粒的大小称作粒度，颗粒的直径称作粒径。通常用粒径来表示粒度。通常只有球形的几何体才有直径，而实际测量的磨料形状各异，是不存在真实直径的。因此在粒度分布测量过程中所说的粒径并非颗粒的真实直径，而是虚拟的等效直径。等效直径是指当被测颗粒的某一物理特性与某一直径相同的球体最相近时，就把该球体的直径作为被测颗粒的等效直径。因此用不同原理设计的粒度测量方法的数据经常有较大的差异。

打磨工艺与打磨砂纸的选用

（2）砂纸的规格与用途。砂纸的规格用其上面的磨料粒度的大小表示，一般标注在砂纸的背面，用"F+数字""P+数字"或"S+数字"表示，如"F60""P80""S500"等。F 表示固结磨具（如砂轮），P 表示涂附磨具（如砂纸），S 表示海绵砂纸。字母后面的数字表示磨料粒度，但这里的粒度并不是磨料的等效直径，而是磨料可通过的标准砂网的目数（孔数），即数值越小，粒度越大，砂纸越粗，适合进行要求不高的粗打磨，主要用来处理缺陷、打磨形状等；数值越大，砂纸越细，适合进行精细打磨，主要用于喷涂前修整和喷涂后涂层缺陷的处理。

各国的砂纸粒度划分不是完全一致的，欧洲标准为 PEPA、美国标准为 ANSI、日本标准为 JIS 等。

（3）砂纸的分类。按是否可以浸水使用，砂纸分为水磨砂纸和干磨砂纸两种。

① 水磨砂纸。水磨砂纸（简称水砂纸）是汽车修复涂装最常用的砂纸之一，其规格通常为 23 cm×28 cm，如图 2-51 所示。根据打磨作业方式，打磨部位的形状、大小的不同，可以将砂纸裁成适合打磨的尺寸。水磨砂纸湿打磨使用时应先浸水，使砂纸完全湿润，这样可防止折叠时引起砂纸脆裂，特别是冬天气温低时，应用温水浸泡。水磨砂纸可以用于干打磨。

图 2-51 水磨砂纸

② 干磨砂纸。干磨砂纸（简称干砂纸）在使用时不能浸水，否则会使磨料脱落。根据制作工艺不同，干磨砂纸分为搭扣式干磨砂纸、干磨砂网和三维打磨材料 3 种，如图 2-52 所示。汽车修复涂装中所使用的干磨砂纸多为搭扣式（也称粘扣式），目前国内市场上搭扣式干磨砂纸以进口为主，需与电动或气动打磨机配套使用。干磨砂纸的形状有圆形和方形，圆形直径以 12.7 cm（5 英寸）和 15.24 cm（6 英寸）使用较多。

a. 搭扣式干磨砂纸。搭扣式干磨砂纸一面有丝网连接层，俗称快速搭扣，可以跟打磨机快速粘贴和分离。一般圆形砂纸圆周均匀分布 8 个小孔，中心有 1 个大孔；方形砂纸在长边边缘均匀分布 8 个孔，在将砂纸粘贴到打磨头上时，一定要保证砂纸上的圆孔与打磨头上的孔相吻合，确保吸尘效果良好，如图 2-52（a）所示。砂纸规格一般为 P60～P500，用于除旧漆、金属打磨等。漆面研磨砂纸用于清除漆面的粗粒、橘纹等，砂纸规格一般为 P600～P1500。

b. 干磨砂网。干磨砂网是将不同规格的磨料黏结到网状的基材上制成的打磨材料，如图 2-52（b）所示。干磨砂网的规格与搭扣式干磨砂纸一样，形状有圆形和方形。与搭扣式干磨砂纸不同的是它的吸尘通路更大，吸尘效果更好。

c. 三维打磨材料。三维打磨材料是磨料附着在三维纤维上形成的打磨材料，这类材料有非常好的柔性，适合打磨外形复杂或特殊材料的表面。百洁布（俗称菜瓜布）就是三维打磨材料中的一种，如图 2-52（c）所示。其主要用于塑料件喷涂前的打磨、驳口前对漆膜的打磨、板件背面打磨以及修复前去除漆膜表面的细小缺陷等。

百洁布用不同的颜色代表不同的型号，通常红色百洁布相当于 P320～P400 水磨砂纸；灰色百洁布相当于 P800～P1000 水磨砂纸。

（4）干磨砂纸与水磨砂纸的粒度对比。一般来说，在进行打磨操作时，采用干磨砂纸打磨对砂纸的粒度要求较严格，不同粒度砂纸间的过渡要合理，粒度变化不要超过 100。与水磨砂纸对比,相同粒度的干磨砂纸用机器法打磨后的痕迹要比水磨砂纸小得多。打磨效果相同时,采用干磨砂纸与水磨砂纸的对比,见表2-13。

(a)搭扣式干磨砂纸

(b)干磨砂网

(c)三维打磨材料

图2-52 干磨砂纸

表2-13 干磨砂纸与水磨砂纸的对比

砂纸	粗细对比									
干磨砂纸	P60	P80	P120	P150	P180	P240	P280	P320	P360	P400
水磨砂纸	P150~P180	P180~P220	P240~P320	P320~P360	P360~P400	P400~P500	P500~P600	P600~P800	P800~P1000	P1000~P1200

2. 打磨垫

无论是使用水磨砂纸还是干磨砂纸进行打磨操作,尽量不要直接用手握住砂纸打磨,这样做无法保证打磨质量。与砂纸配套的打磨垫是用砂纸打磨工件操作中必不可少的工具,有手工打磨垫和打磨机专用托盘两种。

(1)手工打磨垫。手工打磨垫(也称打磨块)分为水磨垫和干磨垫(手刨)两种。水磨垫有硬橡胶打磨垫、中等弹性橡胶垫及海绵垫等种类。

① 硬橡胶打磨垫。硬橡胶打磨垫需要与水磨砂纸配合使用,一般用于湿磨原子灰层,把高凸的原子灰部分打磨掉,使表面达到平整的要求,如图2-53(a)所示,其长短大小对磨平原子灰层有一定的影响。自制的打磨垫一般用厚度为2~3 cm的橡胶块裁剪成11.5 cm×5.5 cm的长方形,此打磨垫应与1/4张水磨砂纸配合使用。它是汽车修复涂装人员较普遍使用的打磨工具。对于大面积波浪形表面的原子灰层可适当使用加长的打磨垫(也可用水泡不易变形的木块)。

② 中等弹性橡胶垫。中等弹性橡胶垫是一种辅助打磨工具,可利用它的柔软性,外包水磨砂纸打磨棱角和形状多变部位。市场上大部分中等弹性橡胶垫分两面(两层),一面是中等弹性橡胶,另一面是硬塑料,兼具硬橡胶打磨垫和中等弹性橡胶垫的功能,如图2-53(b)所示。

③ 海绵垫。海绵垫适用于漆面处理,如抛光漆面前配合细水磨砂纸磨平颗粒、橘纹等,不易对漆面造成大的伤害。还可将抛光砂纸与3 mm厚海绵黏成一体,制成打磨垫,进行抛光等精细研磨操作,如图2-53(c)所示。

(a)硬橡胶打磨垫

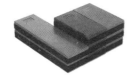
(b)中等弹性橡胶垫

(c)海绵垫

图2-53 手工打磨垫

④ 干磨手刨。干磨手刨是用来干磨的手工打磨垫,可以与搭扣式干磨砂纸或干磨砂网配合使用,形状为方形,根据实际工作需要有大、中、小等各种不同的规格,如图2-54所示。干磨手刨握持舒适,操作方便。它主要的优点是能够与吸尘器连接,将打磨掉的粉尘收集起来,安

全环保。它可以在一定程度上弥补机器打磨不够灵活的缺点，操作方法更接近手工湿打磨。

（2）打磨机专用托盘。用于电动、气动打磨机的打磨垫称为托盘（也称为打磨头）。根据功能的不同其有快速搭扣式托盘和软托盘两种。

① 快速搭扣式托盘（见图 2-55）。此托盘由高密度海绵材料制成，硬度适中，通过内六角螺栓与打磨头连接，配合干磨砂纸使用，特殊表面设计能紧扣砂纸，装卸快速、方便、牢固，打磨时省时省力。

图 2-54　干磨手刨

图 2-55　快速搭扣式托盘

② 软托盘（见图 2-56）。软托盘安装在快速搭扣式托盘与搭扣式干磨砂纸之间，主要用于精细打磨中涂底漆等。

3. 无尘干磨系统

汽车涂装使用的打磨设备均为干磨式设备，也称为无尘干磨系统，分为固定式和移动式两种。

（1）固定式干磨系统。固定式干磨系统包括无尘干磨房、集尘系统和配电系统等。

① 无尘干磨房。如图 2-57 所示，无尘干磨房通常是在整个涂装车间内以围帘分割而成的一个或多个独立工作区域。

图 2-56　软托盘

无尘干磨房是为干磨操作设计的，可以用于打磨，也可用于底漆喷涂、刮涂原子灰、小修补及抛光等作业。工作区域内的空气在鼓风机的作用下，经过初级过滤装置过滤后，再经过 2 道过滤装置，将较洁净空气引入风机，80%的风量从进风弯头进入处理室顶部的静压室，20%的风量从排风筒排出室外（保证操作人员始终工作在新鲜空气中）。进入静压室的空气经第二级过滤进入工作区域中，这时空气内 98%的杂物被过滤掉，有效地保证了工作区域内所需的洁净空气。向下流动的空气将打磨或喷漆产生的灰尘等杂质带走，保证了操作人员的身体健康及预处理的表面质量。

② 集尘系统。集尘系统包括悬挂功能单元、管路和吸尘机等。

a. 悬挂功能单元。如图 2-58 所示，悬挂功能单元具有压缩空气的净化与自动润滑及远程控制等功能。它通过摇臂固定，使用方便，占用的空间小。悬挂功能单元一端与吸尘机相连，另一端通过供气管路、集尘管路和电源线与打磨工具连接。

图 2-57　无尘干磨房

图 2-58　悬挂功能单元

b. 管路。管路的两端通过可以 360°旋转的快速接头，如图 2-59（a）所示，连接吸尘设备和打磨机，提供压缩空气驱动打磨头，排放的废气通过消声器排出，如图 2-59（b）所示。吸尘管将打磨下的灰尘回收到集尘器，所以管路又称为三合一套管，如图 2-59（c）所示。吸尘管还能自动周期性（1 次/10min）供应润滑油润滑打磨机，控制气动马达噪声，带有润滑油的废气经消声器过滤后排出，避免油污直接排放到喷漆环境中。

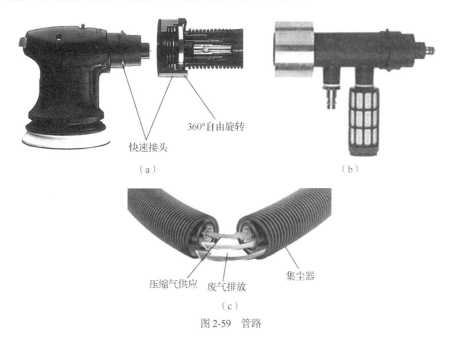

快速接头

360°自由旋转

（a）

（b）

压缩气供应　废气排放　集尘器

（c）

图 2-59　管路

c. 吸尘机。吸尘机的功能是收集打磨产生的灰尘。干磨房配备的吸尘机有集中式和分散式两种类型。

集中式吸尘机即所有悬挂功能单元所连接的全部打磨机产生的灰尘，均由同一台吸尘主机收集。吸尘主机通过空间布置的压缩空气供气管路、集尘管路和电源线路与悬挂功能单元连接。吸尘主机通常布置在干磨房外部，以增加房内的有效工作面积。

分散式吸尘机即每一个悬挂功能单元与单独的吸尘机连接，也就是一个吸尘机只负责收集一个悬挂功能单元打磨产生的灰尘。分散式吸尘机体积小，可以在有限的区域内移动，如图 2-60 所示。

③ 配电系统。不同厂家设计的干磨房配备的配电系统有所不同，图 2-61 所示为典型的干磨房配电柜控制面板。

照明开关用于控制整个打磨车间的照明灯，当照明开关打开时，照明灯和照明指示灯同时点亮。喷漆开关用于控制干磨房的鼓风机，当喷漆开关打开时，鼓风机通电转动，同时喷漆指示灯点亮。风门开关用于控制下部或侧下部排风风门，当风门开关打开时，风门打开，鼓风机产生的空气流动得以顺利进行，同时风门指示灯点亮。主令开关用于控制整个干磨房的电源，当主令开关打开（压下）时，电源接通，同时电

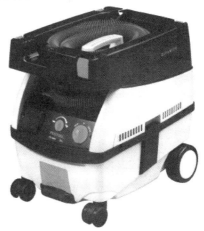

图 2-60　分散式吸尘机

源指示灯点亮；主令开关顺时针方向旋转即可弹起，关闭电源，同时电源指示灯熄灭。

（2）移动式干磨系统。移动式干磨系统即指移动式打磨机，如图2-62所示。移动式打磨机移动方便，灵活性强，吸尘效果好。移动式打磨机内部有吸尘器，最多可以保证两台打磨机同时工作，是一般维修站车身维修打磨工位的理想配置。

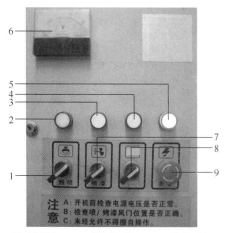

图2-62　移动式打磨机

1—照明开关；2—照明指示灯；3—喷漆指示灯；4—风门指示灯；5—电源指示灯；
6—电压指示表；7—喷漆开关；8—风门开关；9—主电源开关（主令开关）

图2-61　干磨房配电柜控制面板

4. 打磨机

打磨机（也称为研磨机）是利用电或压缩空气作为动力源，带动砂纸等打磨材料，对工件需要修整部位进行打磨操作的工具。使用打磨机可明显减小操作者的劳动强度，提高工作效率。为了满足汽车修复涂装的需要，打磨机生产企业不断设计出各种形式和型号的产品，使修复涂装工作变得越来越轻松。

干磨系统与
打磨机的使用

（1）打磨机种类。打磨机可以利用电力驱动，也可以利用压缩空气驱动。电动打磨机与气动打磨机的外形分别如图2-63和图2-64所示。

图2-63　电动打磨机　　　　　图2-64　气动打磨机

喷漆车间内有易燃物品，要尽量减少电动工具的使用，所以用压缩空气驱动的气动打磨机得到普遍应用。气动打磨机主要有单作用式、轨道式、双作用式、往复直线式4种类型。

① 单作用式打磨机。单作用式打磨机的打磨头绕一个固定的点转动，砂纸只做单一圆周运动，因此单作用式打磨机也称为单一运动圆盘打磨机，如图2-65所示。这种打磨机的扭矩大，转速可高可低。低速打磨机主要用于磨去旧漆膜，钣金磨机就属于这类打磨机；高速打磨机主要用于漆面的抛光，也就是抛光机。

使用单作用式打磨机打磨旧漆膜时，由于打磨头中心没有切削力，主要靠旋转力切削，所以打磨头与旧漆膜的接触方式应如图2-66所示，即保持打磨头与漆膜表面15°～20°的夹角；另外，压力不能过大。但用于原子灰和中涂底漆表面打磨时，由于要求获得平滑的表面，所以打磨头必须平贴于表面。

注　意

由于打磨机转速非常高，使用时一定要牢牢握住打磨机，以避免脱手发生危险。

图 2-65　单作用式打磨机

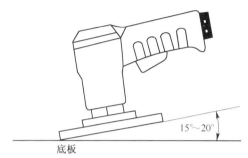

底板

图 2-66　单作用打磨机的使用

单作用式打磨机由于只做旋转运动，所以打磨痕为大圆弧形，且较深，如图 2-67 所示。

② 轨道式打磨机。轨道式打磨机的打磨头外形都呈矩形，便于在工件表面上沿直线轨迹移动，整个打磨头以小圆圈振动，此类打磨机主要用于原子灰的打磨，如图 2-68 所示。该类打磨机可以根据工件表面情况采用不同尺寸的打磨头，以提高工作效率，轨迹直径亦可改变。

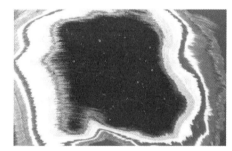

图 2-67　单作用式打磨机的打磨痕

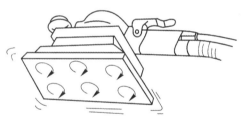

图 2-68　轨道式打磨机

轨道式打磨机打磨头只做小圆圈振动，打磨痕为小圆弧形，较浅，如图 2-69 所示。

③ 双作用式打磨机。双作用式打磨机也称为偏心振动式、双轨道式、双动式打磨机，其打磨头本身以小圆圈振动，同时又绕其自身的中心转动，因而兼有单作用式及轨道式打磨机的运动特点，如图 2-70 所示。其切削力比轨道式打磨机的大。在将该种打磨机用于表面平整或初步打磨时，要考虑轨道的振动幅度（圆圈振动直径，简称振幅），振动幅度大的打磨机，打磨后的表面较粗糙。

图 2-69　轨道式打磨机的打磨痕

图 2-70　双作用式打磨机

双作用式打磨机由于打磨头既做旋转运动又做小圆圈振动，因此打磨痕为大小交错的圆弧形且较浅，如图2-71所示。

④ 往复直线式打磨机。工作时打磨头做往复直线运动的打磨机称为往复直线式打磨机，如图2-72所示，此类打磨机主要用于车身上的特征线和凸起部位的打磨。

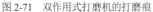

图2-71　双作用式打磨机的打磨痕

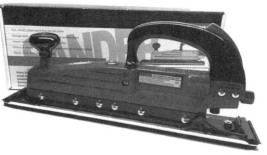

图2-72　往复直线式打磨机

电动打磨机的类型与气动打磨机的基本相同。但有一种电动打磨机与气动打磨机区别较大，称为锐角打磨机（简称角磨机），如图2-73所示。因有保护罩，所以打磨时只能以锐角接触板件表面，其主要用于打磨严重的锈蚀、焊缝及旧漆膜较厚处。

角磨机切削力较大，速度快，因而打磨痕非常深，如图2-74所示。

图2-73　角磨机

图2-74　角磨机的打磨痕

（2）打磨机的选择。选择打磨机时，首先应根据操作者的体力，选择大小适宜的打磨机，太大则会使操作者很快疲劳，不能持续作业，太小则效率低。然后选择转速稳定，输出力量大，振动小的为佳。

打磨头的形状有两种，如图2-75所示。其中有倒角的一种使用起来比较方便，对于板件的边角均能进行很好的打磨。

打磨头的尺寸应根据打磨面积来选择。如车顶和前机舱盖等大面积的打磨，可使用直径为18 cm的打磨头，以加快作业速度；小面积打磨时，可以使用直径为10～12 cm的打磨头，使用起来比较方便。

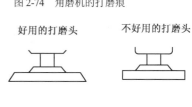

好用的打磨头　　不好用的打磨头

图2-75　两种形状打磨头的使用比较

注　意

在用打磨机打磨漆膜时，如果使用的是硬性打磨头，要使打磨头与漆膜表面保持平行，否则会在漆膜（或板件）表面留下划痕；如果使用的是柔性打磨头，打磨头与漆膜表面的接触应采用图2-76（b）所示的方式。

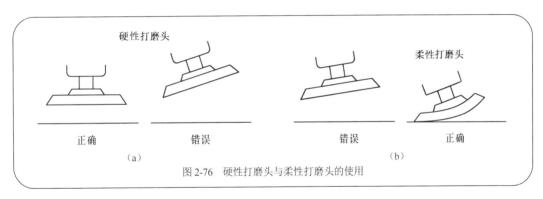

图2-76　硬性打磨头与柔性打磨头的使用

　　振动式打磨机的振动幅度有大小之分（打磨头型号），不同型号的打磨头与砂纸的配套情况，以及对应的打磨要求见表2-14。振动幅度为7 mm的圆形气动打磨机以及振动幅度为5 mm的圆形电动打磨机振动幅度大、力量更强，适合粗磨、中级磨；振动幅度为3 mm的圆形气动打磨机振动幅度较小、力量也较小，更适合细磨；振动幅度为2～2.5 mm的圆形电动打磨机，特别适合小面积超精细打磨。

表2-14　　　　　　　　　　打磨头与砂纸配套情况以及对应的打磨要求

打磨要求	预磨	粗磨	中级磨	细磨	精细打磨	超精细打磨
打磨过程	打磨损毁部位、打磨钢板、打磨焊缝	打磨损毁部位、打磨钢板、粗磨原子灰	中级磨原子灰、打磨底涂层	细磨中涂层	精细打磨中涂层、打磨原有漆膜	打磨细小缺陷，驳口处理等
砂纸型号	P24～P60	P80～P180	P120～P240	P240～P360	P320～P500 S500～S1000	P1200～P3000 S1000～S4000
打磨头型号	7 mm（气动）	7 mm、5 mm（气动）	5 mm（气动）	3 mm（气动）	3 mm（气动）	2～2.5 mm的圆形电动打磨机

【技能学习】

一、劳动保护与安全注意事项

1. 劳动保护

打磨旧漆膜时可能存在的危害及劳动保护如图2-77所示。

2. 安全注意事项

操作前，必须牢记以下劳动安全事项。

① 采用加热法除旧漆膜时，应时刻关注电加热器的温度，过高时应关闭电源冷却。尽量不用火焰加热；还要控制好板件的加热温度，以免因温度过高而使板件变形。

② 用铲刀除旧漆时，应注意使用安全，以免被划伤。

③ 切记不要用刀尖用力铲漆膜，以免对板件表面造成深度划伤。

④ 用打磨机打磨时应该佩戴护目镜或防护面罩。

⑤ 检查打磨机叶轮（针对角磨机而言）的品种及规格是否与当前操作所要求的性能相一致。破损的叶轮，哪怕只有很小的缺陷，也绝不能继续使用。

⑥ 检查电源是否在该产品所规定的使用范围内。

⑦ 将电源插头插入电源插座之前应仔细检查打磨机的电源开关是否关闭。

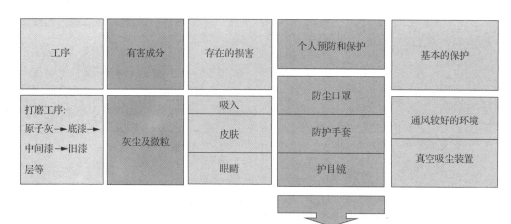

 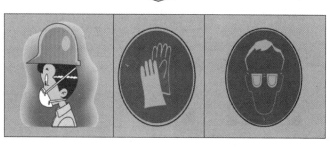

图2-77　打磨旧漆膜时可能存在的危害及劳动保护

⑧　更换叶轮时（针对角磨机而言），务必认真按照说明书的要求操作。

⑨　绝不可采用电动打磨机打磨铝材、塑料等，可采用磁铁检查基材材质。

⑩　绝不可采用电动打磨机交叉打磨曲面弧度较大、凸出很高的表面或非常凹的表面。

⑪　绝不可采用电动打磨机打磨边角、皱褶缝、黏结处或刮涂过塑料密封胶的区域。

二、手工打磨旧漆膜

因为除旧漆膜时，通常会打磨到裸露钢板，此时如果有水沾到钢板上，会很快产生锈蚀，所以在打磨除旧漆膜时，建议使用干打磨。

手工打磨
旧漆膜

1. 裁剪砂纸

选择合适的磨料，采用氧化铝磨料的疏砂纸比较适合干打磨，粒度为P80。根据打磨的需要（如所选用的打磨垫大小等），将砂纸裁成适合打磨的大小。

2. 打磨

将裁好的砂纸用手握住，如图2-78所示，在需要清除旧漆膜处进行打磨。如果要使用打磨垫配合打磨，应将裁好的砂纸平贴于打磨垫下面，两边多出的部分向上折，贴靠到打磨垫边缘以便用手握住。将打磨垫平放于待打磨表面，前后及左右移动打磨，如图2-79所示。打磨时，须使打磨垫保持平移，用力要适当。

（a）4+1握法　　　　　　　（b）2+3握法

图2-78　砂纸的握法

图 2-79 用打磨垫配合打磨

手工打磨的姿势应该以舒服、顺手为原则。对于较大表面，最好是采用拇指和小指夹住打磨垫，中间三指配合手掌的握法。

打磨时应尽量轻地握住砂纸，施加于表面的压力仅限于手掌的力量。有时还必须经常改变打磨姿势，以适应不同部位的表面结构。

在打磨较大面积的表面时，最好采用走直线的方法。在过渡区对相邻表面进行打磨时，应采用交叉打磨法（也称为米字形打磨），如图 2-80 所示，就是指打磨时经常地改变打磨方向，因为这样操作获得的基材表面较平整。改变打磨方向可以起到和切削差不多的作用，打磨的速度最快。如果以 90°的角改变方向，就无法采用交叉打磨法，这主要是受汽车表面绝大部分结构所限。只有在角度为 30°或 45°时改变方向才有可能。

打磨时来回的行程应长而直，如果掌心没有平压在打磨垫上，手指就会接触到打磨表面，这将导致手指与表面之间受力不均匀，所以应避免手指接触打磨表面。打磨时尽量不要进行圆周运动，否则会产生在表面涂层下可见的磨痕。为了获得好的打磨效果，应该始终以图 2-81 所示的方向进行打磨，也可采用 45°角方向交叉打磨。如果进行的是大面积的打磨，则应该分成块，一块块地进行打磨。每一块面积最好不大于 0.1m²。用手摸、眼看的方法检查打磨是否符合要求。

初步打磨后，需换用 P150 砂纸再全部打磨一遍。

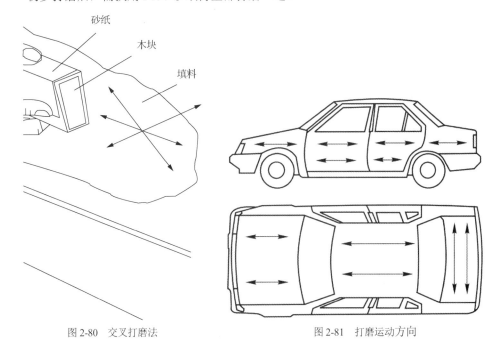

图 2-80 交叉打磨法　　　　　　　　图 2-81 打磨运动方向

对于旧漆膜有剥离或裂纹处，以铲刀（见图2-82）刀尖部插入剥离层间或缝隙处可以一块块地铲掉旧漆膜。

对于黏结较实的旧漆磨或凹槽、拐角等特殊部位，可配合使用其他手工工具（见图2-83）清除。

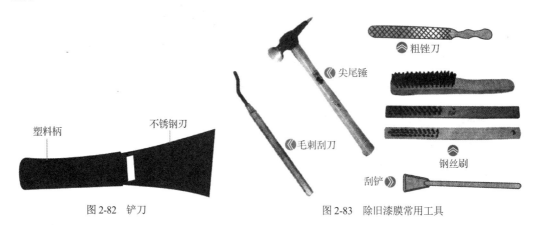

图2-82　铲刀

图2-83　除旧漆膜常用工具

除旧漆膜过程中，也可配合加热法。加热法除旧漆膜就是利用火焰（或烤灯、热风枪）的高温使旧漆膜软化或炭化（烧焦）从而配合铲刀等工具清除旧漆膜的一种方法。

 注　意

① 加热法除旧漆膜的缺点是如果加热温度过高，板件会产生热变形，从而产生不良后果。所以使用中一定要注意控制加热温度，必要时可采用多层多次清除。

② 如果打磨的表面经过钣金处理，表面凸凹不平，则旧的涂层需被完全清除掉，以便刮涂原子灰；如果打磨表面没有经过钣金处理，表面平整，只有旧漆膜损坏，则应打磨到原底漆层；若由于失误将底漆打磨过度，则应重新喷涂底漆。

③ 无论打磨面积多大，均要用粗砂纸打磨50%～75%，再用细砂纸进行精加工。用粗砂纸打磨的目的是尽快打磨掉旧漆膜、原子灰、锈斑、大块的底漆等。

④ 用铲刀或加热法清除旧漆膜后，仍需用P80～P150的砂纸再打磨。

3. 做羽状边

所谓做羽状边（也称为砂薄漆膜边缘或磨缘）是指在已清除旧漆膜区域的周围，将完整漆膜的边缘打磨成逐渐变薄的平滑过渡状态，如图2-84所示。当待修复漆膜的损伤还没有深入金属基材时，这里的薄边要求更为精细、平滑，为无痕迹修复创造先决条件。

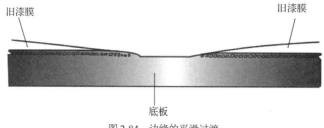

图2-84　边缘的平滑过渡

① 选择合适的砂纸（通常为P240砂纸）。

② 采用由内向外磨或由外向内磨均可以。对于小面积，用画圆圈的方法打磨；对于大面积，

则用走直线的方法打磨。做羽状边时，一定要认真细致，保证坡口的角度基本一致。

羽状边坡口的大小取决于涂层厚度，通常每一层漆膜的坡口宽约为 5 mm，总坡口宽大于 3 cm 即可，如图 2-85 所示。

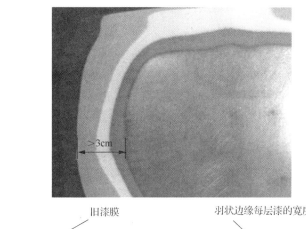

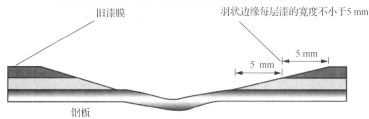

图 2-85 · 羽状边的宽度

4. 砂光

砂光是指对损伤部位周围区域（过渡区）的表面进行处理，使表面无光、粗糙，这样新喷涂的漆膜才能牢固地黏附在旧漆膜表面上。如果下道工序为刮原子灰或喷涂头道底漆，则不需进行砂光操作，等到喷涂中涂底漆前再进行此项作业。

① 选择合适的砂纸，一般为 P320 或 P400 砂纸。

② 将砂纸按需要裁开。

③ 按干打磨的工艺、走直线的方式进行打磨。

除旧漆膜区域最后一道打磨所用的砂纸型号视下道工序而定。如果下道工序为刮原子灰，则用 P240 砂纸做完羽状边即可；如果下道工序为喷涂底漆，则应用 P180 砂纸打磨原底漆（包括羽状边）；如果下道工序为喷涂中涂底漆，则最后用 P320 砂纸打磨（包括羽状边及过渡区域）；如果下道工序为喷涂面漆，则需用 P400 或 P600 砂纸打磨（包括羽状边及需喷涂面漆的表面）。注意：砂纸型号的递进不应超过 100 号。

5. 整车清理

采用黏性抹布或吸尘器进行整车清理。

三、用打磨机打磨旧漆膜

1. 干磨系统准备

（1）打磨车间准备。打开主电源开关（主令开关）、照明开关、风门开关，就可以进行打磨操作了。如果要在打磨车间内进行喷涂操作（通常是小面积的底漆喷涂），则还需打开喷漆开关。

用打磨机
打磨旧漆膜

（2）打磨机的准备。使用前，先将三合一套管分别与吸尘机和打磨机连接，如图 2-86 所示，检查吸尘器选择旋钮是否转到"AUTO"挡，电源、气源是否接通，启动打磨机开关试运行一下。

（3）安装砂纸。选择合适的砂纸（对于清除旧漆膜，开始应选用 P80 的砂纸，然后根据下道工序要求，逐级递进至下道工序要求的砂纸型号）后，将砂纸孔对准打磨垫孔，砂纸应完全覆盖打磨垫。

图 2-86　安装打磨头

（4）调节压强。打磨机工作的标准压强是在工作状态下 6 bar（1 bar＝0.1MPa）。工作状态下压强低于 6 bar 会影响打磨机工作的力量，工作状态下压强超过 6.5 bar 会导致打磨机加速磨损。

向上拔起压强调节旋钮，顺时针方向旋转为增大压强，逆时针方向旋转为减小压强。

使打磨机处于工作状态下，旋转调节旋钮，将压强调节到"6"的刻度，按下旋钮锁定。

2. 打磨

（1）操作流程。

① 穿戴好安全劳保用品。

② 戴好手套，然后轻轻地摸一遍待打磨表面，这有助于操作工人决定如何进行打磨。

③ 握紧打磨机，将打磨机以 5°～10°角贴于待打磨表面，打开开关。

④ 若打磨机向右移动，应将砂纸左上方的 1/4 部位贴紧打磨表面，如图 2-87 所示。

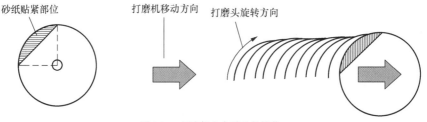

图 2-87　打磨机右向移动的操作

⑤ 当打磨机从右向左移动时，应将砂纸右上方的 1/4 部位贴紧打磨表面，如图 2-88 所示。

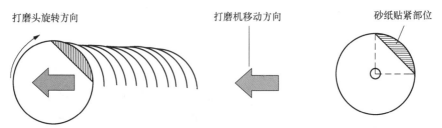

图 2-88　打磨机左向移动的操作

⑥ 打磨较为平整的表面时，打磨机的移动方式如图 2-89 所示。

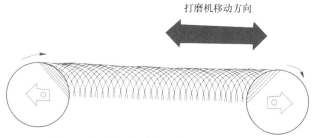

打磨机移动方向

图 2-89　打磨较为平整表面时打磨机的移动方式

⑦ 对于较小的凹穴处，应采用图 2-90 所示的方法。注意，此方法仅限于使用角磨机。

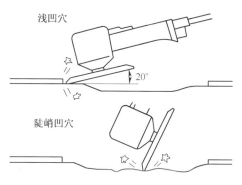

浅凹穴

20°

陡峭凹穴

图 2-90　打磨小凹穴的操作

（2）打磨操作时注意事项。

① 操作打磨机时，一定要在接触到板件表面后，才能启动打磨机。如果打磨机在接触板件表面之前启动，由于空转转速过高，会在初始接触的区域产生很深的划痕并且很难控制打磨机。

② 为了防止板件过热变形，不要使打磨机在一个位置打磨时间过长。

③ 不允许采用粗砂纸以 90°角交叉打磨凸出很高的表面，这样做将会造成很深的打磨伤痕，以后很难将其除去。

④ 千万不要让粗砂纸接触打磨区域附近完好的漆膜表面，最好用胶带把完好的漆膜表面保护起来。

⑤ 由于打磨机打磨头边缘没有砂纸，所以对于较深凹穴处不能用打磨机打磨，可换用角磨机或手工打磨。

⑥ 经常检查砂纸表面是否清洁，必要时应进行清理以保证打磨效率。如果磨料被塑料密封胶黏附，则应该及时用毛刷、钢丝刷或气枪进行清理。如果出现类似情况，则表明密封胶固化不完全。打磨操作应该在密封胶充分固化后才能进行。

⑦ 对于边角、棱线等处，打磨机无法进行打磨，这时需手工配合砂纸进行打磨，最好选用带软衬垫的砂纸打磨。

3. 做羽状边

使用打磨机做羽状边的正确操作如图 2-91 所示，将整个打磨机压在车身板上，提起一边，仅向板上标"A"的区域施压，然后沿边界线移动打磨机。边界线和打磨机之间的相对位置必须保持恒定。

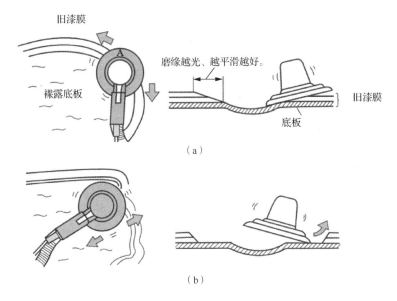

图 2-91　做羽状边的正确操作

4.　砂光

①　选用 P320～P400 砂纸安装在打磨头上，将打磨头前方贴着表面，而后方稍稍离开表面一点。保持这个方位，上下移动打磨机进行打磨。各道磨痕之间重叠 50%～60%，如图 2-92 所示，这将有利于打磨平整。

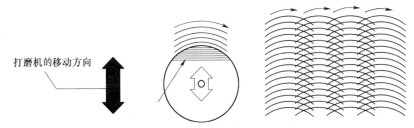

图 2-92　砂光操作时打磨机的移动方法

②　用手（戴着手套）在打磨过的表面上来回摸一下，检查打磨效果。重复上述打磨过程，直到完成打磨工作的 3/4 左右。

③　更换细砂纸。

④　重复打磨操作，先用打磨的方法，然后用砂光的方法，直到表面达到所要求的平整度。

5.　打磨机使用注意事项

①　由于打磨机转速较快，一定要时时观察打磨进度，千万不要打磨过度。尤其是玻璃钢及塑料件，因其与涂层颜色差别较小，更容易打磨过度甚至将板件打磨出孔洞。

②　尽量避免倾斜打磨，避免让打磨垫的边沿碰触板面。

③　不要让重物挤压三合一套管，以免导致三合一套管损伤；在移动设备时，应将三合一套管缠绕好后再移动，以免三合一套管在移动的过程中被磨穿或被尖锐物体划伤而导致吸尘效果不好。

④　不要让三合一套管两端沾水。如果三合一套管两端沾水将可能导致里面的轴承锈死而引起旋钮旋转不灵活，最后导致三合一套管破裂。

⑤　禁止用三合一套管来吸尘。

⑥ 禁止在没有装吸尘袋或吸尘袋破裂的情况下继续打磨操作。如果空气滤清器破损，应立即更换。这些情况下不进行处理而继续使用可能导致吸尘器电动机损坏或打磨机损坏。

⑦ 如果吸尘效果变差，应首先检查吸尘器是否工作（有可能电源未连通）、控制选择开关是否置于"AUTO"挡，可打开吸尘器上盖检查集尘袋是否破裂或有其他地方出现破裂情况，检查吸尘通道是否有堵塞情况。

⑧ 如果打磨机工作无力或者不工作，应首先检查气压是否太低、导气管是否断裂、导气管上是否有密封垫圈；气路各个连接处是否有漏气情况。

⑨ 长时间没有使用打磨机，在重新使用前应在导气管开口处滴入几滴润滑油。

6. 清洁车身

最好用吸尘器吸净打磨灰尘，必要时可配合使用粘尘布进一步除尘。

四、清除钢板表面的锈蚀

钢板表面的锈，会严重影响涂料的附着性并进一步扩大腐蚀，所以必须将之清除干净，如图 2-93 所示。

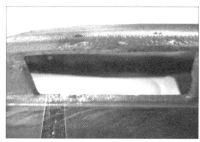

图 2-93　钢板表面的锈及清除后的效果

1. 手工除锈

将 P100 砂纸裁为原尺寸的 1/4，垫好打磨垫，不要加水，直接干打磨锈蚀部位。要把锈完全处理掉，露出金属的本身颜色，并且打磨要向未锈蚀的部位扩展 10 mm 左右的范围。手工除锈适合锈蚀不严重、锈蚀范围小的情况。

2. 机器除锈

（1）清除轻度锈蚀。

对于轻度锈蚀，可选用专用毛刷配合专用打磨机进行清除。如图 2-94 所示，毛刷上黏附有磨料，依靠离心旋转力和磨料的磨削力清除锈。该方法特别适合清除边角、缝隙等很难触及的地方的锈，如图 2-95 所示。

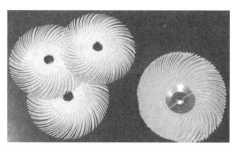

图 2-94　除锈专用毛刷　　　　　　图 2-95　用专用毛刷清除狭缝中的锈

使用打磨机时应注意以下几点。

① 必须佩戴护目镜。

② 由于毛刷需要以较高转速运转，因此打磨下来的颗粒会飞溅到空气中。

③ 必须始终注意旋转方向（参见毛刷上的说明），如果安装错误，毛刷就会破裂。

④ 注意要达到足够的转速和扭矩，只有这样毛刷才能高效工作。

⑤ 使用时不要施加压力，它的磨削性能是由离心力和磨粒的共同作用决定的。这样可以显著延长毛刷的使用寿命。

⑥ 锈蚀严重时禁止使用打磨机。

（2）清除严重锈蚀。

如果锈蚀严重，可使用角磨机配合钢丝轮进行打磨。

① 拆下角磨机上的砂轮片，换上钢丝轮并按规定的力矩紧固，如图 2-96 所示。

② 在保证角磨机上的开关处于关闭的状态下，将电源插头插入插座内。

③ 双手握住角磨机，置于身体前方，身体正对需要打磨部位，将角磨机靠近需要打磨的板件表面。

④ 扣动开关，将角磨机以大约 15°的倾角移向待打磨表面，以手腕的力量轻压，使钢丝轮紧贴金属表面进行切削除锈。

⑤ 用前后或左右移动的方式移动角磨机，直到将全部表面打磨至光亮无锈迹为止，如图 2-97 所示。

图 2-96　装上钢丝轮的角磨机及钢丝轮

⑥ 关闭电源开关，等钢丝轮完全停止转动后，将电插头拔下，妥善放置角磨机。

图 2-97　用带钢丝轮的角磨机除锈

钢板表面的除锈

五、预处理无损伤板件

不同的板材，涂装工艺（主要是使用的涂料品种）会有差别。因此，对板件进行涂装前，必须确认板件的材质，以便确定合理的涂装工艺。

汽车车身常用板材有电镀锌板（暗灰色）、森氏镀锌板（浅银色，带有小孔）、带电泳底漆的钢板（有黑色、棕色、灰色或绿色的涂层）、镀黄色铬板（透明的黄色，带有虹状效应）、铝合金板（浅银色，打磨时会变软）、钢板（深银色，耐磨）、各种塑料板及特殊材料板（玻璃纤维板、碳纤维板）等。

1. 预处理裸金属板件

进行车身修复时，经常会更换新的板件，如果所更换的金属板件表面裸露，通常需进行清洗和打磨处理。不同的涂料生产商所生产的涂料产品特点不同，其推荐的处理项目会有所差别。使用"鹦鹉"系列产品时对金属表面的预处理项目，如图 2-98 所示。

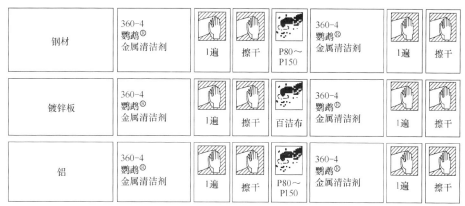

图 2-98　裸金属板材表面预处理

注　意

对于钢板和镀锌板，进行上述预处理后，应尽快喷涂底漆（侵蚀性底漆或环氧底漆），以保护表面不产生锈蚀。

2. 预处理裸塑料件

新更换的塑料件通常表面裸露（可能黏附有脱模剂）。对该类板件进行预处理时，通常包括清洁、打磨和去湿等操作，如图 2-99 所示（使用"鹦鹉"涂装产品）。

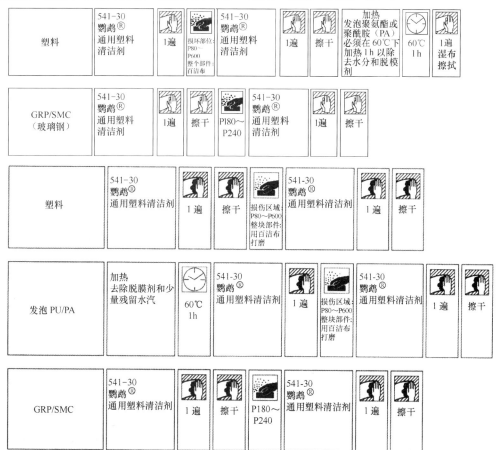

图 2-99　裸塑料件的表面预处理

3. 预处理有原厂底漆的板件

对更换的新板件，有时已经有原厂底漆。对这类板件的表面预处理通常包括清洁、打磨，如图 2-100 所示（使用"鹦鹉"涂装产品）。

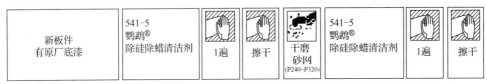

图 2-100　有原厂底漆的板件的表面预处理

4. 预处理无漆面损伤的板件

无损伤漆面包括良好的旧漆膜及不耐溶剂旧漆膜两种。不耐溶剂旧漆膜是指旧漆膜为溶剂挥发型漆膜或严重老化的旧漆膜。其表面预处理项目如图 2-101 所示（使用"鹦鹉"涂装产品）。

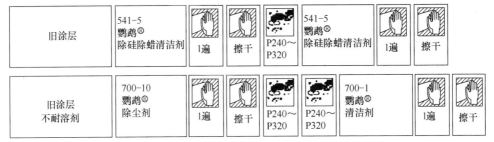

图 2-101　无漆面损伤板件的表面预处理

六、维护压缩空气系统

1. 日常维护

① 放掉储气罐、油水分离器、气压调节器及过滤器中的水。
② 检查曲轴箱的润滑油面，确认是否在规定的油尺标线区间。
③ 清洗或吹干净压缩机上的灰尘。

2. 周维护

① 如图 2-102 所示，拉开安全阀上的拉环，使其打开。若不能正常工作，应立即检修或更换。

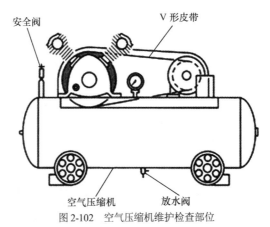

图 2-102　空气压缩机维护检查部位

② 清洗空气滤清器。用防爆型溶剂清洗毛毡、海绵等过滤材料，晾干后重新装好。

项目三
原子灰的涂装

| 任务 3-1　原子灰的刮涂与干燥 |

【任务引入】

如图 3-1 所示，车门板处的漆膜损伤经打磨处理后，由于板件表面不平，且旧漆膜较厚，所以应刮涂原子灰，以填充不平并快速建立足够的涂层厚度。

在旧漆膜较厚，通过表面预处理打磨到露出金属底材，或底材表面凸凹不平度较大，但在 3 mm 以内，以及对塑料件打磨露出塑料底材时，通常需要刮涂原子灰。

图 3-1　刮涂原子灰

对于非常平整的板件，喷涂完底漆后，即可进行中涂底漆或面漆的涂装。但是，对于不够平整的表面，特别是经过钣金处理后的表面，由于凸凹不平度较大，底漆很难将其填平，此时就应用施涂原子灰的方法来处理。

各涂料生产商均为自己所生产的汽车修复涂料开发设计了多个修复涂装系统，在各系统中均对采用的处理工艺、各类涂料的选用及涂装要求等做了详细的规定。实际运用中，根据修复损伤的具体情况，首先应选择合适的涂装系统，然后根据系统的建议选择各种需要的涂料。"鹦鹉"锐丽-经典系统是一种快速、低耗、高品质的溶剂型修复工艺系统，适合素色漆和银粉漆，其技术说明如图 3-2 所示。从图 3-2 中可知，经表面预处理后，再经适当的清洁，就应该刮涂原子灰了。

说　明

在钢板表面直接刮涂原子灰的前提条件是采用的原子灰的性能符合要求，如果原子灰的性能不能满足要求，则应先喷涂防锈底漆，再刮涂原子灰。

在国外的一些汽车维修业中，施涂原子灰的工作是由钣金工来完成的，即原子灰的施工属于底处理项目，而在国内，原子灰通常是由涂装工来完成的，故也把原子灰施工归入中涂层施工。

③ 按压检查 V 形皮带的张力，目视检查皮带是否有损伤。

④ 清洗或吹掉气缸、气缸头、内冷器、电动机及其他易积灰尘或脏物的部位。

3. 月维护

① 添加或更换曲轴箱内的机油，一般压缩机应每 500 h 或每 2 个月换一次机油，必要时可缩短更换时间。

② 调节压力开关的开机、关机设定点，检查压力表是否正常。

③ 检查皮带的松紧情况，视需要进行调整。

④ 检查电动机转轴和空气压缩机飞轮是否松动，视需要进行调整。

⑤ 上紧空气压缩机上所有的阀芯或气缸盖，确保每个气缸不会松动，以免损坏气缸或活塞。

⑥ 检查空气压缩机附件和供气管道系统有无空气泄漏和机油泄漏现象，视需要修复。

空气压缩机的
使用和维护

⑦ 关闭储气罐排气阀，检查泵供气时间是否正常。

⑧ 检查是否有异常的噪声，检查所有电器开关是否正常。

⑨ 对水冷式空气压缩机，还应检查冷却水是否畅通。

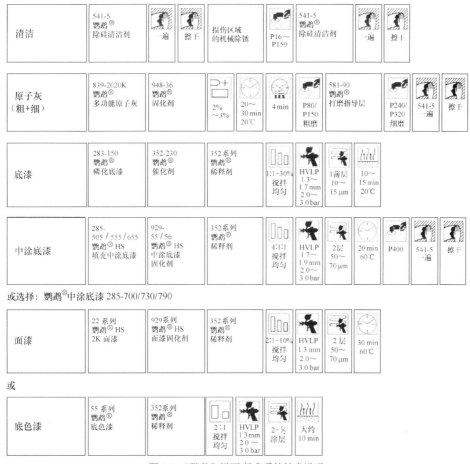

图 3-2　"鹦鹉"锐丽-经典系统技术说明

注：混合比例如 "2∶1+10%" 的意思是面漆和固化剂以 2∶1 混合后，再加入 10% 的稀释剂（体积分数）。

那么，什么是原子灰？应该如何正确施涂原子灰呢？原子灰施工技术是涂装工的关键技能之一，也是整个修复涂装流程中非常费时费力的一个环节。

本任务主要介绍原子灰的组成、种类、施工工具、施工工艺等相关知识，以及刮涂和干燥原子灰的方法。

【学习目标】

1. 知识目标

（1）能够正确描述原子灰的组成。

（2）能够正确描述原子灰的类别及各类型原子灰的特点和应用。

（3）能够正确描述原子灰的涂装工艺流程。

2. 能力目标

（1）能够正确刮涂原子灰。

（2）能够用正确的方法对原子灰进行加热干燥。

3. 素质目标

（1）培养良好的安全卫生习惯、敢于吃苦等职业素养。

（2）培养社会主义核心价值观等综合素质。

【相关知识学习】

一、原子灰的组成

原子灰又称为聚合型腻子，是一种膏状或稠浆状的涂料。它容易干燥，干燥后坚硬、耐磨。原子灰一般使用刮具刮涂于底材的表面（也有使用大口径喷枪喷涂的浆状原子灰，称为"喷涂原子灰"），用来处理底材上的凹坑、缝隙、孔眼、焊疤、刮痕以及加工过程中所造成的物面缺陷等，使底材表面达到平整、匀顺，使面漆的丰满度和光泽度等能够充分地显现。

严格地讲，原子灰与通常所指的腻子是有区别的。腻子一般是用油基漆作为黏结剂，加以熟石膏粉等填充料，并加入少量的颜料和稀释剂调和后的填补用涂料。原子灰干燥时间长，干燥后质地比较软而且会出现不同程度的凹陷，对其上面的漆膜具有一定的吸收作用，不利于修复涂装和面漆的美化，现已很少使用。

原子灰是涂料，所以也是由树脂、颜料、溶剂和填充材料等组成的。现在较为常用的原子灰有聚酯树脂原子灰和环氧树脂原子灰等。环氧树脂原子灰具有较强的附着力、良好的耐水性和防化学腐蚀性能，但涂层坚硬不易打磨。由于其附着力较强，可以刮涂得较厚而不脱落、开裂，多用于涂有底漆的金属或裸金属表面。聚酯树脂原子灰也有着较强的附着力、良好的耐水性和防化学腐蚀性能，而且干燥后漆膜软硬适中，容易打磨，经打磨后表面光滑圆润，适用于很多底材表面（不能用于经磷化处理的裸金属表面，否则会发生盐化反应造成接触面不能干燥而影响附着力），经多次刮涂后，膜厚可达 20 mm 以上而不开裂、脱落，所以是应用较为广泛的一种涂料。

原子灰中的颜料以体质颜料为主，配以少量的着色颜料。填充材料主要使用滑石粉、碳酸钙、沉淀硫酸钡等，起填充作用并提高原子灰的弹性、抗裂性、硬度以及施工性能等。着色颜料以黄、白两色为主，主要是为了降低彩度，增强面层的遮盖能力。

原子灰多为双组分产品，需要加入固化剂后方能干燥固化，以提高硬度和缩短干燥时间。聚酯树脂原子灰多用过氧化物作为固化剂，环氧树脂原子灰多用胺类作为固化剂。

二、原子灰的种类

原子灰的种类很多，经常使用的有普通原子灰、合金原子灰、纤维原子灰、塑料原子灰和幼滑原子灰。

1. 普通原子灰

普通原子灰多为聚酯树脂型，膏体细腻，操作方便，填充能力强，适用于大多数底材。例如良好的旧漆层、裸钢板表面等。因其具有较强的附着力和良好的弹性，也可用于车用塑料保险杠和玻璃钢件，但不宜刮涂得过厚。普通原子灰不适用于镀锌板、不锈钢板、铝板以及经磷化处理的裸金属表面，否则易造成附着力不够而开裂。在这些金属表面应先喷涂一层隔绝底漆（通常为环氧基）后才可正常使用。

2. 合金原子灰

合金原子灰也称金属原子灰，比普通原子灰性能更加良好，除可用于普通原子灰所用的几乎一切场合外，还可以直接用于镀锌板、不锈钢板和铝板等裸金属，而不必首先施涂隔绝底漆，但不适用于经磷化处理的裸金属表面。合金原子灰因其性能卓越，使用方便，所以应用也很广泛，但价格要高于普通原子灰。

3. 纤维原子灰

纤维原子灰的填充材料中含有纤维物质，干燥后质量小，且附着力强、硬度很高，因此能够一次刮涂得很厚，可以直接填充直径小于 50 mm 的孔洞或锈蚀而无须进行钣金修复，对孔洞的隔绝防腐能力也很强。其用于有比较深的金属凹陷部位的填补效果良好，但因其表面呈现多孔状，需要用普通原子灰来填平。

4. 塑料原子灰

塑料原子灰专门用于柔软的塑料制品的缺陷填补，调和后呈膏状，可以刮涂也可以揩涂，干燥后像软塑料一样，与底材附着良好。虽然塑料原子灰干后质地柔软，但打磨性很好，可以用机器干磨也可以水磨，常用于塑料件的修复。

5. 幼滑原子灰

幼滑原子灰也称填眼灰，有双组分的也有单组分的，以单组分产品较为常见。幼滑原子灰膏体极其细腻，一般在打磨完中涂层后、喷涂面漆之前使用，主要用途是填补微小的坑、眼等，提高面漆的装饰性。因其填补能力比较差，且不耐溶剂，易被面漆中的溶剂咬起，所以不能用于大面积刮涂。但它干燥时间很短（几分钟），干燥后较软，易于打磨，用于填补小坑非常适合，可以提高生产效率并能保证质量，所以也是涂装必备的用品。

不同涂料生产厂家对其生产的原子灰分类方法不同，所生产的各类型原子灰的特点与用途也各有差异。如德国 BASF 油漆公司（简称 BASF 公司）生产的汽车修复用原子灰有多功能原子灰（839-20/20K，米色）、超细原子灰（839-25）、原子灰（839-53，粗整平，浅灰）、通用型原子灰（839-70/70K，浅灰）、刷涂型原子灰（839-80）、塑料件原子灰（839-90）、玻璃纤维原子灰（901-21）、高浓聚酯喷涂原子灰（1006-23，灰色）等。每一种原子灰都具有各自的特点、适用范围及工艺要求，选择及使用时，一定要认真阅读其技术说明书。

三、原子灰的施工工具

原子灰多采用刮涂的方式施工。刮原子灰又称打原子灰，是一项手工作业，即将黏稠状的原子灰用刮刀等工具涂抹到板件表面，使其快速填平板件表面的凹陷等缺陷。原子灰还可以采用刷涂、喷涂等方法施工，但所选用的原子灰必须能够适应相应的施工方法。

刮原子灰常用工具有调拌盒（木制或金属制作）、托板、刮刀（又分牛角刮刀、橡胶刮刀、钢刮刀）等，如图 3-3 所示。

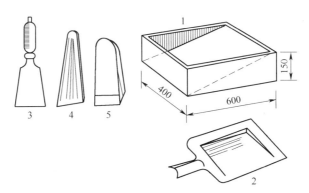

1—调拌盒；2—托板；3—钢刮刀；4—牛角刮刀；5—橡胶刮刀

注：单位为 mm。

图 3-3 刮原子灰的常用工具

1. 刮刀

刮刀（也称刮板）的作用是将原子灰刮涂于待修复区域，按其制作材料分为钢制、塑料制、橡胶制、仿牛筋制等。修复涂装中常用的刮刀有钢制和橡胶制两种。

（1）钢刮刀。

钢刮刀分为带手柄的刮刀和钢片两种。手柄可用塑料、桦木、松木等制作，如图 3-4（a）

和图 3-4（b）所示，刀板用弹性较好的钢板制作，刃口平直。钢片用高弹性不锈钢制作，还有为节省钢板材料采用塑料板嵌装钢刮口的组合形式，如图 3-4（c）和图 3-4（d）所示。每种类型的钢刮刀又有不同的规格，各自形成一个系列。

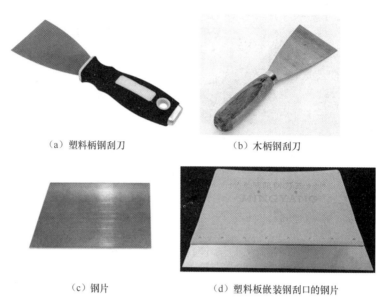

（a）塑料柄钢刮刀　　　　　　　　　　　（b）木柄钢刮刀

（c）钢片　　　　　　　　　　（d）塑料板嵌装钢刮口的钢片

图 3-4　钢刮刀

（2）橡胶刮刀。

橡胶刮刀采用耐油、耐溶剂的橡胶板制成，尺寸和形状根据需要确定，如图 3-5（a）所示。有的橡胶刮刀为彩色，不同的颜色代表不同的硬度，如图 3-5（b）所示。

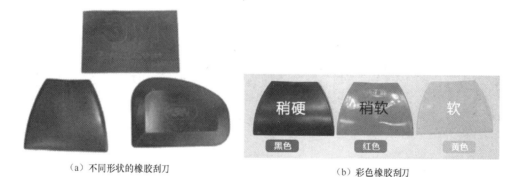

（a）不同形状的橡胶刮刀　　　　　　　　　（b）彩色橡胶刮刀

图 3-5　橡胶刮刀

橡胶刮刀有很好的弹性，对于刮涂形状复杂面非常适用，尤其对圆角、沟槽等处的刮涂特别适用。还可根据工件形状将刃口做成相应形状。橡胶刮刀用后应擦净保管。

（3）塑料刮刀和仿牛筋刮刀

塑料刮刀硬度介于钢刮刀硬度和橡胶刮刀硬度之间，特点是成本低，如图 3-6（a）所示；仿牛筋刮刀有较高的弹性和耐磨性，成本较高，如图 3-6（b）所示。

2．嵌刀

嵌刀用普通钢制成，两端有刃口，一端为斜刃，另一端为平刃，也有用钳工手锯条磨出刃口缠上胶布代替的，用于将原子灰嵌入孔眼、缝隙或剔除转角、夹缝中的异物。

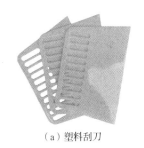

（a）塑料刮刀

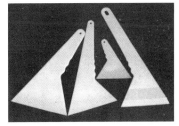

（b）仿牛筋刮刀

图 3-6 塑料刮刀和仿牛筋刮刀

3．调拌盒

调拌盒多采用 1.0～1.5 mm 厚的低碳钢板制成，用于调配原子灰或盛装原子灰。一些涂料生产商（如 BASF 公司）配套生产专用搅拌板，为纸质多页装订式，一次用完撕掉一页即可，省去了烦琐的清洁工作，如图 3-7 所示。

4．托板

托板用钢板或木板等制成，在刮涂时放少量原子灰以方便施工，也可用较厚的大型钢刮刀代替托板。

图 3-7 专用原子灰搅拌板

四、原子灰的施涂工艺

常用的刮原子灰的工艺如图 3-8 所示。

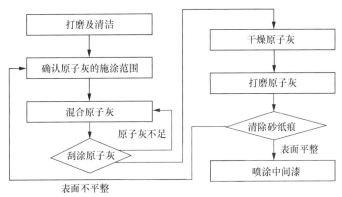

图 3-8 常用的刮原子灰的工艺

【技能学习】

一、刮涂原子灰

1．劳动安全与卫生

操作前，必须牢记以下劳动安全与卫生事项。

① 必须穿好工作服。

② 原子灰在固化中会产生热。如果遗留在混合板上的原子灰在施涂工作以后被立即扔在垃圾桶里，原子灰产生的热可能引燃易燃物品。因此，一定要确认原子灰已经凉透了，才能将之弃置。

③ 对于报废的砂纸，不要随地乱扔，应丢弃在废物桶内。

2. 准备工作

（1）板件（车身）的准备。

清除掉受损伤或老化的旧漆膜，修整好与保留旧漆膜的边缘交接部位之后，对于需刮涂原子灰的表面，必须用压缩空气（或吸尘器）彻底清除粉尘；对于裸露的金属表面，要用除油剂进行清洁处理；对于塑料底材表面，应用专用的塑料清洁剂进行清洁处理。

雨天和湿度高的季节，金属表面往往比较潮湿，应该用红外线烤灯或热风加热器，提高金属表面温度，除去湿气。寒冷季节也可采用相同的办法处理，这样既可以增强原子灰的附着力，又可以避免面漆涂装后出现起层、开裂等质量事故，同时原子灰层的干燥速度也会随之提高。

（2）原子灰的准备。

① 原子灰的选择。在实际汽车修复涂装工作中，选择原子灰重点考虑的因素是被涂物面材料，因为不同类型的原子灰与板材之间的适用性是不同的。图 3-9 所示为"鹦鹉"系列原子灰与不同金属底材的适用性说明（图中●表示适用）。

从"鹦鹉"锐丽-经典系统技术说明（见图 3-2）可知，应选用多功能原子灰（839-20/20K），并与固化剂（948-36）配套使用。"鹦鹉"多功能原子灰（839-20/20K）为粗细兼用的多功能原子灰，具有固体成分含量高、快干、易打磨、附着力强的特点，适用于涂装铁板、镀锌钢板及铝合金板，其技术说明见表 3-1。

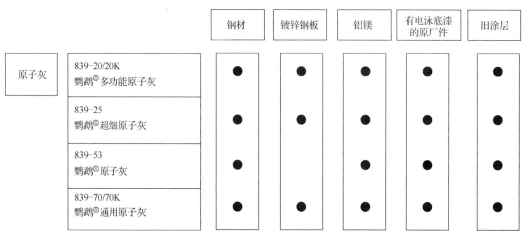

图 3-9 "鹦鹉"系列原子灰与不同金属底材的适用性说明

表 3-1　　　　　　　　　"鹦鹉"多功能原子灰（839-20/20K）技术说明

技术图标	工艺参数	技术要求	
		839-20 粗整平原子灰和细整平原子灰	839-20K 粗整平原子灰和细整平原子灰
	涂装工艺系统	锐丽-水性系统，锐丽-经典系统，锐丽-高浓度系统	
	混合比例	固化剂 948-36：839-20=2%～3%（质量比）	无须进行人工混合调配
	固化剂	2%～3%质量比 948-36	948-52 由催化剂桶自动控制添加量
	活化时间（20 ℃）	4～5 min	
	干燥　　（20 ℃）　　　　（60 ℃）	30 min　20 min	

技术图标	工艺参数	技术要求	
		839-20 粗整平原子灰和细整平原子灰	839-20K 粗整平原子灰和细整平原子灰
	红外线　（短波） （中波）	4 min 5～10 min	
	轨道式打磨机	P80/P150 581-90 打磨指导层 P240 整平区域和周边旧漆膜	

② 原子灰用量的确定。

a. 检查需刮涂原子灰的表面面积及凸凹不平度大小。

b. 确认原子灰的刮涂范围。原则上原子灰只刮涂在裸底材表面，最大区域应限制在羽状边范围内，特别是对于单组分旧漆膜及热塑性旧漆膜，其表面不允许刮涂原子灰（双组分），否则容易因附着力不足而产生开裂。为此最好做旧漆膜类型测试，如图 3-10 所示，用棉布配合稀释剂检查羽状边是否有热塑性的漆膜（可被溶解）。如果有热塑性漆膜，则原子灰不能刮涂在该漆膜上面。

c. 根据检查结果，最终确定应调和多少原子灰，这类数据通常需要凭经验确定。

③ 取原子灰。原子灰通常装于铁制的罐内，固化剂装在软体的管子内，如图 3-11 所示。

彩图 3-10

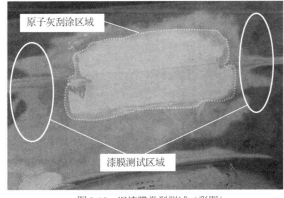

图 3-10　旧漆膜类型测试（彩图）　　　　图 3-11　原子灰与固化剂

 注　意

原子灰罐每次用后必须盖好，以防溶剂蒸发。如果溶剂蒸发了，要向罐中倒入专用的溶剂。

原子灰装在罐中的时候，其各种成分如溶剂、树脂及颜料会分离。由于原子灰不可以以这种分离的形态使用，故使用前必须充分搅拌。用专用工具撬开原子灰罐盖，可使用长柄原子灰刮刀或搅拌棒之类的工具将原子灰充分搅拌均匀，如图 3-12 所示。装在管子中的固化剂也是如此，应充分挤压装固化剂的胶管，使管中的固化剂在使用前充分混合，如图 3-13 所示。

图 3-12　罐装原子灰的搅拌　　　　图 3-13　管装固化剂的挤压混合

固化剂的加入量一般为（100∶2）～（100∶3）（原子灰主剂∶固化剂），具体数据应以涂料技术说明书为准。从"鹦鹉"839-20/20K 原子灰的技术说明（见表 3-1）中可以查到，原子灰 839-20/20K 适合的混合比例为 2%～3%质量比（固化剂为 948-36）。

注意

若固化剂过多，干燥后就会开裂；如果固化剂过少，就难以固化干燥。近来有一种方法将主剂和固化剂采用不同的颜色相区分，通过其混合后的颜色是否均匀一致来判断其混合比。原子灰主剂与固化剂调和时，固化剂的容许量有一定范围，可以随气温的变化适当调整，具体数值应以产品说明书为准。

一次不要取出太多的原子灰调和，因为调和后的原子灰会很快固化，如果还没刮涂到规定部位即固化，则调和的原子灰便不能再用，造成浪费。

避免浪费，是践行"坚持可持续发展，坚持节约优先"的表现。

④ 调和原子灰（见图 3-14）。

a. 用刮刀的尖端舀起固化剂，使其均匀散布在原子灰基料的整个表面上，如图 3-14（a）所示。

b. 用刮刀尖端将固化剂和原子灰初步搅拌均匀，如图 3-14（b）所示。

c. 抓住刮刀，轻轻提起其端头，再将它插入原子灰下面，然后将它向混合板的左侧提起。在刮刀舀起大约 1/3 原子灰以后，利用刮刀右边为支点，将刮刀翻转使原子灰聚拢，如图 3-14（c）所示。

d. 让刮刀基本上与混合板平齐，并将它向下压，采用刮涂的方式进一步混合固化剂与原子灰，如图 3-14（d）所示。一定要将刮刀在混合板上刮削，不要让原子灰留在刮刀上。

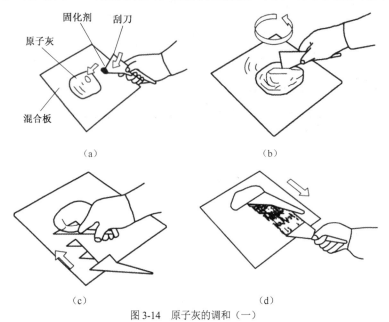

图 3-14 原子灰的调和（一）

e. 拿住刮刀，稍稍提起其端头，将原子灰全部舀起向左翻转，并将周边残留的原子灰收拢到一起，如图 3-15（a）所示。

f. 采用刮涂的方式混合原子灰，如图 3-15（b）所示。

g. 在进行第 c 步到第 f 步时，原子灰往往向混合板的左边移动。在原子灰延展至混合板的边缘时，舀起全部原子灰，并且将它向混合板的右边翻转。重复第 c 步到第 f 步，直到原子灰充分混合，如图 3-15（c）所示。

h. 将混合均匀的原子灰收拢到一起，但最好不要呈凸起的堆状，如图 3-15（d）所示，因为这样会加速原子灰的固化。所以应使原子灰呈平铺状。

是否调和良好，可通过混合物的颜色是否均匀来判定（以不呈现大理石效果为合适）。如果调和不良，就会引起固化不良和附着不良等问题。有的原子灰随季节不同，固化剂的混合比要变化，应根据产品说明书的要求调整。

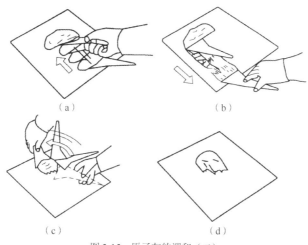

（a） （b）

（c） （d）

图 3-15 原子灰的调和（二）

注　意

调和后的原子灰有时效性。所谓时效性是指原子灰（主剂）和固化剂混合后，保持不硬化，能进行刮涂的时间。通常在 20℃ 条件下，可以保持 5 min 左右。因此应根据调和所需时间和刮涂所需时间，决定一次调和的量。如果总是调和不好，反复长时间调和，超过可用时间（或留给涂抹的时间过短），就会使其固化而不能使用，因此调和的关键是速度要快，动作要熟练。

3. 刮原子灰

（1）刮刀的握法。

刮原子灰时，通常用左手持托板，右手握刮刀。刮刀有以下几种握法。

① 直握法。直握时食指压紧刀板，拇指和另外三指握住刀柄，如图 3-16（a）所示。此法适用于小型钢刮刀。

② 横握法。横握时拇指和食指夹持住刮刀靠近刀柄的部分或中部，另外三指压在刀板上，如图 3-16（b）所示。

③ 其他握法。刮刀的其他握法如图 3-17 所示。对于右手握刀的人，图 3-18 所示也是较常用的握法。

（2）刮原子灰的手法。

刮原子灰的手法有往返刮涂法和一边倒刮涂法两种。

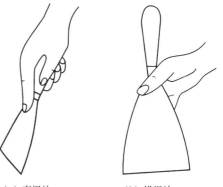

（a）直握法 （b）横握法

图 3-16 刮刀的常用握法

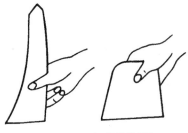

图 3-17　刮刀的其他握法

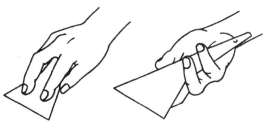

图 3-18　右手握刀人常用的握法

① 往返刮涂法。往返刮涂法又称左右刮涂法，是指先把原子灰敷在需刮涂部位的左（或右）边缘成一条线，刮刀尖呈 30°～40°向右（或左）运行，将原子灰刮涂于低陷处，多余原子灰挤压在刮刀口的右面（或左面）成一条线，然后反向刮涂。这种方法适合刮涂平面物体。

② 一边倒刮涂法。一边倒刮涂法就是指刮刀只向一个方向刮涂。汽车车身刮涂原子灰的顺序是从上往下刮，或从前往后刮。手持刮刀的方法有两种：一种是用拇指与中指握住刮刀，食指压在刮刀的一面，原子灰放在托板上，刮刀将原子灰刮涂于物面，即从上往下刮涂，依次进行，最后将多余原子灰刮回到托板上；另一种是用拇指与食指握刮刀，原子灰黏附在刮刀口内面，从外向里刮涂，依次进行。这种方法适合刮涂汽车翼子板、前舱盖等，如图 3-19 所示。

图 3-19　一边倒刮涂法

刮涂原子灰时应将刮刀轻轻向下按压，并沿长轴方向运刮，如图 3-20（a）所示。每次涂刮原子灰的量要适度，避免造成蜂窝和针孔。对于较小区域的填补可按图 3-20（b）所示的方向运刮。

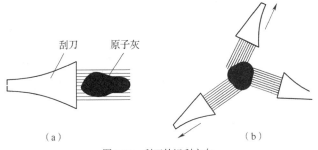

刮刀　　原子灰

（a）　　　　　　　　（b）

图 3-20　刮刀的运刮方向

刮涂原子灰的方式有满刮和软硬交替刮两种，其中满刮又分填刮和靠刮；软硬交替刮又分"先上后刮""带上带刮"；另外还有"软上硬收""硬上硬收""软上软收"等刮法。

填刮：目的是用较稠的原子灰分若干次将构件表面凹陷填平，填刮时主要用硬刮刀借助刀口上部有弹力的部位与手劲配合进行操作。

靠刮：所用的原子灰稠度稍低，用于最后一、二次的刮涂，适用于平滑的表面。刮涂时用硬刮刀借助刀口的作用将原子灰刮涂到板件表面，使原子灰刮得薄、刮得亮。

先上后刮：先将原子灰逐一填满或刮平，然后用硬刮刀将其收刮平整，适用于较大面积的刮涂。

带上带刮：边上原子灰边将其收刮平整，适用于较小面积或形状较复杂部位的刮涂。

软上硬收：先用软刮刀在垂直平面上刮涂原子灰，然后用硬刮刀将原子灰收刮平整，这样原子灰不容易发生掉落现象。

硬上硬收：上原子灰和收原子灰都用硬刮刀以利于刮涂面平整，适合刮涂既有平面又有曲面的构件。

软上软收：上原子灰和收原子灰时均采用软刮刀，以利于按构件表面的形状刮出圆弧形来，适合刮涂单纯曲面构件。

（3）不同表面原子灰的刮涂。

原子灰的刮涂关键是要仔细地刮出平面，同时尽量避免出现气孔。

平面局部刮涂原子灰时，一般采用填刮的刮涂方法，如图 3-21 所示。第一步先将原子灰往金属表面上薄薄地抹一层，刮刀上要加一定的力，以增强原子灰与底材表面的附着力。第二步逐渐用原子灰填满凹坑，刮涂时刮刀的倾斜角度随作业者的习惯而存在差异，通常以 35°～45°为好。要注意原子灰中不要混入空气，否则会产生气孔和开裂。第三步用刮刀轻轻刮平修复表面。如果是曲面，第一步和第二步可采用填刮，第三步应换用橡胶刮刀进行刮涂，以刮出正确的曲面形状。

不同表面原子灰的刮涂

大面积（如车顶、前舱盖、行李箱盖、车门等）刮原子灰时，可使用宽刮刀（或刮板）以提高刮涂效率。

曲面刮涂应使用橡胶刮刀，根据被刮涂面的形状，使用弹性不同的刮刀，可以促使作业合理化，如图 3-22 和图 3-23 所示。

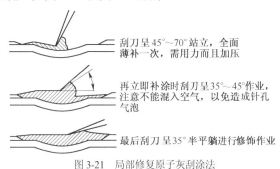

刮刀呈 45°～70°站立，全面薄补一次，需用力而且加压

再立即补涂时刮刀呈 35°～45°作业，注意不能混入空气，以免造成针孔气泡

最后刮刀呈 35°半平躺进行修饰作业

图 3-21　局部修复原子灰刮涂法

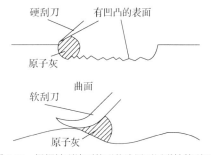

硬刮刀　有凹凸的表面

原子灰

软刮刀　曲面

原子灰

图 3-22　根据被刮涂面的形状选用不同弹性的刮刀

对于冲压形成按一定角度交接的两个面，若需在冲压线部位刮涂原子灰，其方法如图 3-24 所示。沿着交接线贴上胶带遮盖住一侧，刮好另一侧的原子灰；稍隔片刻（约 5 min），待原子灰干燥完全，揭下胶带（可以在已刮好的一侧贴上胶带），接着刮涂好余下的一侧。如此进行，可很好地恢复冲压棱线的线形。

冲压线部位需要刮涂的原子灰较多或原来的旧漆膜较厚，一次刮涂填不满时，应如图 3-25 所示那样，分成 2～3 次刮涂。这种情况下，可以在前一层处于半干的状态下，刮上新的一层。若一次刮涂过厚，容易形成气孔等缺陷。

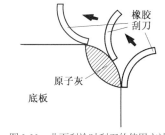

橡胶刮刀

原子灰

底板

图 3-23　曲面刮涂时刮刀的使用方法

对于较大平面，可以按下述步骤进行原子灰刮涂。

① 如图 3-26（a）所示，施涂第一层原子灰时，将原子灰薄薄地施涂在整个表面上。

② 为了最大限度地减少在后续打磨工序中所需要的工作量，施涂第二层原子灰时，边缘不要涂得太厚。在刮刀处于图 3-26（b）所示的位置时，用食指向刮刀的顶部施力，以便在边缘涂一薄层。

③ 在下一道施涂原子灰时，如图 3-26（c）所示，要与在第二层中覆盖的部分稍有重叠。为了在这一道施涂开始时涂一薄层，要用一点力，将刮刀抵压在工件表面上，然后释放压力，同时滑动刮刀。此外，在施涂结束时，要向刮刀施加一点力，以便涂一薄层。

④ 重复第③步，如图 3-26（d）所示，直到在整个表面上施涂的原子灰达到要求。

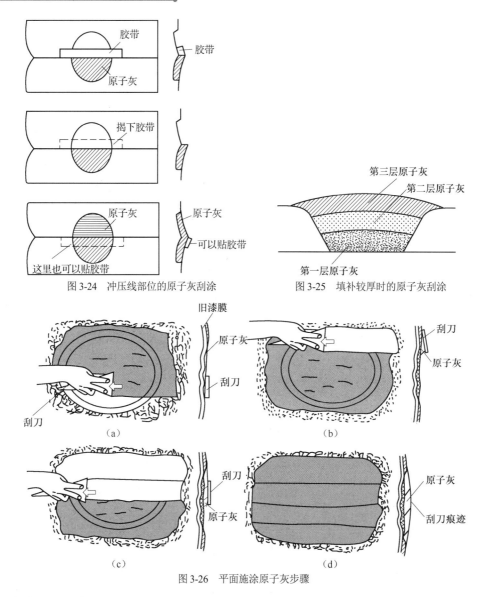

图 3-24 冲压线部位的原子灰刮涂

图 3-25 填补较厚时的原子灰刮涂

图 3-26 平面施涂原子灰步骤

较大平面刮涂也可采用图 3-27 所示的方法，首先将原子灰施涂于待刮涂区域中间，然后用刮刀将其向四周摊开。

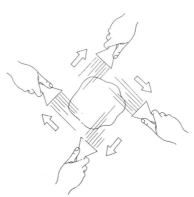

图 3-27 由中间向四周的刮涂方法

在进行刮涂操作时，一定要注意，每次运刮应有一定的重叠（约 1/3），如图 3-28 所示，以防止出现明显的"刮棱"而影响表面平整度，增加打磨难度。

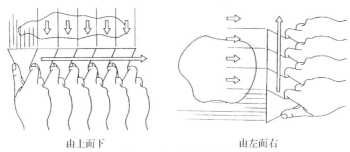

由上而下　　　　　　　由左而右

图 3-28　各次运刮的重叠

无论是大平面刮涂还是局部刮涂原子灰，最后完工时，原子灰的表面一定要比周边的旧漆膜高，以便在后续的打磨后获得与旧漆膜等高的表面。

在向平面施涂原子灰时，要注意以下事项。

① 如果刮刀在各道刮涂中仅向一个方向移动，原子灰的高点就会向刮涂方向移动。这种情况很难打磨，所以刮刀在最后一道中必须反向刮涂，以便将原子灰高点移回中心部位。

② 原子灰的表面必须比原来的表面高。但是，最好只略微高一点，因为如果太高了，在打磨过程中，就要花许多时间和力气来清除多余原子灰。

③ 原子灰施涂在工件表面上的范围必须以在做羽状边过程中所留下的打磨划痕为限。如果没有打磨划痕，原子灰就黏结不牢，日后可能剥落。

④ 施涂原子灰要快，必须在混合以后大约 3 min 以内施涂完。如果花费时间太长，原子灰就可能在该道施涂完成前固化，影响施涂。

（4）刮原子灰时应注意的事项。

① 刮涂前被涂装表面必须干透，以防产生气泡或龟裂。若被涂装表面过于光滑，可先用砂纸打磨，以使原子灰与底材表面有良好的附着。

② 应在一两个来回中刮平，手法要快要稳，且不可来回拖拉。拖拉刮涂次数太多，原子灰易拖毛，表面不平不亮，还会将原子灰里的溶剂挤到表面，造成表面干燥而内部不干燥，影响性能。

③ 洞眼、缝隙之处要用刮刀尖将原子灰挤压填满，但一次不宜刮涂太多、太厚，防止干不透。

④ 刮涂时，四周的残余原子灰要及时收刮干净，否则表面留下残余原子灰块，干燥后会增加打磨的工作量。

⑤ 如果需刮涂的原子灰层较厚，需多层刮涂时，每刮一道都要充分干燥。每道原子灰不宜过厚，一般厚度要控制在 0.5～1.0 mm，否则容易收缩开裂或干不透。

⑥ 在板件连接处或对整车外观影响较小处，原子灰的总刮涂厚度（打磨后）不允许超过 3 mm；而在对整车外观影响较大处，特别是车身侧面，原子灰总刮涂厚度（打磨后）不允许超过 1 mm。

⑦ 原子灰刮涂工具用完后，要清理干净再保存。刮刀口及平面应平整无缺口，以保障刮涂原子灰的质量。

⑧ 夏季天气炎热，温度较高，原子灰容易干燥，成品原子灰可用稀料盖在上面，自配的石膏原子灰可用湿布或湿纸盖住。冬季原子灰应放在暖处，以防结冻，用时可加些清漆和溶剂，但不宜久放。

⑨ 原子灰不能长期存放于敞口的容器中，以免黏结剂变质，溶剂挥发，造成黏挂不住，出现脱落或不易涂刮等问题。

二、干燥原子灰

新施涂的原子灰会由于其自身的反应而变热，从而加速固化反应。一般在施涂后 20～30 min 即可打磨。如果气温低或湿度高，原子灰的内部反应速度降低，就要用较长的时间来使原子灰固化。为了加快固化，可以用红外线烤灯加热。

加热时间的控制应按涂料的技术说明执行。如从"鹦鹉"原子灰 839-20/20K 的技术说明（见表 3-1）中可查到，原子灰 839-20/20K 的干燥时间为：常温（20℃），20～30 min；短波红外线烤灯烘烤，4 min；中波红外线烤灯烘烤，5～10 min。用红外线烤灯（以 IRT400 型烤灯为例）烘烤原子灰的操作方法如下。

（1）调整灯光的位置。

通过调节活动支臂的高低来满足不同高度的烘烤要求，红外线烤灯头部在一定范围内可进行任意角度的调整，以满足车身不同的形状要求，如图 3-29 所示。

（2）控制面板的操作。

红外线烤灯的控制面板如图 3-30 所示。打开电源后，显示屏上会显示运行程序，系统提供了底层原子灰、中层原子灰、表层原子灰、底漆、水基、面漆、光漆、塑料件和自设程序等多个程序供选择。根据实际工作情况通过 2 键或 3 键选择合适的程序，按 5 键进入该程序。

1—显示屏；2—上翻键；3—下翻键；4—挡位选择键；
5—确定键；6—电源开启键；7—电源关闭键

图 3-29　调节角度　　　　　　　　图 3-30　红外线烤灯的控制面板

烘烤参数通常取红外线烤灯默认值即可。如果需要重新设定烘烤功率和烘烤时间可以长按 5 键进行重新设定，如图 3-31 所示。此时上排（表示第一阶段烘烤参数）第 1 位表示时间的数字会闪烁，可以按 2 键或 3 键在 0～30 min 中选择，按 5 键确定，同时第 2 位表示功率的数字会闪烁，可以在 1～8 中选择，按 5 键确定。然后下排（表示第二阶段烘烤参数）第 1 位表示时间的数字会闪烁，可以按 2 键或 3 键在 0～30 min 中选择，按 5 键确定，同时第 2 位表示功率的数字会闪烁，可以在 1～8 中选择，按 5 键确定。

全部设定完成后，或者不需要重新设定时，按 6 键，屏幕会显示"人工检查距离"，此时需要通过使用红外线烤灯头部的卷尺测量烤灯与被烤工件的距离，如图 3-32 所示。确定好烘烤距离后（通常为 700～1000 mm），按 6 键进行烘烤，如图 3-33 所示。

图3-31 烘烤程序设定

图3-32 测量烘烤距离

图3-33 开始烘烤

红外线烤灯的使用

原子灰干燥与检查

烘烤过程分两个阶段，第一阶段为闪烁烘烤，屏幕显示闪烁关闭的剩余时间，单位为s，倒数计时。闪烁关闭后进入下一阶段。第二阶段为烘干，屏幕显示烘干剩余时间，单位为s，倒数计时。烘烤结束后烤灯自动关闭，并有蜂鸣提示。此时切记不要关闭电源，因为烤灯风机还需要运转1 min使自身散热，当风机停机后再关闭电源，同时要整理好电线，将烤灯支臂升起，轮子锁住防止烤灯自己移动。

注　意

在使用红外线烤灯或干燥机来加热和干燥原子灰时，一定要将原子灰的表面温度控制在50℃以下，以防止原子灰分离或龟裂。如果表面热得不能触摸，则说明温度太高了。

涂层薄的地方的温度往往比涂层厚的地方的低。这种较低的温度会延缓涂层薄的地方的固化反应，因此，一定要检查涂层薄的部分，以确保原子灰的固化状况。

检测原子灰是否完全干燥通常用刮刀在原子灰表面轻划，如果有轻微的划痕即可认为完全干燥。注意重点检查原子灰的边缘区域，如图3-34所示，因为边缘区域干燥慢（反应热少）。

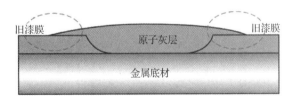
图3-34 检查原子灰干燥的区域

三、5S工作

① 刮刀和刮板上残余的原子灰要及时清理掉。

② 收集废弃的原子灰，待其冷却后弃置于废物桶内。

③ 整理工具。

④ 清理工作场地。

|任务 3-2 原子灰的打磨与修整|

【任务引入】

如图 3-35 所示，刮涂后的原子灰表面非常不平，必须经过充分的打磨后才能进行下一涂层的涂装。

另外，刮涂的原子灰干燥后，其表面要比周围的旧漆膜高，所以必须经过打磨，使其有合适的厚度，保证在其上涂装中涂底漆和面漆后，总漆膜厚度与周围的旧漆膜厚度接近。

原子灰打磨后的表面可能会有一些气孔和大的砂纸痕，必须经过修整。

本任务主要介绍手工干打磨原子灰及用打磨机打磨原子灰的方法。

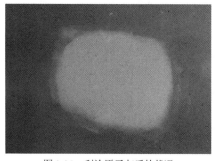

图 3-35　刮涂原子灰后的状况

【学习目标】

1. 能力目标

（1）能够准备打磨原子灰所需的工具、设备及材料。

（2）能够正确进行原子灰的打磨。

（3）能够规范地进行原子灰修整。

2. 素质目标

（1）培养安全卫生习惯、吃苦耐劳精神等职业素养。

（2）培养劳动光荣的思想素养。

【技能学习】

一、劳动安全与卫生

① 穿戴好工作服。

② 戴好棉手套。

③ 打磨原子灰时必须佩戴防尘口罩。

④ 用打磨机打磨原子灰时必须佩戴护目镜。

二、手工干打磨原子灰

在汽车涂装施工过程中，打磨操作通常采用手工打磨和机械打磨两种方式。手工打磨适用于对小面积原子灰的粗磨和大面积原子灰的细磨以及需精工细磨部位（如对型线、曲面、转角及圆弧和弯曲等部位）的修整。手工打磨是用在打磨垫上包砂布（纸）的方法进行打磨的。

手工打磨又分为手工干打磨和手工湿打磨两种。手工湿打磨也称水磨，操作时无粉尘飞扬，生产效率高，打磨质量好，但湿打磨后的涂层上有水分，需经烘干后方可进行下道工序施工，故生产周期长，而且可能有水分清理不彻底而造成后续施工的缺陷。故几乎所有的涂料生产商建议采用干打磨。打磨时砂纸的递进程序如图 3-36 所示。

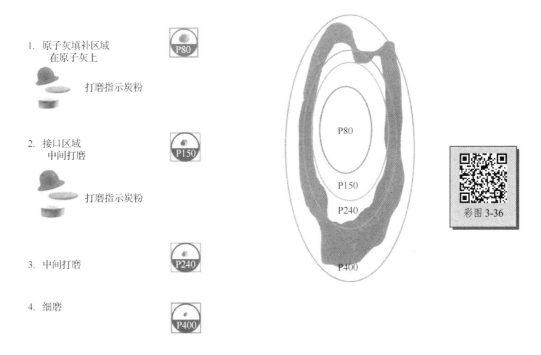

打磨后，原子灰只能留在裸金属上。

图 3-36　手工干打磨时砂纸的递进程序（彩图）

（1）准备工作。

① 选择合适磨料的砂纸，采用氧化铝磨料的疏砂纸比较适合用于干打磨。

② 准备好气枪，将气枪连接到压缩空气管道上。

③ 戴好手套和防尘口罩。

（2）粗打磨。

① 取 P80 砂纸，按使用打磨垫的大小裁好。

② 配合打磨垫对原子灰表面进行打磨，只打磨原子灰中部较高的表面，直到整个原子灰表面略高于旧漆膜表面为止。打磨时注意不要始终在一个方向打磨，即应经常改变打磨方向，以"米"字形交叉打磨可获得较为平滑的表面。

对于曲面的打磨，要掌握打磨技巧。对于凸面，打磨时一定要顺着弧度进行打磨，如图 3-37 所示，采用有一定凹弧的打磨垫配合效果会更好。

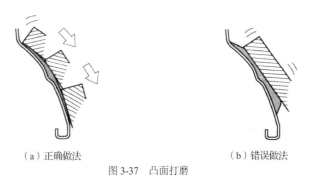

（a）正确做法　　　　　　　（b）错误做法

图 3-37　凸面打磨

对于凹面，应调整打磨垫的角度，以较大部位的打磨垫衬面接触原子灰表面或利用打磨垫边缘靠近原子灰进行打磨，如图 3-38 所示。

图 3-38　凹面打磨

③ 换用 P150 砂纸打磨，此次打磨应扩展到涂了原子灰的整个区域。

（3）检查与修整。

检查原子灰表面，如果原子灰表面有明显的凹陷等缺陷或整体/局部表面高度不够（低于旧漆膜表面），则应再次补涂原子灰→干燥→粗打磨，直到确认原子灰表面平整，高度符合要求（比旧漆膜表面高）。注意再次补涂原子灰前，需清洁表面，因为原子灰表面多孔，容易有水或灰尘残留在孔中，如图 3-39 所示。因此打磨以后需要用压缩空气吹去灰尘，才可以再次刮涂原子灰。

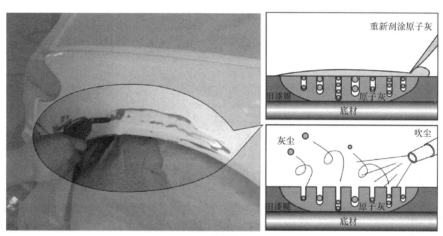

图 3-39　用压缩空气吹净原子灰表面

（4）细打磨。

① 施涂打磨指导层。为了将原子灰打磨平整，有时需要在原子灰表面施涂一层打磨指导材料，用于指导原子灰的打磨。

打磨指导材料有打磨指导炭粉和打磨指导涂料两种。

打磨指导炭粉，如图 3-40 所示，由粉扑和粉盒两部分组成。粉扑用于将黑色的炭粉施涂于待打磨表面，粉盒内盛装炭粉。

将粉扑按压在粉盒上面，上下摇晃粉盒使粉扑粘上炭粉，然后用粉扑将炭粉涂抹在原子灰表面。

如果采用自喷罐式指导层漆（如"鹦鹉"581-90），只需将自喷罐充分摇匀后，在原子灰表面薄喷 1~2 层，待其闪干约 5 min 后即可打磨。

如果采用喷涂式指导层漆（如"鹦鹉"581-40），

图 3-40　打磨指导炭粉

则需按技术文件要求的参数，以雾状薄喷一层或刷涂一层，待其闪干后即可进行打磨。

②　用 P240 砂纸整体打磨，区域限制在底处理留下的羽状边以内。此时应重点关注原子灰与旧漆膜交界处（接口区），因为此处往往有较深的砂纸痕，必须仔细打磨，如图 3-41所示。

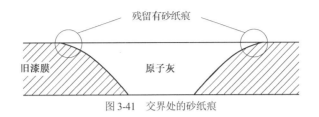

图 3-41　交界处的砂纸痕

（5）砂光。

换用 P400（或 P320）的砂纸进行整体打磨，打磨的区域应扩展到旧漆膜上准备喷涂中涂底漆的范围，如图 3-42 所示。此时还需重点关注原子灰与旧漆膜的交界处，如果此处不打磨平滑，则会在后续喷涂中涂底漆时，由于砂纸痕内易存留溶剂而产生起泡现象。

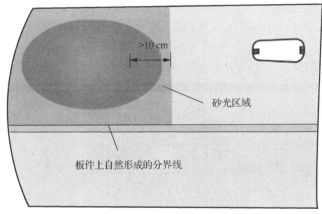

图 3-42　砂光范围

（6）检查打磨效果。

原子灰表面应与周边的旧漆膜表面等高，表面平滑无凹凸感，无针孔、砂眼、过深划痕等缺陷。如果有上述缺陷，应再次进行修整，直到符合要求为止。

（7）清洁表面。

用吸尘器吸净表面的灰尘（或用压缩空气吹净）。

（8）5S 工作。

①　收集可用的砂纸，存放在一起。

②　收集废弃的砂纸，弃置于废物桶内。

③　整理工具。

④　清理工作场地。

三、用打磨机打磨原子灰

1. 准备工作

（1）劳动安全与卫生。

①　穿戴好工作服。

用打磨机打磨
原子灰

② 戴好棉手套。

③ 打磨原子灰时必须佩戴防尘口罩。

④ 用打磨机打磨原子灰时，须佩戴护目镜。

（2）打磨机的选择。

对于平面，最好选用往复直线式打磨机，但实际车身表面大多为曲面，所以实际工作中使用最多的是双作用式打磨机。

无论什么类型的打磨机，选择好打磨头是提高作业效率的重要因素。其中包括砂纸的装卸应简单容易，安装砂纸的表面应平整，能与漆膜接触良好，硬度要适宜等。

另外，原子灰的技术说明书中，也会有关于打磨机选择的建议，尽量按建议选择。

2. 打磨流程

（1）粗打磨。

① 穿戴好安全劳保用品。

② 戴好手套，然后轻轻地摸一遍待打磨表面，这有助于操作工人决定如何进行打磨。

③ 先用偏心距为 7 mm 的打磨机配合 P80 砂纸，握紧打磨机，将打磨机轻压在原子灰层表面，打开开关进行打磨。

打磨时应注意，打磨头的工作面应保持与原子灰表面平行，如图 3-43 所示。打磨时不能施力过大，应将打磨机轻轻压住，依靠旋转力进行打磨。若施力过大，就不能形成平整表面。打磨机的移动方向应采用"米"字形。

只打磨原子灰区域的中部较厚处，至整个原子灰表面略高于旧漆膜表面为止。

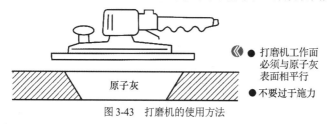

● 打磨机工作面必须与原子灰表面相平行
● 不要过于施力

图 3-43　打磨机的使用方法

④ 施涂打磨指导层。

⑤ 换用 P150 砂纸打磨。此次打磨应扩展到接口区域，即底处理留下的羽状边区域。

（2）检查与修整。

检查原子灰表面情况，根据需要补涂原子灰，待原子灰干燥后用 P150 砂纸手工干打磨原子灰表面及羽状边区域。

（3）细打磨。

换用 P240 砂纸打磨（应换用偏心距为 3 mm 的打磨机）。此次打磨应扩展至旧漆膜，区域不要太大，按 P150 砂纸打磨的区域向外扩 3~5 cm，重点关注原子灰与旧漆膜交界处。

（4）砂光。

换用 P400 砂纸打磨砂光。此次打磨扩展至旧漆膜，区域为需要喷涂中涂底漆的整个表面。

注　意

因打磨机对边角区域打磨困难，故在用打磨机打磨时，常配合手工干打磨，彻底清除细小的凹凸不平及打磨边角区域。通常从第一级砂纸打磨开始，至最后一级砂纸打磨过程中，更换每一级砂纸前，均要用同型号的砂纸进行手工干打磨，重点是打磨机打磨不到的地方。

（5）检查打磨效果。

原子灰表面应与周边的旧漆膜表面等高，表面平滑无凹凸感，无针孔、砂眼、过深划痕等缺陷。如果有上述缺陷，应再次进行修整，直到符合要求为止。

（6）清洁表面。

用吸尘器吸净表面的灰尘（或用压缩空气吹净）。

（7）5S 工作。

① 收集可用的砂纸，存放在一起。

② 收集废弃的砂纸，弃置于废物桶内。

③ 清洁打磨机。

④ 清理工作场地。

原子灰打磨

原子灰表面
缺陷修整

项目四
底漆的涂装

|任务 4-1　底漆的准备|

【任务引入】

　　根据"鹦鹉"锐丽-经典系统（见图 3-2）的要求，原子灰施涂结束后，如果有裸露金属的部位应喷涂底漆（防锈底漆）。

　　喷涂前，底漆必须准备至可以适合喷涂的状态。为此需要选择合适的涂料，并对涂料进行包装的开启、上架摆放、搅拌及调制等一系列操作。

　　那么，什么是底漆？它起什么作用？如何正确准备底漆呢？本任务主要介绍底漆的种类、涂装方法、调制工具，以及选配底漆的方法、涂料的搅拌方法和底漆的调制方法等相关知识。

【学习目标】

1. 知识目标

（1）能够正确描述底漆的种类及各类型底漆的特点。

（2）能够正确描述底漆常用的涂装方法及各类涂装方法的特点。

2. 能力目标

（1）能够正确准备底漆调制所需的工具。

（2）能够根据涂料产品不同的包装方式，选择合适的工具与方法进行涂料产品的开封、安装搅拌头及搅拌。

（3）能够正确调制底漆。

3. 素质目标

（1）培养安全卫生习惯、节能环保意识和细致入微的职业素养。

（2）培养细节决定成败的思想素养。

【相关知识学习】

一、底漆的种类

1. 根据使用目的分类

底漆根据其使用目的的不同可分为头道底漆、头二道合用底漆、二道底漆、封闭底漆等。

（1）头道底漆。

通常所说的底漆即指头道底漆，多数为防锈底漆，其体质颜料含量最低，填充性能较弱，但具有较强的附着力，较难被砂纸打磨。由于其含黏结剂较多，上层涂料容易与之牢固地结合。应用于金属件表面的头道底漆，主要是防锈底漆。头道底漆施工后，只要轻轻磨去一些浮粉即可，不必仔细打磨。

（2）头二道合用底漆。

头二道合用底漆目前多称为填充底漆，体质颜料含量比头道底漆的多，相对头道底漆，黏结剂含量较少，附着力不如头道底漆强，但具有较强的填充性，往往被用作单独的底漆，也可充作头道底漆。其应用于具有很好平整度，而不必用原子灰填嵌的工件表面上。

（3）二道底漆。

二道底漆过去称为二道浆，目前多称为中涂底漆，具有较高的体质颜料含量。它的功能是填塞针孔、磨痕等，具有良好的打磨性。在涂装过程中，原子灰经打磨后，往往在原子灰表面有很多针孔、磨痕，在原子灰层表面施涂中涂底漆，可使这些缺陷得到补救。但中涂底漆的附着力较弱，所以在施涂中涂底漆后，必须把表面的中涂底漆大部分磨去，否则会影响面层涂料的附着力，造成面层涂料的浮脆、产生气泡等现象。由于目前生产的中涂底漆性能大为提高，所以完全可以保留足够的厚度层，以求快速建立膜厚。

（4）封闭底漆。

封闭底漆中体质颜料成分含量较低，主要用于填平打磨的痕迹，给面层漆膜提供极大的光滑度，使面层漆膜丰满，并可防止产生失光、斑点等现象。封闭底漆在木材表面，一般作为头道底漆，而在金属件表面，大都用于中涂底漆层上面。

2. 按构成的主要树脂分类

用于制造底漆的树脂种类比较多，现在汽车修复涂装中以环氧树脂底漆和侵蚀底漆较为多见。

（1）环氧树脂底漆。

环氧树脂底漆简称环氧底漆，是物理隔绝防腐底漆的代表。环氧底漆具有如下优点。

① 附着力极强。对金属、木材、玻璃、塑料、陶瓷、纺织物等都有很强的附着力。

② 漆膜韧性好，耐挠曲，且硬度比较高。

③ 耐化学品性优良，尤其是耐碱性突出。因为环氧树脂的分子结构内含有醚键，而醚键在化学上是十分稳定的，所以对水、溶剂、酸、碱和其他化学品都有较强的抵抗力。

④ 电绝缘性、耐久性、耐热性良好。

环氧底漆也存在一定的缺点，比如表面粉化较快，这也是它主要用于底层涂料的原因之一。环氧底漆使用胺类作为固化剂，胺类有一定的刺激性，因此在使用时要加以注意。

（2）侵蚀底漆。

侵蚀底漆是以化学防腐手段来达到防腐目的的，主要代表为磷化底漆。磷化底漆是以聚乙烯醇缩丁醛树脂溶于有机溶剂中，并加入防锈颜料（如四盐基锌铬黄等）制成的，使用时与分开包装的磷化液按一定比例调配后喷涂。品牌漆中的磷化底漆一般都已经制成成品，按一定的比例加入固化剂即可使用。

金属表面涂装磷化底漆后，磷化液（弱磷酸）与四盐基锌铬黄反应生成同一般磷化处理相似的不溶性磷酸盐覆盖膜，同时生成的铬酸使金属表面钝化。由于聚乙烯醇缩丁醛树脂具有很多极性基团，它也会参与锌铬颜料与磷酸的反应，转变成不溶性络合物膜层，与上述的磷酸盐覆盖膜起着防腐蚀和增强涂层附着力的作用。

磷化底漆作为有色金属及黑色金属的防锈涂料，能够代替金属的磷化处理，在提高耐腐蚀性和绝缘性、增强涂层与金属表面的附着力等方面比磷化处理层更好，而且工艺和设备要求比较简单。但磷化底漆漆膜很薄（8～15 μm），因此一般不单独作为底漆使用，所以，在涂装磷化底漆后通常仍用一般底漆打底。

磷化底漆具有一定的侵蚀作用，所以不能用金属容器调配，使用的喷枪罐也应使用塑料制作，在喷涂完毕后应马上清洗喷枪。磷化底漆施涂完毕后不要马上喷涂其他底漆，应等待一段时间（20℃，2h）再进行下一步操作。

环氧底漆与磷化底漆对底材都具有良好的防腐性，对其上的涂层也都具有较强的黏结能力，一般在汽车修复中常使用环氧底漆打底，而在对汽车制造或大面积钣金操作后的裸金属进行磷化防腐处理时常采用磷化底漆。

在现代汽车修复涂装中，有时也使用聚氨酯底漆和硝基底漆。这两种底漆均属于物理隔绝性底漆，应用效果不如环氧底漆好，所以较少使用。

另外，按汽车涂层的分组和等级分类，底漆可分为优质防腐蚀性涂层底漆、高级装饰填充底漆、中级装饰保护性涂层底漆、一般防锈保护性涂层底漆等；按底漆使用基料和颜料的不同可分为醇酸底漆、酚醛底漆、锌黄醇酸底漆等。

二、常用底漆的涂装方法

在汽车修复涂装作业中，底漆常用的涂装方法为喷涂，但有时也用刷涂和辊涂的方法。

1. 喷涂

喷涂是用特制的喷涂设备（主要是喷枪）将涂料雾化，并涂布于被涂物表面的涂装方法。此种涂装方法应用范围很广，大多数零部件都可以使用喷涂的方法进行涂装。喷涂相对节省涂料，涂装质量较好，漆膜质量容易控制，但是对操作人员的技术水平要求比较高，对喷涂设备的要求比较严格，对环境的影响比较大。

2. 刷涂

刷涂是用动物毛发或植物纤维制成的刷子将涂料刷在物体表面的涂装方法。此种涂装方法出现较早，应用范围很广。刷涂对涂装设备的要求较低，对操作人员的技术水平要求较高，涂布过程中涂料的浪费较少，对周围环境影响较小。

3. 辊涂

辊涂是用棉花或化学纤维制成的辊轮，通过辊轮的滚动将涂料均匀涂布在物体表面的涂装方法。此种涂装方法适合较大面积的涂装。它对涂装设备的要求较低，但对操作人员的技术水平要求较高。

三、涂料调制工具

将涂料调整到适合涂装的状态称为涂料的调制。大多数涂料供应商提供的涂料为高黏度涂料，需要稀释后才能用于喷涂作业，这一稀释过程也称为调黏度。调黏度所用工具主要是黏度计和调漆比例尺。

1. 黏度计

GB/T 1723—1993《涂料粘度测定法》规定，常用测试涂料黏度的黏度计有涂-1 黏度计、涂-4 黏度计、落球黏度计，计量单位为"s"。在实际生产中。涂-4 黏度计的使用较为广泛，它能用于测定黏度为 10～15 s 的各种涂料产品。

常用的国产涂-4 黏度计有金属和塑料两种材质，其形状如图 4-1 所示，下部为圆锥形，锥顶部有不锈钢制成的可以更换的漏嘴，圆筒上沿有环形凹槽，用于盛装溢出的多余试样涂料，黏度计容量为 100 mL。

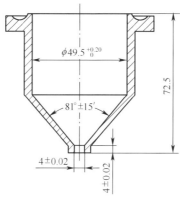

图 4-1　涂-4 黏度计

在国际上通用的有两种涂料黏度计，即福特杯和扎恩杯。福特杯适用于大批量涂料黏度的测试，而扎恩杯适用于修复或小批量涂料黏度的测试。

汽车涂料黏度测试使用的福特杯是一个底部呈圆锥形的圆柱形容器。圆锥的顶部开有测量孔。视孔径的不同又分两种规格，即福特 3 号杯和 4 号杯。在实际生产中常用的是福特 4 号杯，简称涂-4 黏度计，也称 4 号黏度杯，它分为台式和手提式两种，如图 4-2 所示。它们主要用于测试各种涂料的施工黏度，以使涂料达到便于喷涂、刷涂或浸涂的施工黏度。台式涂-4 黏度计为圆筒形，主要在涂料检测室或化验室测试涂料黏度用。手提式涂-4 黏度计具有体形小、质量轻、携带方便等特点，适用于涂装施工前现场测试涂料黏度。涂-4 黏度计的杯容量为 100 mL，有铜制、不锈钢制、铝合金制、塑料制等多种，杯的底部有一标准的小流量圆孔。使用台式涂-4 黏度计时，需要配合一个容量为 250 mL 的玻璃烧杯（其他容器也可）和一根玻璃棒或刮漆小刀。使用手提式涂-4 黏度计时，可直接将黏度杯浸入涂料液中进行测试。测试时，必须配备秒表（体育秒表）等工具。

（a）台式涂-4 黏度计　　　（b）手提式涂-4 黏度计

图 4-2　两种涂-4 黏度计

2. 调漆比例尺

为了避免调配涂料时的称重工作，各油漆生产厂商均可提供系列的调漆比例尺（简称调漆尺）。如 BASF 公司提供的调漆比例尺选用铝质底材，两面用不同颜色蚀刻上不同比例的刻度。图 4-3 所示为系列调漆比例尺的一种，其中一面是为调配比例（体积比）为 2∶1+（5%～10%）的产品而设计的 [即主剂（底漆、中涂底漆、调好色的色浆等）体积∶固化剂体积+稀释剂体积]，另一面则是为体积比 4∶1∶1 [即主剂∶固化剂∶稀释剂=4∶1∶1] 的产品设计的。

彩图 4-3

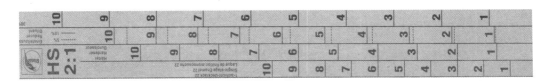

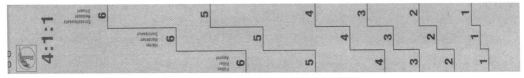

图 4-3   BASF 公司提供的调漆比例尺（彩图）

【技能学习】

一、劳动安全与卫生

操作前，必须牢记以下劳动安全与卫生事项。

① 必须穿好工作服。

② 注意钢錾子及钢冲子的使用安全。

③ 经常检查平头锤的锤头是否松动。

④ 对于不同类型的开罐器，其操作方法会有一定的差异，使用前一定仔细阅读使用说明书。

⑤ 一定要佩戴防毒面具。

二、选配底漆

对于不同材料的板件，能够使用的涂料是有差异的。即使是同一种材料的板件，也要考虑底漆、中涂底漆与面漆的搭配。局部修复涂装时，由于旧漆膜的种类不同，所能使用的修补涂料的类型也是有差异的。因此，进行涂装前，正确地选配涂料是相当重要的，否则可能会在涂装过程中或完成涂装后出现意想不到的缺陷。

金属底材常用的底漆可分为钢铁制品用底漆和铝材（包括铝合金）用底漆两大类型。

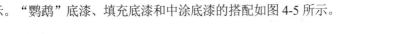
涂料的选择

钢铁制品在汽车制造过程中常用的底漆主要有防锈底漆和铁红底漆两种类型。铝材常用的底漆主要是锌黄底漆。

汽车修补涂料一般都能使用喷涂方式，以满足汽车维修企业的要求。所以，在进行汽车修补漆选配时，重点考虑底漆与板材的适应性及各类底漆之间的配套性。

不同涂料生产商生产的底漆均有多个种类，各类底漆与底材的适应性是不同的，选用时一定要注意仔细阅读涂料说明书。"鹦鹉"系列汽车修补底漆与金属类底材的适用性如图 4-4 所示。"鹦鹉"底漆、填充底漆和中涂底漆的搭配如图 4-5 所示。

		钢板	镀锌钢板	铝合金镁合金	有电泳底漆的原厂件	旧漆膜
底漆	283-150 鹦鹉®磷化底漆	●	●	●	●	●
填充底漆	176-72 鹦鹉®1K填充底漆，水性	②	②	②	②	②
	283-150 鹦鹉®磷化底漆	●	●	●	●	●
	285-230/270/290 鹦鹉®HS多功能填充中涂底漆	●	●	●	●	●
	285-505 鹦鹉®高浓度干磨中涂底漆,灰色	①	①	①	①	①
	285-55 鹦鹉®高浓度干磨中涂底漆,黑色	①	①	①	①	①
	285-655 鹦鹉®高浓度干磨中涂底漆,白色	①	①	①	①	①
	285-700 鹦鹉®填充中涂底漆，灰色	①	①	①	①	①
	285-730 鹦鹉®高浓度干磨中涂底漆,白色	①	①	①	①	①
	285-790 鹦鹉®填充中涂底漆，黑色	①	①	①	①	①
	801-72 鹦鹉®环氧底漆	●	●	●	●	●
填充和中涂底漆	285-0 VOC 鹦鹉®透明封闭底漆				①	①
	285-31 VOC 鹦鹉®高浓度免磨中涂底漆,浅灰	①	①	①	①	①
	285-38 VOC 鹦鹉®免磨底漆	①	①	①	①	①
	285-49 VOC 鹦鹉®高浓度免磨中涂底漆,黑色	①	①	①	①	①
	285-95 VOC 鹦鹉®高浓度着色中涂底漆,透明	①	①	①	①	①

☐ 不适用。

● 可以直接使用；甚至在裸金属表面也可使用。

① 磨穿至裸金属/裸金属底材，先用鹦鹉®283-150磷化底漆或鹦鹉®285-16 HS防腐蚀底漆做处理。

② 磨穿至裸金属/裸金属底材，先用鹦鹉®70-2水性底漆或鹦鹉®285-16 HS防腐蚀底漆做处理。

图4-4 "鹦鹉"系列汽车修补底漆与金属类底材的适用性

		283-150	801-72 VOC	285-270
填充底漆	176-72 鹦鹉®1K填充底漆，水性		●	
	285-505 鹦鹉®高浓度干磨中涂底漆，灰色	●	●	●
	285-555 鹦鹉®高浓度干磨中涂底漆，黑色	●	●	●
	285-655 鹦鹉®高浓度干磨中涂底漆，白色	●	●	●
	285-700 鹦鹉®填充中涂底漆，灰色	●	●	●
	285-730 鹦鹉®填充中涂底漆，白色	●	●	●
	285-790 鹦鹉®填充中涂底漆，黑色	●	●	●
填充和中涂底漆	285-0 VOC 鹦鹉®透明封闭底漆	●	●	●
	285-31 VOC 鹦鹉®高浓度免磨中涂底漆，浅灰	●	●	●
	285-38 VOC 鹦鹉®免磨底漆	●	●	●
	285-49 VOC 鹦鹉®高浓度免磨中涂底漆，黑色	●	●	●
	285-95 VOC 鹦鹉®高浓度着色中涂底漆，透明	●	●	●

☐ 不适用。

● 适合的底漆/填充底漆/中涂底漆搭配。

图 4-5 "鹦鹉"底漆、填充底漆和中涂底漆的搭配

在具体应用时，首先查阅涂料的技术说明，在选定的涂装系统技术说明中，确定要选用的底漆。如根据"鹦鹉"锐丽-经典系统（见图3-2）要求，可选的底漆为磷化底漆（283-150）。

三、搅拌涂料

涂料制造商供应的涂料一般均装于铁制的罐内（也有部分涂料装于塑料瓶内），其规格有2 L、1 L、0.5 L等。涂料选配完成后，应将选好的涂料准备好，以方便进行下一道工序。

1. 手工搅拌涂料

① 如果涂料罐为一次性密封的包装，开罐时需用钢錾子（见图4-6）配合平头锤打开。沿着罐盖的边沿，依次将顶盖打开或大半打开，使搅拌棒能够顺利进行搅拌工作。各种防锈底漆、中涂底漆等都含有较多的体质颜料，在涂料储存过程中颜料易产生沉淀而影响施工质量，故在

使用前必须充分搅拌。搅拌时，用专用的搅拌棒或调漆比例尺等，深入涂料罐的底部，用顺/逆时针方向旋转的方式将涂料充分搅拌均匀。

一些涂装设备制造商根据开盖的需要，特别制作了用于开罐的专门工具，图 4-7 所示为典型的开罐器，它可以切除圆形或方形罐的密封盖，切口平整，高度可调，适于开启各种规格的封闭式涂料罐，使用时应详细阅读产品使用说明书。

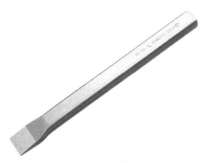

图 4-6　钢錾子　　　　　　　　　图 4-7　典型的开罐器

② 有些涂料罐顶部只设计有用于倒出涂料的小口，如图 4-8 所示。为防止倾倒涂料时射流不稳，出现一股股的漆流而造成浪费（即在倾倒涂料时射流不稳而溢到地面上），有必要在涂料罐的顶部开一个通气孔。开孔时，先将涂料罐的密封小盖打开，然后用平头锤（或木榔头）配合钢冲子（见图 4-9）在与密封小盖的对称边沿部位打一小孔，作为倾倒涂料时的回气孔。

图 4-8　顶部设有倒出小口的涂料罐　　　　　　图 4-9　钢冲子

2. 用涂料搅拌机搅拌涂料

涂料搅拌机是专门为搅拌涂料（色母）而设计的机器，如图 4-10 所示。使用时，只需启动搅拌电动机，即可完成机架上安装的所有涂料罐的搅拌，搅拌迅速、均匀、省力。

涂料的开封
与搅拌
（用搅拌机）

图 4-10　涂料搅拌机

如果使用涂料搅拌机进行涂料的搅拌，应按下述程序准备涂料。

① 用专用工具或一字螺钉旋具，沿着涂料罐盖周边（此种涂料罐均为整体式顶盖，也称多次密封式包装，见图4-11）撬起顶盖并拆下。用搅拌棒进行初步搅拌。

② 将合适规格的专用搅拌头（见图 4-12）压装于涂料罐顶部，注意涂料出口的方向应面向涂料说明签的侧面（见图4-13），以防止涂料流滴于说明签上，影响阅读说明书。

图4-11 用专用工具打开涂料罐盖

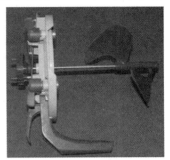

图4-12 专用搅拌头

③ 将搅拌头上面的锁紧扳手（见图 4-14）向中心方向拧到底，即可将搅拌头固定于涂料罐上。

图4-13 安装搅拌头后的涂料罐

图4-14 搅拌头上的锁紧扳手

将带有搅拌头的涂料罐安装于涂料搅拌机架上。搅拌机框架一般设计成4～6层，各层的高度是按照涂料罐的高度设计的，摆放涂料罐时，应根据所安装的涂料罐规格，选择合适的层，并确认机架上的搅拌蝶形头与涂料罐搅拌头上的卡口销位置正确，使蝶形头能够顺利带动搅拌头旋转。

注 意

涂料罐在机架上的摆放要有一定规律，素色漆的涂料罐与银粉漆的涂料罐要分开摆放，如"鹦鹉"系列汽车修补涂料中，22系列为素色色母，在机架上要摆放到一起；55系列为银粉漆色母，它们要摆放在一起；90系列为水性漆色母，它们要摆放在一起。同一系列的色母罐要根据色母代号的顺序摆放，以便于取用。

④ 启动搅拌机，进行涂料的搅拌，同时观察有无没有被带动搅拌的涂料罐，如果有，应调整位置。

注 意

① 在首次启用设备之前，应认真阅读安全操作规程，不要让未成年人接近设备。
② 所有维护工作进行前必须首先停机并关闭电源，严禁未拔掉插头或运转时进行维护。

③ 所用的涂料罐应与设备相配套，所有的涂料罐不应有变形。

④ 把涂料罐安装在设备上面之前，应确保涂料罐上的搅拌头已盖紧。

⑤ 更换任何涂料必须先手动彻底搅拌，再放至搅拌机上搅拌。

⑥ 检查是否有障碍物影响设备的正常运转，以保证安全。

⑦ 不要用可燃性液体来清洁设备。

⑧ 设备不能用来处理其设计范围之外的任何产品。

⑨ 对于涂料搅拌机，应每天早晨工作前，启动搅拌机工作 15 min，下午工作前再搅拌 10 min。

四、调制底漆

涂料的调制

为满足涂装要求，对于双组分涂料（2K 型）应加入固化剂，然后根据涂料使用说明书的要求及环境温度的不同加入稀释剂进行稀释，以达到要求的施工黏度；对于单组分涂料（1K 型）则可直接加入稀释剂进行稀释。

涂料黏度的高低直接影响施工质量，黏度过高将会使涂层表面粗糙不均、产生针孔和气孔等缺陷；黏度过低则会造成流挂、失光，使漆膜不丰满。不同的涂层对涂料的黏度要求也有所不同，所以车身涂装作业中应根据技术要求调整黏度，并养成使用黏度计进行测量的习惯。

以下以"鹦鹉"环氧底漆为例，介绍涂料的调制方法。

1. 确定调漆比例

各成分的混合比例，一定要按涂料生产商技术说明书的要求确定。"鹦鹉"环氧底漆（801-72）的技术说明见表 4-1。

表 4-1　　　　　　　　　　　　"鹦鹉"环氧底漆（801-72）的技术说明

应用：填充底漆/湿对湿填充底漆/黏附底漆。

特性：提供很好的防腐保护，高膜厚，对鹦鹉®541-5 除硅清洁剂有很好的抗擦性。

注意：
- 可作为 1006-23 原子灰的预处理黏附层，而喷涂该底漆在镀锌的底材表面。
- 常温干燥的最低温度：+15 ℃。
- 801-72 底漆被强制干燥后，最终效果才有可能达到最好。
- 当被作为黏附底漆时，在 3 h（20 ℃）的干燥后，801-72 表面可以施涂鹦鹉®839 系列刮涂原子灰或鹦鹉®839 系列刷涂原子灰。

技术图标	工艺参数	技术要求
	涂装工艺系统	S1
	可喷涂面积效率	425 m²/L（膜厚为 1 μm）
	混合比例	801-72：固化剂 965-60：稀释剂 352-91 或 352-216=4：1：1（体积比）
	固化剂	
	稀释剂	
	喷涂黏度 DIN 4（20 ℃）	18～20 s　　　　　　活化时间（20 ℃）：8 h
	重力式喷枪；喷涂气压	HVLP 喷枪：1.7～1.9 mm；2.0～3.0 bar（0.2～0.3 MPa）/0.7 bar（0.07 MPa）在喷嘴处
		兼容喷枪：1.6～1.8 mm；2 bar

续表

技术图标	工艺参数		技术要求
	喷涂层数		2层。膜厚：40～50 μm
	干燥	（20 ℃）	8 h
		（60 ℃）	30 min
	红外线	（短波）	11 min
		（中波）	10～15 min
	手工湿打磨		P800 砂纸
	轨道式打磨机		P400 砂纸

从表 4-1 中可以查到，其调配比例为底漆（801-72）体积∶固化剂（965-60）体积∶稀释剂（352-91 或 352-216）体积＝4∶1∶1。

2. 确定调漆量

调漆量主要依据涂料技术说明规定的技术数据来确定。如表 4-1 所示"可喷涂面积效率：425m²/L（膜厚为 1μm）"，即环氧底漆 801-72 喷涂 1μm 膜厚时，每升底漆可喷涂 425m²。表 4-1 中规定，该种底漆需喷涂 2 层，总膜厚控制在 40～50μm。

根据所要喷涂区域的估计面积及规定的总膜厚，即可估算出底漆的用量。

3. 调制

（1）将比例尺放置于调漆杯内，用手扶正，如图 4-15 所示。

（2）选择标有 4∶1∶1 的一面，假设底漆的用量为 3，把底漆倒进容器至左边第一列刻度 3，再将固化剂倒入至第二列刻度 3，其比例刚好是 4∶1。

（3）再加入稀释剂至第三列刻度 3，则各成分的加入比例刚好是 4∶1∶1。

（4）各成分加好后，一定要搅拌均匀。

调配单组分涂料时，根据涂料的种类和施工方式，与配套的稀释剂进行混合调配。先将底漆搅拌均匀，然后按工艺制订的黏度标准加稀释剂，最后搅拌均匀即可。

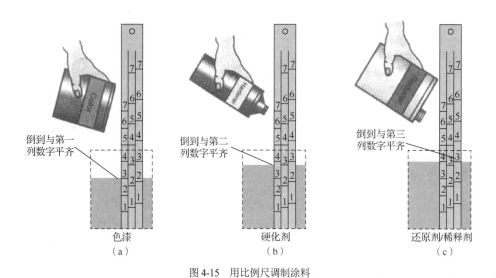

图 4-15 用比例尺调制涂料

有些专用的调漆杯为透明的塑料杯，外表有用于指示调漆的刻度，相当于比例尺，使用时要确定加入各成分的量直接观察刻度即可。

4. 黏度测试与调整

为了检验所调制的涂料的黏度是否符合要求，则需要进行黏度测试。尽管在汽车维修行业中很少进行黏度测试，但为了保证涂装质量，建议进行测试。进行黏度测试时，因所用的黏度计不同，测试方法也不同。

① 使用台式黏度计测试黏度时，可先利用黏度计台面下的 4 个调整螺栓使黏度计在工作台上调放平稳。用左手的中指或食指堵严黏度杯底部的流孔，然后将混合好并充分搅拌均匀的涂料倒满黏度杯，用玻璃棒将液面刮平之后，松开堵孔的手指，并同时开动秒表，待杯中的涂料流完（断流）时，立即关闭秒表，秒表上的数据即该涂料的黏度。一般需要测试 3 次，取其平均值，做好记录。

② 使用手提式黏度计测试时，可在施工现场将黏度计直接浸入调好的涂料中，灌满涂料后，提起黏度计，待黏度计脱离液面的同时立即开动秒表，观察黏度计底部的流孔，待涂料快流完且出现断流时，快速关闭秒表，表上的数据即测试的黏度。其黏度测试方法如图 4-16 所示。

图 4-16 用手提式黏度计测试黏度

测试结束后，根据测试的结果进行微调，即补加适量的底漆或稀释剂，并充分搅拌均匀。

涂料黏度测试通常要求在室温（25℃±1℃）条件下进行，而涂料技术说明中给出的黏度数据通常为 20℃条件下的标准值。在实际喷涂环境下，由于环境温度不同，则涂料的实际黏度也不同，即涂料的黏度是随环境温度的变化而变化的，但是如果是按规定的比例调制的涂料，在不同的温度下，其黏度也是符合涂装要求的，所以在实际涂装行业，几乎不再进行黏度测试。

|任务 4-2 车身的准备|

【任务引入】

当损伤的漆膜经过底处理后，如果打磨露出了较大面积钢板，经原子灰填平后仍有裸露的金属表面，则需要涂装防锈底漆，如图 4-17 所示。汽车维修行业对底漆的施工常使用喷涂法，为了防止不需要喷涂底漆的部位被喷上底漆，必须对这些部位进行遮盖。同时，为了增强底漆与钢板之间的附着力，达到良好的底漆喷涂效果，应对需喷涂部位进行除尘与除油。

那么，用什么材料遮盖？如何正确遮盖？如何正确进行除尘与除油呢？本任务主要介绍遮盖材料及除尘、除油相关知识，以及遮盖、除尘和除油的方法。

图 4-17　喷涂防锈底漆

【学习目标】

1. 知识目标

（1）能够正确描述车身遮盖用各类材料的用途。

（2）能够正确描述待喷涂表面除尘、除油材料的种类及用途。

2. 能力目标

（1）能够正确进行车身不同部位的遮盖。

（2）能够正确进行板件表面的除尘与除油。

3. 素质目标

（1）培养节约材料和团队协作的职业素养。

（2）培养技术创新的思想素养。

【相关知识学习】

一、遮盖材料

在准备喷涂过程中，遮盖是很重要的一步。对于不需要涂装的表面一定要遮盖好，否则会引起麻烦。遮盖需要使用遮盖材料。常用的遮盖材料为遮盖胶带（以下简称胶带）和遮盖纸等，这些材料不仅在车身修复涂装中使用，而且在汽车生产涂装过程中也被广泛使用。

1. 胶带

胶带在家庭中也经常可以用到，所以其用途较广泛，如图 4-18 所示。胶带用于将遮盖纸粘贴于车身表面，如图 4-19 所示。由于使用的环境复杂，有的胶带适用于炎热干燥的沙漠地区，有的则适用于寒冷潮湿的区域。因此，为了很好地完成喷漆前的遮盖工作，所选用胶带必须适应气候环境的变化和防止车间污物、灰尘对漆面的影响。有些胶带有专门的用途，例如有些胶带适合用在风干漆面的情况下，而有些胶带适合在烘干漆面的情况下使用。

图 4-18　胶带

图 4-19　胶带的应用

高质量的胶带应具有防水功能，并且在湿打磨时不脱落。市场上出售的胶带有 3 mm、6 mm、12 mm、18 mm、19 mm、24 mm、36 mm、48 mm 和 72 mm 等多种宽度尺寸。较常用的胶带为宽 6 mm 和 18mm 的两种。

另外，还有一种细胶带，如图 4-20 所示，这种胶带常用在两种颜色交界处或非专业喷漆时，因为这种胶带柔性好、较薄，并且有特殊的聚丙烯胶带底层，可粘贴在新喷的磁漆或清漆面上，不会留下痕迹。这种胶带具有防止溶剂浸透功能，常用的宽度规格有 1.5 mm、3 mm、5 mm、6 mm、10 mm、12 mm 和 18 mm。

目前市面上还出现了各种各样的专用胶带，是专门为车身特殊部位遮盖而设计的，如风窗玻璃密封条胶带、塑料软发泡胶带、缝隙遮盖胶带等。

2. 遮盖纸

遮盖纸也称为遮蔽纸，是一种耐溶剂的纸，喷涂时可保护较大面积的被覆盖部分不受涂料的影响，一般制成 100 cm、80 cm、50 cm 等不同宽度系列的纸卷。通过中间通孔可将其装于专用的遮盖纸架上。图 4-21 所示的是一种常用的遮盖纸架，架子上装有不同宽度的遮盖纸和不同规格的胶带，可以很方便地把胶带按需要粘贴到遮盖纸的边缘。同时，架子上还装有一个切刀，可以根据需要切断一定长度的遮盖纸，从而有效地提高工作效率。

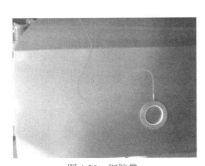

图 4-20　细胶带　　　　　　　　　图 4-21　遮盖纸架

还有一种经特殊处理（浸渍树脂）的遮盖纸，宽度有 8 cm、15 cm、23 cm、30 cm、38 cm、46 cm、69 cm 和 91 cm 等。这种纸的一面或双面经过浸渍树脂处理，表面光滑，具有较好的防渗透功能和防污物功能，常用于基层和清漆喷涂过程中。对于单面浸渍处理的遮盖纸，使用时应把光滑明亮的一面朝外。

3. 遮盖膜

遮盖膜即用于遮盖的塑料薄膜，通常为聚乙烯膜，如图 4-22 所示，其单位面积的价格要比专用遮盖纸的低，而遮盖效率比遮盖纸的高。

4. 其他遮盖材料

① 车身罩。车身罩也称车衣，用于快速将整车遮盖，只需将待涂装部位露出，并进行必要的遮盖（用胶带及遮盖纸等）即可，如图 4-23 所示。

② 车轮罩。车轮罩按车轮外形设计制造，能够快速遮盖车轮，如图 4-24 所示。

一些小型的汽车维修企业常用报纸进行遮盖。由于报纸较易被撕裂，因此使用报纸作遮盖物时应小心。但是绝不能用报纸来遮盖清漆面，因为报纸中含有油墨，油墨可能会溶入涂料的溶剂中，然后进入漆层，使漆层颜色改变。

图 4-22 遮盖膜

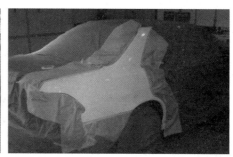
图 4-23 车身罩

遮盖纸和胶带的使用是为了防止某些区域被喷漆，因此，不得将遮盖纸和胶带粘贴到需要喷漆的表面。

喷涂清漆时，应采用双层遮盖纸进行遮盖，这样可以防止涂料中的溶剂渗入，进而损坏原漆面。当涂料足够干燥后，应及时拆除遮盖纸和胶带。由于胶带拆除时可能会粘掉新喷的漆膜，所以通常不允许胶带接触或粘贴到新涂装的漆面上。

图 4-24 车轮罩

二、无纺布

无纺布也称擦拭纸或清洁纸，用于擦拭散落的涂料、清洗擦拭喷枪、清洁工作台等，也可用于清除板件表面的灰尘。修复涂装所用的专用无纺布为大小不一的卷状，如图 4-25 所示。

三、粘尘布

虽然打磨后的板件经过压缩空气吹拂（或专用吸尘器吸尘处理）甚至用无纺布等擦拭过，但也不能完全清除黏附的灰尘，最好使用专用的粘尘布（见图 4-26）将整个待涂装表面仔细擦拭一遍。

图 4-25 无纺布

图 4-26 粘尘布

四、除油剂

汽车的主要部件由钢铁等材料制成，在加工、储运过程中常使用以矿物油或动、植物油脂为基础成分，加有各种有机添加剂或无机物质的油品保护，这是汽车钢铁部件表面的主要油污来源。另外，经除底处理后的裸露的金属表面，也会因操作过程（如手触摸）而沾有油脂。油污会影响酸洗除锈和磷化质量，影响涂层的干燥性能，减弱涂层的附着力。

在进行正式喷涂之前，必须确保板件表面没有灰尘和油污，否则必然会造成喷涂缺陷。因此在正式喷涂之前，必须进行除油操作。

除油剂，也称为脱脂剂，一般封装于金属或塑料容器内，如图 4-27 所示。

同一个涂料生产商所供应的除油剂会有不同的规格（型号），每一种类型的除油剂都有各自的特点和用途。以"鹦鹉"系列涂料为例，其除油剂有以下几种。

① 360-4（金属清洁剂）。其主要用于钢材、镀锌板及铝合金表面的清洁与除油。

② 541-30（通用塑料清洁剂）。其主要用于塑料表面的清洁、除油，并能清除塑料表面的脱模剂。

③ 541-5（除硅除蜡清洁剂）。其主要用于有原厂底漆的新板件、旧漆层的清洁，能够清除灰尘、硅油、石蜡等。

图 4-27　除油剂

④ 700-10（水性漆除油清洁剂）。其主要用于水性漆系统，能够清除硅油、油脂和打蜡的残留物以及塑料件表面的脱模剂，并可消除塑料件表面的静电。

⑤ 700-1（水性漆清洁剂）。其主要用于"鹦鹉"1K 型中涂底漆或水性底色漆系统。在中涂底漆和底色漆施工前以及 90 系列水性漆驳口区域预处理时使用 700-1，能够清除灰尘。其用于塑料件时可起到抗静电的作用，还可以用来清洗水性漆喷枪。

【技能学习】

一、劳动保护与安全注意事项

① 穿好工作服。
② 进行除尘与除油操作时应戴橡胶手套。
③ 注意防火。
④ 注意施工场地卫生。

二、遮盖

1. 胶带的基本粘贴方法

胶带应选用质量好的，若质量差，使用后会出现黏结剂残留或其他问题。聚氨酯涂料需加热干燥，应使用耐热胶带纸。胶带的基本粘贴法如图 4-28 所示。

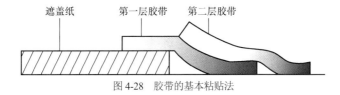

图 4-28　胶带的基本粘贴法

2. 反向遮盖

在对板件的局部修复涂装、整板涂装的过渡区域及流线型边缘进行遮盖时，应该使用反向遮盖法，如图 4-29 所示。反向遮盖法一般在喷涂中涂底漆和面漆时采用。采用反向遮盖法，可以在待喷涂区域的边缘形成楔形间隙，喷漆时由于楔形间隙存在会形成边缘向外渐薄的漆膜，从而达到良好的过渡效果而不至于在边缘形成台阶。

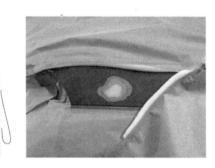

图 4-29　用胶带和遮盖纸进行反向遮盖

 注　意

进行反向遮盖时，应使用软的胶带，不能使用遮盖膜。

沿流线型边缘进行反向遮盖时可以采用预先粘贴好胶带的遮盖纸。首先把遮盖纸沿流线型边缘的最高端放置好，用胶带固定。使遮盖纸自然下垂，然后反向折叠，使反向折叠的弧线超过流线型边缘 12～20 mm。最后，把遮盖纸的另一边固定到板件合适的位置上。

如果必须沿一个曲面流线型边缘进行遮盖，可只用胶带遮盖。首先把 19 mm 宽的胶带以正确的角度分别粘贴到流线型边缘上。每条胶带应有 10～13 cm 长，胶带与胶带应有足够的重叠量，整个胶带的粘贴边缘应形成与流线型边缘相平行的曲线，如图 4-30（a）所示。然后，把胶带条反折，应从最后一条胶带开始，并保证有一个正确的弧度，再用一条胶带把所有反折过来的胶带端部粘贴固定，如图 4-30（b）所示。

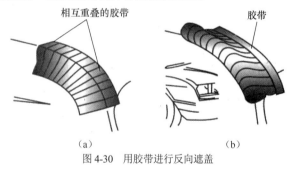

（a）　　　　　　　　　　　　　　（b）

图 4-30　用胶带进行反向遮盖

3. 车身不同部位的遮盖方法

掌握上述基本粘贴法和反向遮盖法后，即可运用其中的一种或两种方法，对车身需要遮盖的部位进行正确的遮盖。对车身进行遮盖的原则是：不需要喷涂的部位一定要遮盖严实，需要喷涂的部位一定要露出来。

（1）车身覆盖件的遮盖。

采用的遮盖材料不同，遮盖方法便有所不同。下面仅以用遮盖膜来遮盖前舱盖为例，介绍一般的遮盖方法。

① 用车身遮盖膜覆盖整个车身。

② 将车身遮盖膜覆盖在前舱盖部分，用专用刀具割开（注意靠近风窗玻璃一边的膜不用割破）。

③ 打开前舱盖，将遮盖膜从前舱盖与风窗玻璃之间穿过，覆盖在发动机上，并用胶带将遮盖膜再次连接密封，如图 4-31 所示。

图 4-31　遮盖发动机

④ 为了防止飞散的涂料污染前舱盖背面（某些高档车前舱盖背面是隔热材料，颜色与车身颜色不一致），可以在前舱盖边缘使用缝隙遮盖胶带来阻挡飞漆污染，如图 4-32 所示。

图 4-32　用缝隙遮盖胶带粘贴前舱盖边缘

⑤ 将前舱盖盖上，遮蔽分色部位（如散热器面罩）。

a. 用胶带遮盖分色部位边缘，如图 4-33（a）所示。

b. 用遮盖纸配合胶带进行遮盖，如图 4-33（b）所示。

c. 散热器面罩遮盖后的状况，如图 4-33（c）所示。

（a）用胶带遮盖散热器面罩周边　　　　（b）用胶带及遮盖纸遮盖散热器面罩

（c）散热面罩遮盖完的状况

图 4-33　散热器面罩的遮盖

（2）喷涂两种颜色时的遮盖。

当汽车（或板件）需要喷涂两种不同的颜色时，应首先喷涂一种颜色，待漆膜干燥后，用 19 mm 宽的胶带把这种颜色的部位周边遮盖。然后，把第一次喷涂区域用合适尺寸及形状的遮盖纸遮盖好，将遮盖纸上的胶带粘到已粘贴好的周边胶带上，多余的边折叠，粘贴牢固。最后，根据需要，可以再用胶带沿遮盖纸的边缘粘贴，清晰地标出另外一种颜色喷涂面积。

（3）特殊部位遮盖技巧。

① 装饰条和嵌条的遮盖。当用胶带粘贴装饰条、嵌条等表面时，用一只手的手指塞入胶带卷中间的孔中，把拇指放在胶带的外面，控制胶带的方向。拉伸胶带时，胶带的粘贴面背向操作者。不要把胶带拉得过紧，然后把胶带的起始端粘到嵌条或车轮罩的边缘上，如图 4-34 所示。粘贴时，拉伸的胶带面与漆面的间隙至少应有 0.7 mm，这样方便粘贴并可以很好地控制胶带的方向。嵌条或需粘贴面的宽度决定所需胶带的条数。但是，一定要记住在所需喷漆的表面与嵌条间应留有一个小间隙，涂料特别是清漆会填补这个间隙。用足够的压力把胶带压牢。但是在曲面上粘贴胶带时，必须拉伸胶带以满足曲面的要求。如果胶带太宽，应用剪刀把多余的胶带剪去。

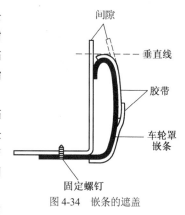

图 4-34　嵌条的遮盖

胶带（或遮盖纸）与板面间的预留间隙大小非常关键，如图 4-35 所示，间隙过大会形成涂料堆积；间隙过小则易形成明显的台阶。

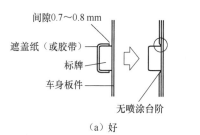
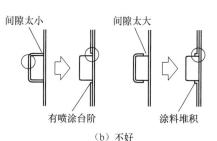

图 4-35　预留间隙大小的影响

② 易汇集漆液部位的遮盖。这些部位（如前翼子板与前保险杠接缝处）由于在喷漆时易集积漆液，溶剂易透过遮盖纸或胶带，造成旧漆膜受溶剂侵蚀，为此，应采用双层遮盖纸或双层胶带进行遮盖，如图 4-36 所示。

③ 车门边缘与外板间遮盖。为了防止喷漆时的漆雾进入车内，在进行车门边缘与外板间遮盖时，可采用如下方法。

a. 在外板拐角部位粘贴胶带，胶带应伸入外板边缘内侧并使胶面朝向待涂装表面，如图 4-37（a）所示。

b. 关上车门，如图 4-37（b）所示。

c. 将先贴好的胶带压靠到车门外板面，并用第二层胶带粘贴好，如图 4-37（c）所示。

d. 用胶带与遮盖纸配合将车门遮盖好，如图 4-37（d）所示。

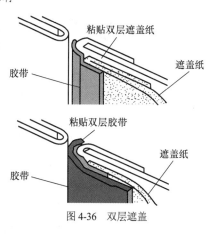

图 4-36　双层遮盖

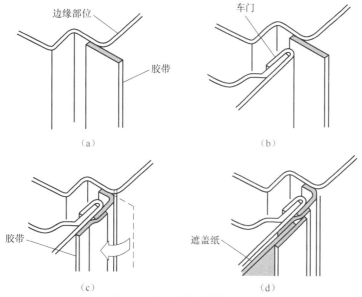

图 4-37　车门边缘与外板间遮盖

三、除尘与除油

1. 除尘

① 戴好橡胶手套。

② 先用无纺布将整个待涂装表面擦拭一遍，如图 4-38 所示。

③ 手握粘尘布，按从上到下的顺序将待涂装表面擦拭干净，如图 4-39 所示。

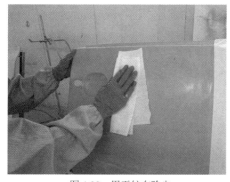

图 4-38　用无纺布除尘

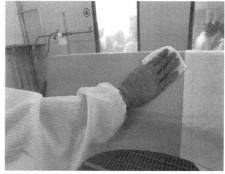

图 4-39　用粘尘布除尘

2. 除油

（1）擦拭法。

① 双手戴好橡胶手套。

② 双手各持一块干净的无纺布，其中一块浸有除油剂。

③ 先用带除油剂的无纺布擦拭待除油表面，一次不要多于一个来回。

④ 紧跟着用干爽的无纺布擦拭沾有除油剂的表面。

⑤ 重复这样的动作，直到待清理表面全部清理完毕，如图 4-40 所示。注意及时浸除油剂和更换无纺布，并且注意不要触碰已经除过油的表面。

（2）喷擦结合法。

① 将除油剂装入喷壶内。

② 反复按压喷壶操纵手柄，直到感觉有足够的反弹力。

③ 手持喷壶，对准需除油表面，保持 20 cm 左右的距离，按压喷头开关，将除油剂均匀地喷淋到工件表面，如图4-41所示。

板件的除尘、除油

图 4-40　擦拭法除油　　　　　图 4-41　喷淋除油剂

④ 手持一块干净的无纺布，将喷淋的除油剂擦拭干净。

| 任务 4-3　底漆的喷涂 |

【任务引入】

原子灰经施工结束后，板面仍有较大面积的裸露金属，经遮盖、除尘及除油后，即准备喷涂底漆。在进行喷涂前，应对喷枪进行必要的调整，以满足涂料的喷涂要求。喷枪的调整项目包括喷涂压力、漆流量和喷幅（雾形）等。

底漆喷涂完成后，应采用合理的方法进行干燥，以形成良好的漆膜。

喷涂工作完成后，应及时对喷枪进行清洗与维护。

那么如何正确调整喷枪以便正确完成底漆的喷涂呢？本任务主要介绍压缩空气喷涂系统组成原理、喷烤漆房的结构原理和底漆的施工方法、喷枪与喷烤漆房的维护方法。

【学习目标】

1. 知识目标

（1）能够正确描述压缩空气喷涂系统的组成、结构与工作原理。

（2）能够正确描述喷烤漆房的作用、基本结构和工作原理。

2. 能力目标

（1）能够正确进行底漆的喷涂与干燥。

（2）能够正确进行喷枪的清洗与维护。

（3）能够正确进行喷烤漆房的维护。

3. 素质目标

（1）培养节能环保意识和职业安全意识等职业素养。

（2）培养工匠精神等综合素养。

【相关知识学习】

一、压缩空气喷涂系统

压缩空气喷涂法（简称空气喷涂法）就是以压缩空气的气流为动力，以喷枪为用具，使涂料从喷枪的喷嘴中喷出漆雾并涂布到工件表面的一种施工方法。它是一种非常常用的涂装方法。

1. 空气喷涂的基本原理

典型压缩空气喷涂系统的工作原理如图 4-42 所示。当扣动喷枪扳机时，压缩空气经接头进入喷枪，从空气喷嘴急速喷出，在喷嘴的出口处形成低压区，涂料杯（桶）盖上有小孔使涂料杯（也称漆壶）内与大气相通，涂料杯（桶）气压始终等于大气压。这样，在压力差的作用下使涂料从喷嘴喷出，并被压缩空气吹散而雾化，喷到工件上实现空气喷涂。

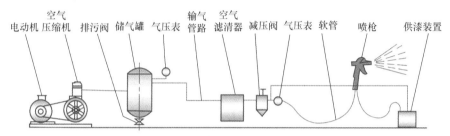

图 4-42 典型压缩空气喷涂系统的工作原理

2. 喷枪

（1）喷枪的种类。

喷枪的种类和型号很多，各涂装设备制造公司的命名方法和分类有所不同，常用的分类方法有按涂料供给方式分类、按涂料雾化技术分类和按用途分类 3 种。

喷枪类型与选用

① 按涂料的供给方式分类。按此方法，喷枪可分为重力式、虹吸式和压送式 3 种类型，如图 4-43 所示。

a. 重力式喷枪。重力式喷枪也称上壶式或重力供料型喷枪，涂料杯位于喷枪喷嘴的后上方，喷涂时利用涂料自重及涂料喷嘴尖端产生的空气压力差使涂料形成漆雾。涂料杯内涂料黏度的变化对喷出量影响小，而且涂料杯的角度可在一定范围内调节。重力式喷枪的容量较小（约 0.5 L），仅适用于小物件涂装，且随着涂料杯内涂料的减少，喷涂稳定性降低，也不适合仰面喷涂。

（a）重力式（上壶式）　　（b）虹吸式（下壶式）　　（c）压送式（压力式）

图 4-43 按涂料供给方式分类的 3 种喷枪

b. 虹吸式喷枪。虹吸式喷枪也称为下壶式或吸料型喷枪，涂料杯位于喷枪嘴的后下方，喷涂时利用气流作用，将涂料吸引至枪体内，并在喷嘴处因压力差而形成漆雾。该种喷枪的出漆量均匀稳定，大面积喷涂时可换掉涂料杯，通过抽料皮管直接从容器中抽吸涂料连续工作。其缺点是当黏度变化时易引起出漆量变化。

c. 压送式喷枪。压送式喷枪也称为压力式或压缩型喷枪，其涂料喷嘴与气帽正面平齐，不形成真空。涂料被压力压向喷枪，压力由一个独立的压力瓶（罐）提供。它适合连续喷涂，喷涂方位调整容易，出漆量调整范围大。其缺点是需要增添设备、清洗麻烦、稀释剂损耗大，不适合汽车修复涂装使用。

上述3种类型喷枪的供漆方式差异如图4-44所示。

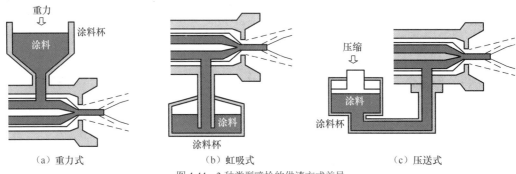

（a）重力式　　　　　　　　　（b）虹吸式　　　　　　　　　（c）压送式

图4-44　3种类型喷枪的供漆方式差异

② 按涂料的雾化技术分类。按此种分类方法，喷枪可分为高气压喷枪、低流量中气压喷枪和高流量低气压喷枪3种，如图4-45所示。此3种喷枪在外形上没有多大区别，只是在内部结构上会有所不同，从而产生不同的雾化效果，并且为便于区别，也会在外观颜色设计上有所不同。

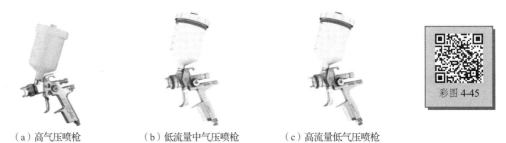

彩图4-45

（a）高气压喷枪　　　　（b）低流量中气压喷枪　　　　（c）高流量低气压喷枪

图4-45　按涂料雾化技术分类的3种喷枪（彩图）

高气压喷枪，即传统喷枪，其雾化气压较高，耗气量大，上漆率低；低流量中气压喷枪（RP）的各项性能居中；高流量低气压喷枪也称为HVLP喷枪，其雾化气压低，上漆率高（在65%以上）。表4-2为以上3种喷枪的使用技术参数比较。

表4-2　　　　　　　　　　　　　　　　　　　3种喷枪的使用技术参数比较

雾化技术	传统（高气压）	RP（低流量中气压）	HVLP（高流量低气压）
雾化方式	气压雾化	气压、气流雾化	气流雾化
进气压/MPa	0.3～0.4	0.25	0.2
雾化气压/MPa	0.2～0.3	0.13	0.07
耗气量/（L/min）	380	295	430

HVLP喷枪之所以称为环保喷枪，主要是因为其喷涂过程中飞散的漆雾少。如图4-46所示，高气压喷枪主要利用高压气体将涂料吹成小液滴，在这一过程中，将产生大量多余的喷雾。小液

滴被吹到板件的表面后，有很多又被弹了回来，形成大量漆雾，如图4-46（a）所示；而HVLP喷枪在低压下将涂料分解成小液滴，当涂料流入气流后，由于没有（或很少有）回弹现象，如图4-46（b）所示，减少了飞散的漆雾，因而上漆率高，对环境污染小。

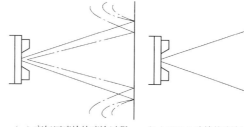

（a）高气压喷枪的喷涂过程　（b）HVLP喷枪的喷涂过程

图4-46　高气压喷枪与HVLP喷枪的对比

③按用途分类。按此种分类方法，喷枪可分为底漆用喷枪、中涂底漆用喷枪、面漆用喷枪、清漆用喷枪、银粉漆专用喷枪、小修补喷枪等。图4-47所示为典型小修补喷枪，其特点是体积小，操作方便，喷嘴采用空气扰流原理设计，采用较低的气压即可达到较好的雾化效果，特别适合小面积修复使用。

图4-47　典型小修补喷枪

（2）喷枪的组成及各部分的作用。

虽然不同的喷枪有许多通用的零部件，但每种类型或型号的喷枪只适用于一定范围的作业。选择合适的工具是以最短时间高质量完成作业的保证。

典型的喷枪由枪体和喷枪嘴组成，如图4-48所示。枪体包括压缩空气进气口、手柄、扳机、涂料杯接口、顶针、空气阀、扇幅调节旋钮、漆流量调节旋钮等。喷枪嘴由气帽和喷嘴组成。

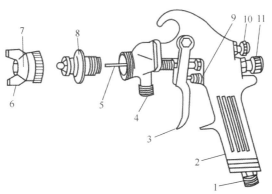

1—压缩空气进气口；2—手柄；3—扳机；4—涂料杯接口；5—顶针；6—气帽角；7—气帽；8—喷嘴；9—空气阀；
10—扇幅调节旋钮；11—漆流量调节旋钮

图4-48　典型喷枪构造

图 4-49 所示为虹吸式空气喷枪的结构纵剖图。

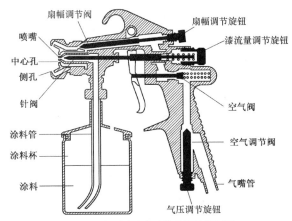

图 4-49　虹吸式空气喷枪的结构纵剖图

重力式喷枪的结构与虹吸式的相似，其典型结构如图 4-50 所示。

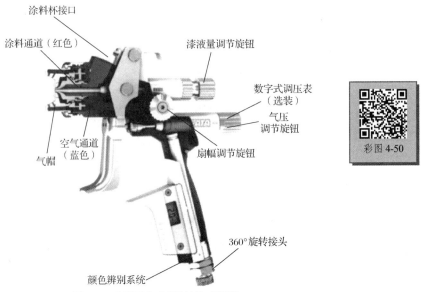

彩图 4-50

图 4-50　典型重力式喷枪结构（彩图）

扳机为两段式，轻扣扳机时，空气阀先打开，从空气孔以高速喷出的压缩空气在涂料喷嘴前面形成低压区。再用力扣下时，涂料孔打开，高速气流抽吸涂料。

喷枪中压缩空气及涂料的流动路线如图 4-51 所示。

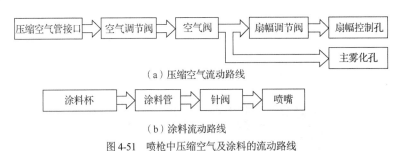

（a）压缩空气流动路线

（b）涂料流动路线

图 4-51　喷枪中压缩空气及涂料的流动路线

气帽把压缩空气导入漆流，使漆流雾化，形成扇幅（也称为喷幅）。涂料喷嘴上有很多小孔，如图 4-52 所示，各孔的作用是不同的。

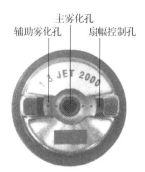

图 4-52 气孔的名称

主雾化孔也称为主空气孔或中心孔，作用是形成真空，吸出漆液，通常喷枪的口径就是指主雾化孔的直径。扇幅控制孔也称为角孔，一般有 2~4 个，它借助空气压力控制漆束形状，扇幅控制孔关上，漆束呈圆形；扇幅控制孔打开，漆束呈扁椭圆形。辅助雾化孔也称为侧孔或辅助空气孔，一般有 4~10 个，它促进漆液雾化。各孔的排列方式有多种，如图 4-53 所示。

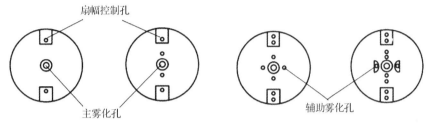

图 4-53 气帽中气孔的排列

辅助雾化孔对喷枪性能有明显影响，如图 4-54 所示。孔大或多，则雾化能力强，能以较快的速度喷涂大型工件；孔小或少，则需要的空气少，扇幅小，涂料雾化程度差，喷涂量小，但便于小工件的喷涂或低速喷涂。

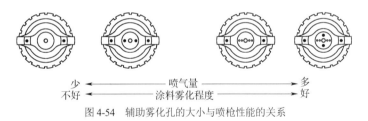

图 4-54 辅助雾化孔的大小与喷枪性能的关系

气帽还有改变扇幅形状的作用，如图 4-55 所示。当气帽角处于水平位置时，喷出的扇幅为长椭圆形；当气帽角处于垂直位置时，喷出的扇幅为扁椭圆形；当气帽角处于其他位置时，喷出的扇幅为斜椭圆形。

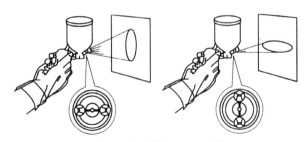

图 4-55 用气帽改变扇幅形状

针阀和喷嘴的作用都是控制出漆量，并把漆流从喷枪中导向气流。喷嘴内有针阀座，针阀顶靠针阀座时可切断漆流。从喷枪喷出的实际漆流量由针阀与针阀座的距离决定。漆流量调节旋钮可以改变扳机扣死时针阀离开针阀座的距离（间隙），如图 4-56 所示。

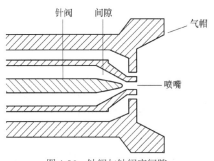

图 4-56　针阀与针阀座间隙

喷嘴有各种型号，可以适应不同黏度的涂料。喷嘴主雾化孔的直径称为喷枪口径，喷枪的口径越大，出漆量越多，适合高黏度涂料的喷涂，所以，防锈底漆等下层涂料的喷涂需用大口径的喷枪。在选择喷枪口径时，应符合涂料制造商的产品技术说明的规定。

喷枪的性能取决于出漆量与空气消耗量的关系，即出漆量少而空气消耗量大时涂料粒度较小；出漆量多而空气消耗量小时涂料粒度较大、较粗，喷涂效果较差。通常，对于小型喷枪，其出漆量为 10～200 mL/min，空气使用量为 40～290 L/min；大型喷枪的出漆量为 120～600 mL/min，空气使用量为 80～520 L/min。

3. 压缩空气供给系统

压缩空气供给系统用于提供充足的达到预定压力值的压缩空气，以确保喷涂车间所有的气动设备都能有效地工作，如图 4-57 所示。该系统的规格有多种，包括小型的便携式装置和大型的固定安装在车间内的设备等。这些系统的基本配置和安装要求都有以下相同点：有一台或一组空气压缩机；动力源一般为电动机，室外工作时可使用便携式汽油机驱动的空气压缩机；有一只或一组用于调节空气压缩机和电动机工作的控制器；有规格合适的储气罐或容器；分配系统是指从空气容器到需要压缩空气的分配点的软管和固定管道，或者软管和固定管道的组合，包括规格合适的软管或固定管道、接头阀、油水分离器、气压调节器、仪表和其他能使特定的气动设备以及喷涂设备有效工作的空气与流体控制装置，这是压缩空气系统连接的关键。

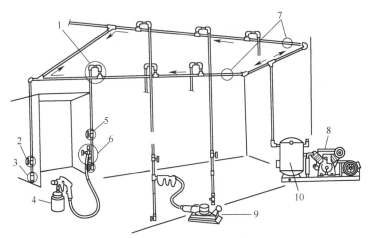

1—二级管道；2、5—截止阀；3—自动排水阀；4—喷枪；6—气压调节器；
7—主供气管道；8—空气压缩机；9—打磨机；10—储气罐

图 4-57　典型的压缩空气供给系统

由于各种压缩空气使用设备对所用的压缩空气的清洁度和压力要求不同，所以对通往各换接口的连接管直径及油水分离器的要求应有所不同。图 4-58 所示为典型的压缩空气管路连接示意。

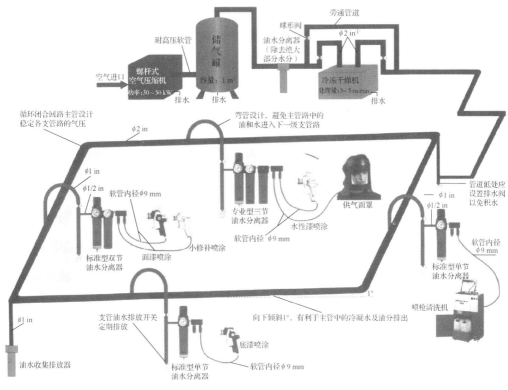

图 4-58 典型的压缩空气管路连接示意

注：①1 in=25.4 mm。

（1）空气压缩机。

在喷涂施工中常用的供气设备是空气压缩机，喷枪的喷涂、打蜡机的打蜡、打磨机的打磨等均需使用压缩空气。

空气压缩机由压缩机、储气罐和电动机等组成。空气压缩机可以制成移动式和固定式。空气压缩机有活塞式、隔膜式和螺杆式等。

（2）空气清洁器。

空气清洁器（也称空气过滤器、空气转换器）将压缩空气通过金属网、聚氯乙烯（Polyvinylchloride，PVC）海绵等除去微细粉尘。水蒸气及油气在清洁器内因膨胀所致的降温而成为水滴、油滴，从下部的排水阀排出。

（3）分水滤气器。

分水滤气器起水气分离和过滤空气的作用，为喷枪提供纯净而干燥的空气。由于空气中含有水分，空气压缩机中含有润滑油，如果油和水分随漆雾喷涂到工件上，会使漆膜表面产生"水泡"和"麻点"，影响漆膜的质量，所以在空气压缩机上都装有分水滤气器。

（4）油水分离器。

油水分离器有单节式，也有两节或三节组合式。油水分离器能凝结空气中的油和水分，调节空气的压力和过滤空气中的灰尘，它的空气出口可以连接喷枪、气枪等。油水分离器内部的变压器能借助机械装置和空气膨胀分离油和水分，只允许清洁、干燥的空气到达喷枪。

油水分离器能调节和控制喷枪压力，以满足不同涂料的喷涂要求。油水分离器上装备有主通道压力表和工作压力表，有主通道压力出口和工作压力出口，气缸底部的放水阀可以排出凝结的水分。

二、喷烤漆房

喷烤漆房，其主要作用是提供干净、安全、照明良好的喷漆环境，使喷漆过程不受灰尘的干扰，并把挥发性漆雾限制在喷烤漆房内。如果没有符合要求的喷烤漆房，即使拥有经验丰富、技术熟练的高级涂装工、效果良好的喷枪、高品质的汽车修复涂料等，仍可能出现意想不到的质量问题。其主要原因是，在汽车修复涂装工作中，棘手的事情是如何避免在涂装过程中，空气中的灰尘黏附到刚刚喷涂完成但尚未达到表面干燥的涂层上。如果涂层表面黏附有粒径在 1 mm 以上的颗粒，这些灰点肉眼就能很容易分辨出来，会严重影响喷涂质量。同时因漆雾无法排除，也会严重影响操作人员的身体健康。

汽车维修企业所采用的喷烤漆房通常为集喷漆与烤漆为一体的喷烤两用室，采用高性能钢组件式房体、无接缝式无机过滤棉，配合进风过滤系统及正风压，确保进入房内的空气得到良好的净化。全自动循环进风活门使烤漆时的热空气以循环方式在喷烤漆房内循环，配合房体的夹心式隔热棉，可保证良好的升温及保温效果。喷烤漆房还采用无影灯式灯管，色温与太阳光线色温接近，有利于提高颜色校对的准确性。全自动操作控制仪表一经预调，便能自动提供适当的喷漆、挥发、烘烤、冷却等工序所需的时间及温度。

喷漆时，室内温度可控制在 20～22℃。同时从顶棚送下暖空气，空气流速为 16～40 m/min，顺重力方向至底部经排风系统分离出漆雾后排出室外。

喷漆完毕的工件静置 10 min 左右后，即可进行加温烘烤。送进经热能转换器加温的热空气，使室内温度达到指定的烘烤温度。空气流速为 3 m/min 左右（流速太高，会引起漆膜出现小凸包）。此时气流做封闭式循环，空气为加速工件干燥做重复循环。

在有的喷烤漆房中还配备活动旋转台、轨道式拖车系统等，便于操作人员喷涂施工、烘烤，以及车辆的进出。一间喷烤漆房每天可喷烤 7～9 辆车。图 4-59 所示为典型的喷烤漆房，热空气对流式喷烤漆房结构如图 4-60 所示。

图 4-59　喷烤漆房

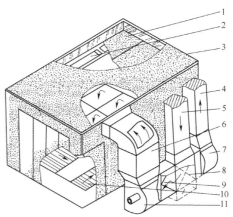

1—顶部过滤网；2—灯管；3—房体；4—排气管；
5—进气管；6—加热器；7—排风机；
8—工作状态选择活门；9—二次过滤网；
10—底沟；11—进风机

图 4-60　热空气对流式喷烤漆房结构

三、喷涂操作要领

1. 站位

首先喷涂的姿势要正确。开始喷涂时，自然放松站立，两脚与肩同宽；由于喷枪在喷漆时是以肩为支点的，为了保持喷枪距离与角度在运枪过程中恒定，操作者必须站在使拿喷枪一侧的肩面对着要喷涂的车身板中央的位置，如图 4-61 所示。

2. 气管的控制

用一只手拿喷枪，将气管绕到身后，用另一只手从背后托住气管，防止在喷涂过程中气管碰到已喷涂的漆膜，如图 4-62 所示。

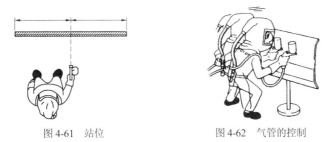

图 4-61　站位　　　　　　　　　图 4-62　气管的控制

3. 喷枪与工件表面的角度

喷枪与工件表面必须保持垂直，如图 4-63 所示。即使对于弧形表面，也应掌握这一要领，如图 4-64 所示。所以在平面上进行喷涂操作时，绝对不可以手腕或手肘做弧形的摆动，如图 4-65 所示。

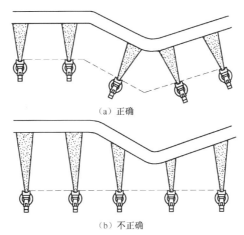

（a）正确

（b）不正确

图 4-63　喷枪与工件表面垂直

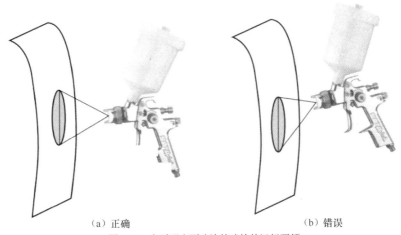

（a）正确　　　　　　　　　　　（b）错误

图 4-64　在弧形表面喷涂的喷枪的运行要领

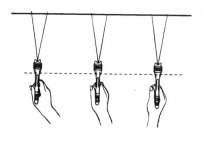 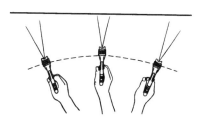

（a）正确　　　　　　　　　　　　　　（b）错误

图 4-65　在平面上喷涂的喷枪的运行要领

4. 喷枪与工件表面的距离

正常的喷涂距离应与喷枪的气压、喷枪的扇幅大小以及涂料的种类相配合。一般喷涂距离为 20 cm 左右（应按涂料供应商提供的工艺条件操作），实际距离可通过试喷确定。如图 4-66 所示，如果涂料堆积、涂层出现波纹，说明喷涂距离过短，主要原因是漆流速度过快；如果涂层出现橘纹或发干现象，说明距离过长，主要原因是落到工件表面的漆雾流速过低（无力），且在从喷枪至板件表面的长距离流动过程中，溶剂蒸发量大。

（a）喷涂距离过短　　　　　（b）喷涂距离过长，喷雾落到喷涂表面时已经无力

图 4-66　喷枪与工件表面的距离

5. 喷枪的移动速度

喷枪的移动速度与涂料干燥速度、环境温度、涂料的黏度等有关，通常约以 60 cm/s 的速度匀速移动（根据具体情况调整）。喷枪移动过快，会导致漆膜过薄；而喷枪移动过慢，会出现流挂现象。

6. 喷枪扳机的控制

扳机扣得越深，漆流量越大。为了避免边缘的涂料堆积，每次走枪将要结束时要放松一点扳机，以减少供漆量。

如图 4-67 所示，扣扳机的正确操作如下：先从遮盖纸上开始走枪，轻扣下扳机仅放出空气；当运行至喷涂表面的边缘时，完全扣下扳机，喷出涂料；当运行至需喷涂的边缘时，松开扳机，并继续往前移动几厘米，然后反向重复上述操作步骤。

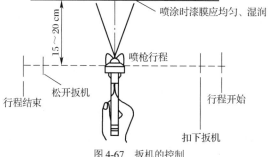

图 4-67　扳机的控制

在"斑点"修复或者新喷涂层与旧涂层的边缘润色加工时都要进行"收边"操作。意思就是在走枪开始时不扣死扳机，即开始时的供漆量很小，随着喷枪的移动，逐渐加大供漆量，直到走枪将要结束时再将扳机放松，使供漆量大大减少，从而获得一种特殊的过渡效果。

7. 姿势调整

喷涂过程中，应随时调整姿势，如按上下顺序喷涂时，操作者可能会从站立姿势过渡至下蹲姿势，这样才能保证喷枪与板件的角度和距离，如图4-68所示。

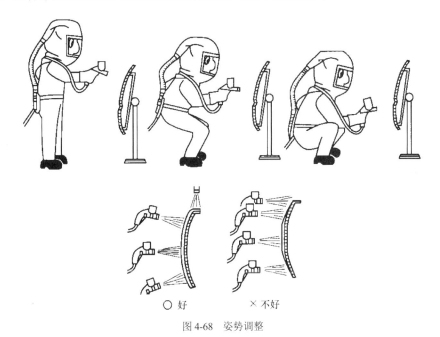

○ 好　　　　×不好

图4-68 姿势调整

在平行移动喷枪喷涂过程中，要以腰为活动点平行移动上身，以防止出现喷涂轨迹不平行现象，从而影响喷涂质量，如图4-69所示。

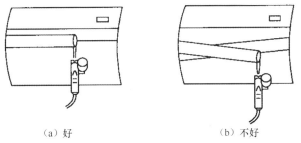

（a）好　　　　　　　　　　　（b）不好

图4-69 喷涂轨迹

8. 喷涂的方法与路线

喷涂方法有纵行重叠法、横行重叠法、纵横交替喷涂法等。喷涂应按从高到低、从左到右、从上到下、先里后外的顺序进行。在行程终点关闭喷枪，喷枪第二次单方向移动的行程与第一次的相反，喷嘴与第一次行程的漆膜带边缘平齐，使第二次走枪行程的漆膜带的上半部与第一次行程漆膜带的下半部重叠，两次走枪漆膜带重叠幅度应为1/3或1/2左右，如图4-70所示。

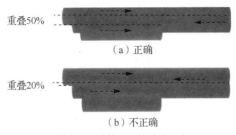

重叠50%

（a）正确

重叠20%

（b）不正确

图4-70　喷枪行程的重叠方式

喷枪基本要素
控制

9. 走枪的基本手法

汽车修复涂装中，被涂物的情况不同，喷涂走枪的手法也不同，以下介绍几种常用的喷涂走枪手法。

（1）喷涂构件边缘的走枪手法。

在构件边缘喷涂时，一般采用由右至左的喷涂手法，并采用纵喷（扇幅呈垂直方向长椭圆形），如图4-71所示。

（2）喷涂构件内角的走枪手法。

在构件内角喷涂时，由于喷涂部位受限，可将喷嘴调整至垂直状态，采用横喷（扇幅呈水平方向扁椭圆形）的方法喷涂，如图4-72所示。

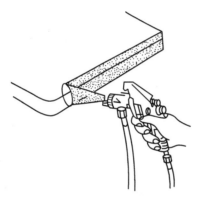

图4-71　喷涂构件边缘走枪手法

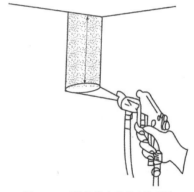

图4-72　喷涂构件内角的走枪手法

（3）喷涂小而直立的构件平面的走枪手法。

喷涂小而直立的构件平面时，如图4-73所示，其走枪行程顺序为：由上而下进行1行程→由下而上进行2行程→由左而右进行3行程→由下而上进行4行程→由上而下进行5行程，然后横向走枪依次完成6～11行程。

（4）喷涂长而直立的构件平面的走枪手法。

如图4-74所示，喷涂长而直立的构件平面与喷涂小而直立构件平面的走枪手法基本相同，但应按板长方向分段进行喷涂，每段为45～90cm，相邻两段之间交接处有10cm左右的重叠。当喷涂重叠区域时，要采用"飞枪"的手法，即在逐渐放松扳机的同时，向重叠区域外甩开喷枪，这样可以使重叠区域与其他区域的膜厚基本一致，如图4-75所示。

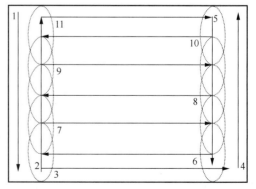

图4-73　喷涂小而直立构件平面的走枪手法

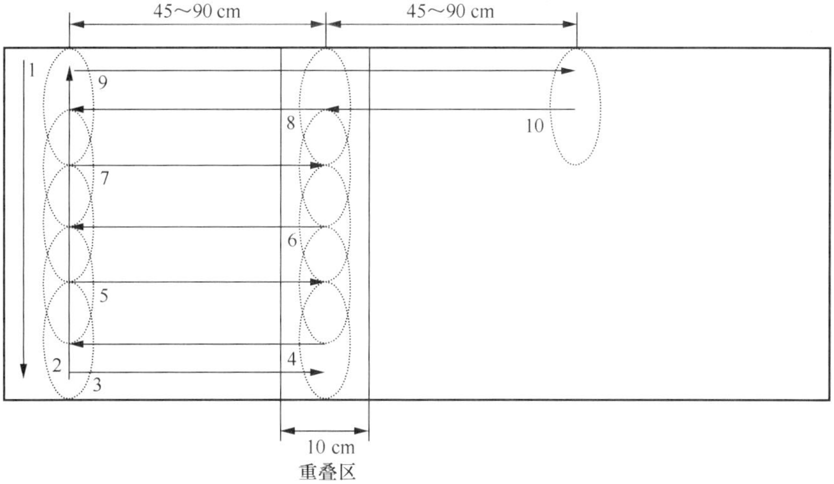

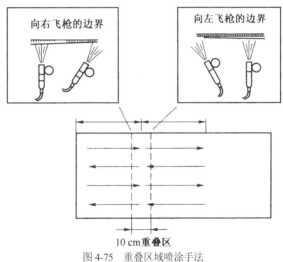

图 4-74　喷涂长而直立构件平面的走枪手法

图 4-75　重叠区域喷涂手法

（5）喷涂中、小圆柱构件的走枪手法。

如图 4-76 所示，喷涂中、小圆柱构件时，由圆柱顶自上往下再自下往上喷涂，分 3～6 道垂直行程喷完。

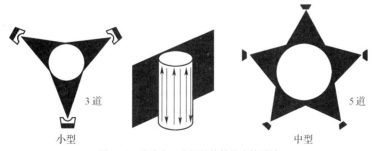

图 4-76　喷涂中、小圆柱构件的走枪手法

（6）喷涂大圆柱构件的走枪手法。

喷涂大圆柱构件时，按由左至右再由右至左的水平行程，依次喷完，如图 4-77 所示。

（7）喷涂棒状构件的走枪手法。

如图4-78所示，喷涂较长的、直径不大的棒状构件时，最好将扇幅调窄一些与之配合，也可倾斜喷枪使扇幅的方位与棒状构件相适应，这样既可达到完全覆盖又不过喷，而且也省去了调整扇幅的麻烦。

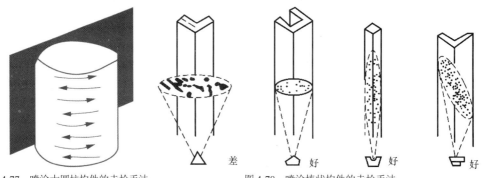

图4-77　喷涂大圆柱构件的走枪手法　　　　图4-78　喷涂棒状构件的走枪手法

（8）喷涂大型水平表面的走枪手法。

喷涂大型水平表面如前舱盖、车顶、行李箱盖等，可以采用喷涂长而直立构件平面的走枪手法。即由左向右移动喷枪至邻近板件表面时扣扳机，继续移动喷枪至离开板件表面时放开喷枪。这样可以获得充分润湿的涂层，而不过喷或干喷最少。

在喷枪使用上，最好使用压送式喷枪，如果采用的是虹吸式喷枪，也应尽量保持喷枪与板件呈垂直状态，如图4-79所示。当需要倾斜喷枪时，千万小心，不要让涂料滴落到板件表面上。为了防止涂料泄漏、滴落，涂料杯中的涂料不要装得太满，整个操作过程要平稳、协调，随时用抹布或纸巾擦净泄漏出来的涂料。

10.　不同板件的走枪顺序

在不同的板件上喷涂走枪时，要遵循的一个原则就是：先喷周边，然后喷中间大面。例如喷涂车门时，如图4-80所示，首先喷涂车门框的顶部，然后下移直到车门的底部。如果只喷涂一个车门，首先应喷涂车门边缘；喷涂门把手时应该特别小心，不要喷涂太多而产生流挂现象。

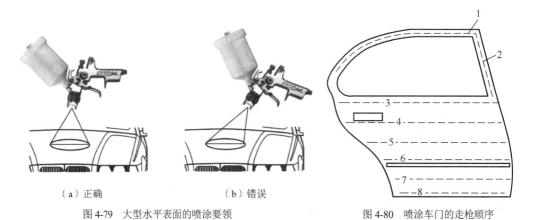

（a）正确　　　　　（b）错误

图4-79　大型水平表面的喷涂要领　　　　图4-80　喷涂车门的走枪顺序

对于像前舱盖这样的大型板件，可采用长而直立构件的喷涂方法，即分段喷涂。如图4-81所示，首先喷涂一侧前舱盖的边缘，然后从中间开始向边缘进行喷涂；另一侧也使用相同的方法喷涂。

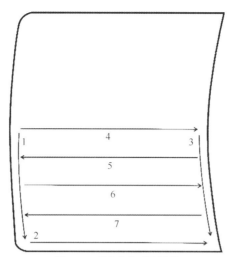

图 4-81　前舱盖的喷涂顺序

当进行整车涂装时，要掌握好各部位的喷涂顺序。通常，在横向排风的喷烤漆房内，距排风扇最远的地方首先喷涂，从而能保证落在喷涂表面的灰尘最少，使漆面更光滑。具体喷涂顺序如图 4-82 所示。

在向下排风的喷烤漆房内，因为空气从棚顶向汽车底部的排气格栅流动，所以必须改变喷涂方法。为了能够保持漆膜边缘的湿润，车顶盖应该首先喷涂，接着喷涂前机舱盖和行李舱盖，然后喷涂车身右侧、后围板，最后是车身左侧，并逐渐向前移动直到全部完成。

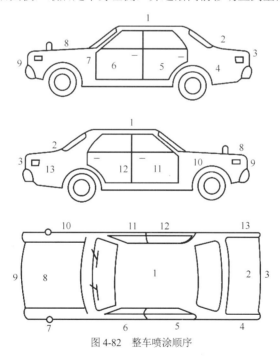

图 4-82　整车喷涂顺序

【技能学习】

一、准备喷烤漆房

典型的喷烤漆房控制箱面板如图 4-83 所示。

1—电压表；2—温控仪；3—烘烤时间设定旋钮；4—电源指示灯；5—升温指示灯；6—喷漆指示灯；7—烤漆指示灯；
8—照明指示灯；9—电源开关；10—应急开关；11—喷漆开关；12—烤漆开关；13—照明开关

图4-83　喷烤漆房控制箱面板

① 使用喷烤漆房首先要打开电源开关，电源指示灯点亮，电压表显示380 V。

② 打开照明开关，照明指示灯点亮，房内的光线达到施工要求。

③ 常温喷漆时，顺时针方向旋转喷漆开关，需要加温喷漆时，逆时针方向旋转喷漆开关，同时调整温控仪，设定恒定的喷漆温度为18 ℃即可。

 注　意

喷漆完毕后风机再工作5 min，使喷烤漆房内的漆雾彻底排净。

二、劳动安全与卫生

1. 防火安全措施

① 每个工作人员应会使用防火设备，懂得各种灭火方法。

② 涂装场地严禁烟火，不准携带各种火种进入施工现场。

③ 擦拭涂料用的脏污棉丝、抹布、擦拭纸等物品应集中，并应妥善存放在装有清水的密封桶中，不要放置在暖气管或喷烤漆房附近，以免引起火灾。

④ 施工操作时，应避免铁器之间敲打、碰撞、冲击、摩擦，以防产生火花而引起火灾。

⑤ 易燃物品如涂料、稀释剂等，应存放在储藏柜内，施工场地不得储存。

⑥ 清洗工具后的稀释剂应集中存放，不得倒入下水道或随意乱倒。

⑦ 各种电气设备开关不得随意操作，应有专人定期检查和维修。

⑧ 确保紧急通道、门窗等出口畅通。

⑨ 工作区域内不要存放太多的涂料，一般够半天使用的量即可。

2. 个人劳动保护

① 穿好喷漆工作服、安全鞋。

② 戴好护目镜。

③ 准备好橡胶手套。

3. 发生意外情况的应对措施

① 着火。在安全距离内用灭火器灭火。对于一般的涂料着火，可以用水进行灭火。

② 涂料洒落。用膨胀云母（蛭石、珍珠岩）吸收，然后用塑料板铲除，最后用大量的

水冲洗。

③ 皮肤接触涂料、溶剂等。用肥皂水彻底清洗后，涂抹含羊毛脂的护肤膏。

④ 眼睛和嘴接触涂料、溶剂等。立刻用水或 5%（质量分数）的抗坏血酸钠或 2%的苏打水冲洗，然后就医。不要使用油膏和油类物质处理。

⑤ 过氧化物残渣处理。用膨胀云母吸收，然后小心焚毁（远离建筑物和可燃物）。

三、检查与调整喷枪

1. 选择喷枪

喷涂底漆时，首先应选择底漆专用喷枪，主要标准是喷枪口径大。正确地选择喷枪，应查阅涂料生产商的涂料技术说明。例如从"鹦鹉"801-72 环氧底漆的技术说明（见表 4-1）中可以查到，该涂料适合的喷枪口径为：1.7～1.9 mm（HVLP 喷枪）或 1.6～1.8 mm（兼容喷枪，即其他可以使用的高气压喷枪）。

2. 检查喷枪

① 确认涂料杯上的气孔无污垢堵塞。

② 确认涂料杯上的密封圈密封良好。

3. 添加涂料

① 将调好黏度的底漆通过漏斗过滤后装入喷枪涂料杯内，如图 4-84 所示。

图 4-84　涂料的过滤与添加

注 意

对于存放主剂和固化剂的容器，使用之后一定要盖严实。

② 将喷枪通过快速接头接入压缩空气系统。

4. 调整喷枪

喷枪参数设定

（1）调整气压。

手握喷枪柄，轻扣扳机至有压缩空气喷出，如图 4-85 所示。当气压调节旋钮处于与枪体平行位置（最大雾化状态）时，顺时针旋转气压调节旋钮，喷涂气压变小；当气压调节旋钮处于与枪体垂直位置（最小雾化状态）时，逆时针旋转气压调节旋钮，喷涂气压变大。调整过程中，观察气压表直到气压符合规定。调整气压的大小，一定要按涂料说明书的规定。例如从"鹦鹉"801-72 环氧底漆的技术说明中可以查到，该涂料适合的气压：HVLP 喷枪的为 2.0～3.0 bar（0.2～0.3 MPa）；兼容喷枪的为 2 bar（0.2 MPa）。

（2）调整扇幅。

扇幅调节旋钮的位置如图 4-86 所示。若想增大扇幅，需要逆时针旋转扇幅调节旋钮；若想减小扇幅，需要顺时针旋转扇幅调节旋钮，如图4-87所示。扇幅的大小主要取决于修复面积的大小。一般情况下对于整板（或整车）喷涂，为了获得良好的喷涂效果，建议将扇幅调节到最大状态。

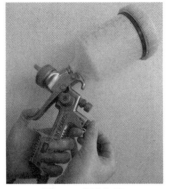
图4-85　调整气压

图4-86　扇幅调节旋钮的位置

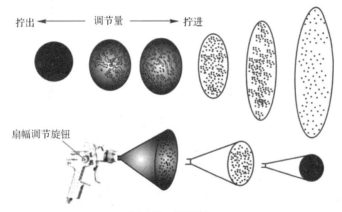
图4-87　调节原理

（3）调整漆流量。

漆流量调节旋钮的位置如图4-88所示。若要增大漆流量，需要逆时针方向旋转（拧出）漆流量调节旋钮；若要减小漆流量，则需要顺时针方向旋转（拧进）漆流量调节旋钮，如图4-89所示。

图4-88　漆流量调节旋钮的位置

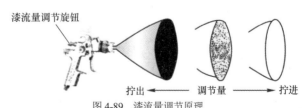
图4-89　漆流量调节原理

（4）测试喷枪调整情况。

将气帽角调整至垂直位置，使扇幅呈水平状态，如图 4-90 所示。通过向试板喷涂涂料，查看在试板上形成的喷涂图形（扇幅）来确定喷枪调整情况，这一操作也称为扇幅测试。

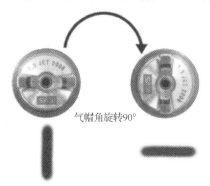

气帽角旋转90°

图 4-90　气帽角位置与扇幅

按住扳机向试板喷涂直到涂料开始往下流，即产生流挂，检查流挂情况。如果各项调整正确，各段流挂的长度应近似相等，如图 4-91（a）所示。如果流挂呈分离的形状（两边流挂长，中间短），如图 4-91（b）所示，是由于扇幅太宽或气压太低，把扇幅调节旋钮拧紧半圈或把气压提高一些，交替进行这两项操作直到流挂长度均匀；如果流挂中间长两边短，如图 4-91（c）所示，则是因喷出的漆太多，应把漆流量调节旋钮拧紧，直到流挂长度均匀。

（a）合适的扇幅图形　　（b）分离的扇幅图形　（c）中间长、两边短的扇幅图形
图 4-91　扇幅测试

进行扇幅测试时，可能会出现故障扇幅，不同的故障扇幅特点及产生的原因，见表 4-3。

表 4-3　　　　　　　　　　　　　不同的故障扇幅特点及产生的原因

故障扇幅特点	扇幅中心涂料过多	倾向一边的圆形扇幅，严重弯曲	扇幅不连续，跳动	扇幅破裂呈燕尾状	扇幅朝一边扭曲
图示					
产生原因	喷涂气压低，应提高喷涂气压；涂料黏度太高，应加稀释剂；出漆量大，应调小出漆量或更换小口径喷嘴	辅助雾化孔堵塞，应用专用清洁工具清洁喷嘴或更换喷嘴组件	喷嘴或针阀松动，应拧紧；涂料杯通气孔堵塞，应清理	涂料黏度太低，应重新调整黏度；喷涂气压太高，应调低；扇幅太宽，调整扇幅调节旋钮，使扇幅变窄	单侧辅助雾化孔堵塞，应清洁辅助雾化孔，如有必要，更换喷嘴组件

寄语：培养大国工匠精神，在反复磨炼中达到精湛的技艺，在踏实专注中不懈追求质量。

四、喷涂底漆

1. 喷第一层底漆

根据板件的特点，选择正确的操作要领，实施底漆的喷涂，注意第一层一定要薄喷，以增强底漆和板件表面的附着力。

2. 闪干

不同的底漆，闪干时间要求不同，例如从"鹦鹉"801-72环氧底漆的技术说明（见表4-1）中可以查到，该底漆需要喷涂2层，每层之间不需要闪干，即喷涂完第一层后，马上就能喷涂第二层。

3. 喷涂第二层底漆

这一层一定要厚喷，以达到要求的漆膜厚度，如"鹦鹉"801-72环氧底漆的技术说明要求2层底漆，总厚度为40～50 μm（见表4-1）。不同的底漆要求喷涂的层数和总漆膜厚度是不同的，施工时应严格按照涂料技术说明执行。

注 意

底漆是直接喷涂于板件表面的，故局部喷底漆时，一定要遮盖好，以使底漆只能喷涂在裸板表面。

在喷涂过程中，如果喷枪的出漆量明显减少，应及时检查涂料是否已用完，如果用完了，则应及时补充。如果还有涂料，则应检查是否有堵塞之处，若有应疏通。

每种涂料均有其适合喷涂的时间限制，这个时间限制也称为活化时间。如"鹦鹉"801-72的技术说明规定的活化时间为常温（20 ℃）8 h。超过这个活化时间，所调制的涂料就不能使用了。

对于普通喷枪，如果有较多的剩余涂料没用完，可以倒入合适的罐内密封保存，但期限也不能超过其活化时间。

底漆的喷涂

五、干燥底漆

不论是常温干燥还是烘烤干燥，最好在进行干燥之前拆下遮盖。拆除遮盖最佳时机为最后一层喷涂的闪干（通常为15～20 min）结束时。

当采取常温干燥时，喷涂结束后，即可关闭喷烤漆房控制箱上的喷漆开关、照明开关，关好门，使板件（整车）在喷烤漆房内自然干燥至规定的时间，具体数据参阅涂料使用说明书。如"鹦鹉"801-72的技术说明（见表4-1）规定的常温干燥时间为闪干8 h，然后即可进行下道工序。

六、维护喷枪

1. 清洗喷枪

喷枪使用后，应立即清洗喷枪及其附件，不注意维护和清洗喷枪是喷枪发生故障的主要原因。

以虹吸式喷枪为例，清洗虹吸式喷枪时，首先应卸下涂料杯，将涂料管留在杯内。接着松开气帽2～3圈，用一块叠好的抹布挡住气帽的中心孔，然后扣扳机，如图4-92所示。这样能使喷枪内的涂料流回涂料杯内。

喷枪清洁和保养

关闭中心孔，强迫涂料
回到容器里

图 4-92 利用压缩空气使枪内的涂料流回涂料杯

注 意

使用的气压要低，当涂料杯还装在喷枪上时，不要进行上述操作，否则涂料会从罐内飞溅出来。

重新将气帽拧紧，并把涂料杯中的涂料倒回废料罐中。用稀释剂和软毛刷清洗杯内和杯盖，用一块浸过稀释剂的抹布擦掉残余物。然后向杯内倒入少许干净的稀释剂，扣动扳机，将稀释剂喷出，清洗喷枪内部输漆管路，如图 4-93 所示。

旋下气帽，用专用工具卸下喷嘴，如图 4-94 所示。

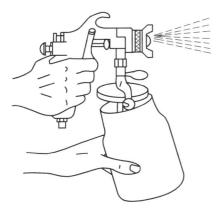

图 4-93 用稀释剂冲洗喷枪

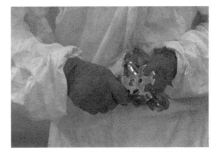

图 4-94 用专用工具拆下喷嘴

将拆下的气帽泡在稀释剂中，用塑料针清理各类小孔，如图 4-95 所示。注意，绝不能用铁丝或铁钉类的东西清理这些小孔，因为这些小孔都是精加工而成的。用软毛刷和溶剂清洗喷嘴。用泡过稀释剂的抹布将枪体外部擦干净，注意擦掉所有涂料的痕迹。

目前，一些维修厂开始使用喷枪清洗机，如图 4-96 所示。利用喷枪清洗机，结合人工手洗来清洗喷枪，清洗效果非常好。将喷涂设备（包括喷枪、涂料杯、搅拌器和滤网等）放到喷枪清洗机的大桶内相应位置上，接好喷嘴（具

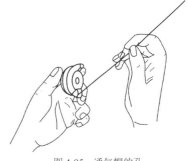

图 4-95 通气帽的孔

体方法参阅相关设备使用说明书），盖上桶盖，然后打开气动泵使清洗桶内的清洗液循环流动，不到 1 min，该设备就能清洗干净各部件。

图 4-96　喷枪清洗机

新型超声波清洗机清洗效果更好。只要在机器内注入清洗液，将零件放入容器中，打开开关即可，并可以人工设定清洗时间，如图 4-97 所示。注意，如果喷枪选装了数字式气压表，则不能放入超声波清洗机中清洗。

2．润滑喷枪

最好每天工作完后润滑喷枪，用轻机油润滑图 4-98 所示的各部位。由于正常的磨损和老化，密封圈、弹簧、针阀和喷嘴必须定期更换。更换应按生产厂家的说明进行。由于机油过量就会流入涂料和空气通道，造成喷涂缺陷，因此润滑时必须非常小心。

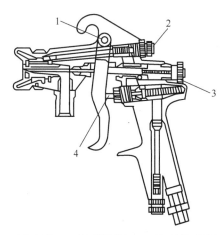

1—扳机转轴；2—扇幅调节旋钮；3—漆流量调节旋钮；
4—空气阀

图 4-97　用超声波清洗机清洗喷枪

图 4-98　喷枪需要润滑的部位

不要把整把喷枪长时间泡在清洗液中，这样会使密封圈硬化，并破坏润滑效果。

为了获得最佳的修复效果，在不同的涂层情况下要使用不同的喷枪。建议每人配备4把喷枪，一把用于底漆、中涂底漆喷涂，一把用于面漆、清漆层喷涂，一把用于银粉漆喷涂，还有一把小修补喷枪用于点修复。如果这些喷枪保持良好的清洗和工作顺序，就会节省大量的换枪时的调整和清洗时间。

七、打磨底漆

汽车修复所使用的底漆（包括环氧底漆）大多为填充底漆，喷涂干燥后应进行适当的打磨，以便为面漆喷涂提供良好的表面。

填充底漆的打磨可用手工湿打磨和打磨机打磨两种方法，选用时主要考虑底漆的特点，参阅涂料的技术说明书进行。"鹦鹉"系列填充底漆的打磨技术说明见图4-99。从表中可以看出，部分底漆适合手工湿打磨，部分底漆适合打磨机打磨，还有部分底漆适合两种方法。

填充底漆		使用打磨机粗打磨	使用打磨机细打磨	手工湿打磨
	76-71 鹦鹉® 单组分填充底漆			P800
	283-150 VOC 鹦鹉® 磷化填充底漆			P800
	285-16 VOC 鹦鹉® 高浓度热固性填充底漆			P800
	285-500 鹦鹉® 高浓度填充底漆，灰色		P400	
	285-550 鹦鹉® 高浓度填充底漆，黑色		P400	
	285-650 鹦鹉® 高浓度填充底漆，灰色		P400	P800
	285-700 鹦鹉® 填充底漆，灰色		P400	P800
	285-85 鹦鹉® 中浓度填充底漆，灰色		P400	P800
	801-72 VOC 鹦鹉® 环氧填充底漆		P400	P800

图 4-99　填充底漆的打磨说明

填充底漆的打磨，无论是湿打磨还是干磨，其操作方法与底处理打磨相似，不同点体现在以下几个方面。

① 手工湿打磨时，通常选用P800的水磨砂纸。

② 手工湿打磨时，必须使用磨块，对于有软硬面的磨块，应选用软面。

③ 手工湿打磨时，磨块必须保持与板件表面平贴，以获得平滑的表面。

④ 用打磨机打磨时，选用P400的砂纸。

⑤ 打磨时，必须保证打磨头与板件表面平贴，以获得平滑的表面。

⑥ 无论是手工湿打磨还是打磨机打磨，千万注意不要打磨过度，只轻轻打磨至光滑即可。

八、维护喷烤漆房

1. 使用注意事项

① 定期清洗内部墙体、地板及其他物体表面上的灰尘、油污等，并做好例行保洁工作。

② 喷涂室内不准存放如零件、涂料、包装纸（盒）、衣物等，以防沉积污物，影响涂

装质量。

③ 不能在喷涂室内进行涂装前的表面打磨、清洁及涂料调制等工作，以免打磨的粉尘弥漫而影响空气质量，尽可能避免污染源的出现。

④ 用水清洗地板时，防止水飞溅到车身上，同时要对污水进行处理。

⑤ 定期检查、更换干式过滤系统中的滤网。应经常使用压力表检测挡漆板的堵塞情况。

⑥ 湿式过滤系统中的水位应保持正常，并在水中加入添加剂。

⑦ 定期检查喷涂室周围的密封情况，以防灰尘进入。

⑧ 汽车进入喷涂室前应清洗干净，并对车身上的缝隙、沟槽等不易发现脏污的地方进行彻底清洁。

⑨ 喷涂室内必需的物件，如喷枪、软管、胶带、车轮罩、工作服、防护面罩、手套等，应存放在密闭的储藏室内。

⑩ 定期对排风扇、电动机进行维护保养。

2. 维护

① 每天清洁房内墙壁、玻璃及地台底座，以免灰尘和漆尘积聚。

② 每周清洁进风隔尘网，检查排气隔尘网是否有积塞，如房内气压无故增加时必须更换排气隔尘网。

③ 每工作 150 h 应更换地台隔尘纤维棉。

④ 每工作 300 h 应更换进风隔尘网。

⑤ 每月清洁地台水盘，并清洗燃烧器上的柴油过滤装置。

⑥ 每个季度应检查进风和排风电动机的传动皮带是否松弛。

⑦ 每半年应清洁整个喷烤漆房及地台网，检查循环风活门、进风及排风机轴承，检查燃烧器的排烟通道，清洁油箱内的沉积物，清洗喷烤漆房水性保护膜并重新喷涂。

⑧ 每年应清洁整个热能转换器，包括燃烧室及排烟通道，每年或每工作 1200 h 应更换喷烤漆房顶棉。

项目五
中涂底漆的涂装

【项目引入】

原子灰表面打磨完成后，通常需要喷涂中涂底漆，以填平原子灰的表面缺陷，为面漆喷涂提供良好的表面质量。对于施涂了底漆的表面，如果无须施涂原子灰，可在其表面直接喷涂中涂底漆，以封闭底层缺陷，并快速建立涂层厚度。对于旧漆膜起细微皱纹的部位，如果喷涂了中涂底漆，即可填平凹陷部位，以获得平滑表面而达到喷涂面漆的要求。

当中涂底漆干燥后，即可进行打磨。

"鹦鹉"锐丽-经典系统技术说明规定，磷化底漆施工完成后，需喷涂中涂底漆。

那么，如何正确进行中涂底漆的施工呢？本项目主要介绍中涂底漆的种类、涂装程序等相关知识，以及中涂底漆的喷涂、干燥、喷涂效果检查、打磨方法和施工质量控制。

【学习目标】

1. 知识目标
（1）能够正确描述常用中涂底漆的种类及各类型中涂底漆的特点。
（2）能够正确描述中涂底漆的涂装流程。

2. 能力目标
（1）能够正确进行中涂底漆的喷涂、干燥、打磨与修整。
（2）能够正确进行中涂底漆打磨后的质量检查，并对出现的缺陷进行适当的处理。

3. 素质目标
（1）培养安全卫生、节能环保意识等职业素养。
（2）培养精益求精的工匠素养。

【相关知识学习】

一、中涂底漆的种类

目前使用的中涂底漆有丙烯酸中涂底漆（1K 型）、聚氨酯中涂底漆（2K 型）、硝基中涂底漆（1K 型）等。各类型中涂底漆的特点对比见表 5-1。

表 5-1　　　　　　　　　　　　　各类型中涂底漆的特点对比

性能	丙烯酸中涂底漆（1K 型）	聚氨酯中涂底漆（2K 型）	硝基中涂底漆（1K 型）
附着力	○	◎	×
填充性	○	◎	#
隔离性	○	◎	×
抗水性	#	◎	×
干燥性	○	#	◎
打磨性	◎	#	◎
防吸收性	#	◎	×
与面漆的适应性	#	◎	×
◎：优越　○：良好　#：一般　×：不良			

丙烯酸中涂底漆也有 2K 型，其特点是可涂的漆膜较厚。

另外，涂料生产商在生产同一类中涂底漆时，会根据颜色形成一个系列。如"鹦鹉"高浓度干磨中涂底漆就有灰色、黑色和白色 3 种，选用时要根据所需要的遮盖力强弱以及面漆本身遮盖力强弱进行选择。例如为遮盖底层颜色，需要遮盖力强的中涂底漆，则可选择黑色；如果面漆遮盖力较弱，则应选用浅色（如白色）中涂底漆。

二、中涂底漆的涂装程序

中涂底漆的涂装程序如图 5-1 所示。

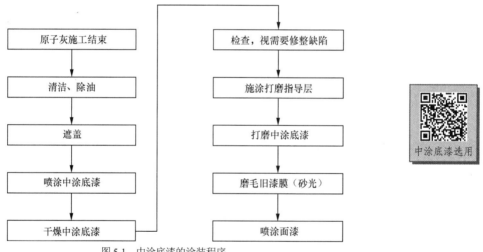

图 5-1　中涂底漆的涂装程序

【技能学习】

一、劳动安全与卫生

中涂底漆施工时的劳动安全与卫生注意事项与底漆施工的相同。

二、准备工作

1. 准备车身（板件）

① 先用压缩空气或吸尘器清除表面粉尘。

② 若进行过湿打磨，应做去湿处理，使被喷涂表面干燥。

③ 对于不需喷涂的部位，可按图 5-2 所示的方式遮盖，重点应注意喷涂时可能产生飞溅的部位。

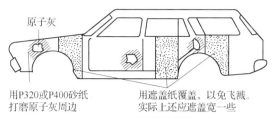

图 5-2　喷涂中涂底漆前的遮盖与打磨

注　意

对于局部遮盖，一定要使用反向遮盖法，以使喷涂的中涂底漆有渐进的过渡，如图 5-3 所示。

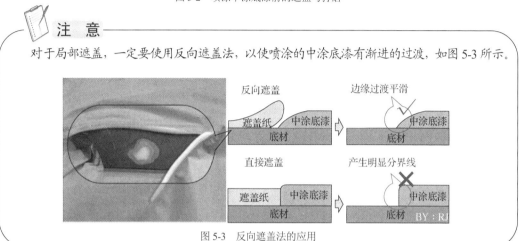

图 5-3　反向遮盖法的应用

④ 除尘与除油。

a. 用粘尘布对待喷涂表面进行一次细致的除尘。

b. 用除油剂对待喷涂表面进行除油处理。

2. 准备中涂底漆

（1）选择中涂底漆。

从"鹦鹉"系列修补底漆与金属底材的适用性技术说明可知，中涂底漆是不能直接施涂在板件表面上的，必须经过适当的处理后（如喷涂防锈底漆或填充底漆）使用。因而实际工作中，选择中涂底漆重点关注的是中涂底漆与底漆的搭配。不同涂料生产商的产品，搭配情况是不同的。从"鹦鹉"底漆、填充底漆和中涂底漆的搭配技术说明可知，除水性底漆外，系列中涂底漆与底漆基本上均能相互搭配。

由"鹦鹉"锐丽-经典系统技术说明查得，可选用的中涂底漆很多，如 285-505、285-555 及各类高浓度填充底漆等。

以下仅以"鹦鹉"高浓度干磨中涂底漆（285-505，灰色）为例，说明中涂底漆的喷涂方法。"鹦鹉"高浓度干磨中涂底漆（285-505）的技术说明见表 5-2。

表 5-2　　　　"鹦鹉"高浓度干磨中涂底漆（285-505）的技术说明

技术图标	工艺参数	技术要求
	涂装工艺系统	锐丽-水性系统，锐丽-经典系统，锐丽-高浓度系统
	可喷涂面积效率	425 m²/L（膜厚为 1μm）
	混合比例	中涂底漆 285-505：固化剂 929-55/56：稀释剂 352-91 或 50-216=4：1：1（体积比）
	固化剂	
	稀释剂	

续表

技术图标	工艺参数	技术要求	
	喷涂黏度 DIN 4（20℃）	18～22 s　　　活化时间（20℃）：1 h	
	重力式喷枪 喷涂气压	HVLP 喷枪：1.7～1.9 mm； 2.0～3.0 bar/0.7 bar 气帽气压	兼容喷枪：1.6～1.8mm；2 bar
	喷涂层数	2 层　　　膜厚：50～70 μm	
	干燥　　　　（20℃） 　　　　　　（60℃）	3 h 20 min	
	红外线　　　（短波） 　　　　　　（中波）	9 min 10～15 min	
	手工湿打磨	P800 砂纸	
	轨道式打磨机	P400 砂纸	

注：1bar=0.1MPa。

（2）调制中涂底漆。

① 确定调漆量。根据涂料技术说明的参考数据来确定中涂底漆用量。从"鹦鹉"高浓度干磨中涂底漆（285-505）的技术说明（见表 5-2）可以查得，该中涂底漆的可喷涂面积效率为当膜厚为 1 μm 时，每升漆可喷涂 425 m^2；喷涂层数为 2 层，总膜厚为 50～70 μm。然后根据需喷涂面积的大小（估算）及喷涂的总膜厚即可估算出漆的用量。

② 调制。根据涂料说明书建议的各成分比例（主剂、固化剂和稀释剂），利用调漆比例尺进行涂料的调制，视需要进行黏度测试。从表 5-2 中可以查到，"鹦鹉"高浓度干磨中涂底漆（285-505）的调制比例（体积比）为 4∶1∶1，即中涂底漆（285-505）体积∶固化剂（929-55/56）体积∶稀释剂（352-91/50-216）体积=4∶1∶1。黏度在常温下为 18～21 s。

（3）准备喷枪。

① 选择合适的喷枪。从表 5-2 中可以查到，喷涂"鹦鹉"高浓度干磨中涂底漆（285-505）应选用重力式喷枪，用 HVLP 喷枪时，口径为 1.7～1.9 mm；用兼容喷枪时，口径为 1.6～1.8 mm。

② 将调好黏度的中涂底漆充分搅拌后通过漏斗过滤后装入喷枪涂料杯内。

三、喷涂中涂底漆

中涂底漆涂料种类不同，其作业方式有一定差异。同一种中涂底漆也可以有两种施工工艺，图 5-4 所示为"鹦鹉"2K 型中涂底漆的两种不同的施工工艺及其作用差异。在本任务中，选择研磨型施工工艺（因为选用了干磨型中涂底漆）。

中涂底漆的喷涂

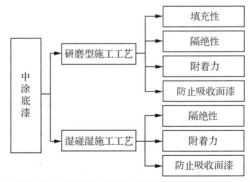

图 5-4　"鹦鹉"2K 型中涂底漆的两种不同的施工工艺及其作用差异

1. 调整喷枪

① 根据涂料的产品说明书调整喷枪的气压。从表 5-2 中可以查到，喷涂"鹦鹉"高浓度干磨中涂底漆（285-505）时应选用重力式喷枪，用 HVLP 喷枪时，气压为 2.0~3.0 bar（0.2~3.0 MPa）；用兼容喷枪时，气压为 2.0 bar（0.2 MPa）。

② 根据喷涂面积调整扇幅大小。

③ 调整漆流量（最好做扇幅测试）。

2. 喷涂

① 按正确的喷涂要领（喷涂距离、走枪速度、扳机控制、雾形重叠比例等），先在原子灰与旧漆膜边缘接合部位薄薄喷涂，使旧漆膜与原子灰在交界处相互融合，如图 5-5 所示。

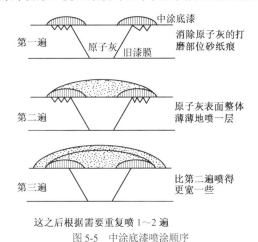

图 5-5　中涂底漆喷涂顺序

② 待其稍干之后，接着给整个原子灰表面薄喷一层，喷涂后形成的表面应平整光滑。

③ 取适当的时间间隔，分几次薄喷，一般要喷 3~4 层，注意每层需留出足够的闪干时间（一般为 5 min）。

上述的喷涂顺序称为"由小向大"喷涂，如图 5-6（a）所示。目前也有部分涂料生产商推荐采用"由大向小"的喷涂顺序，如图 5-6（b）所示，即最后一层喷涂在原子灰表面上。

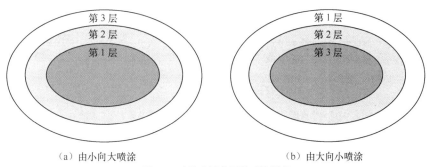

（a）由小向大喷涂　　　　　　　　　　　（b）由大向小喷涂

图 5-6　中涂底漆的两种喷涂顺序

中涂底漆涂料的喷涂面积应比修补的原子灰面积宽，而且要达到一定程度。喷第二遍的喷涂面积要比第一遍的宽，第三遍的比第二遍的宽，逐渐加大喷涂面积。

如图 5-7 所示，相邻的几小块原子灰修复块，可先分别预喷两遍，然后整体喷涂 2~3 次，连成一大块，这样处理，可以取得良好的效果。这种场合也不宜一次喷得过厚，而且应取适当的时间间隔，分几次喷涂。

当旧漆膜是改性丙烯酸硝基漆等易溶性涂料时，对黏度和喷涂时间间隔应十分注意。若采用硝基类中涂底漆，黏度应取 18～20 s，要反复薄薄地喷涂，以免喷涂后表面显得粗糙。如果用丙烯酸类中涂底漆，黏度可取 14～15 s。

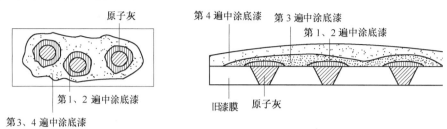

图 5-7　相邻原子灰修复块的中涂底漆喷涂

聚氨酯中涂底漆的喷涂方法与硝基类中涂底漆的一样，但聚氨酯中涂底漆每道形成的漆膜较厚，一般喷两遍就够了。若需更厚可喷 3 遍，比如旧漆膜剥离后的表面，如果直接喷涂中涂底漆，就需喷涂 3 遍。

当旧漆膜是硝基类涂料时，如果只在修补了原子灰的部分喷涂聚氨酯中涂底漆的话，则对于中涂底漆与旧漆膜的交界处，在喷涂了面漆之后，往往会起皱。为预防这一点，应在整块板上全部喷涂聚氨酯中涂底漆，如图 5-8 所示，先在原子灰表面薄薄地喷一层，然后整体喷涂两遍。

3. 喷涂中涂底漆的注意事项

（1）中涂底漆一次不能喷涂太厚。

分几次喷涂表面看起来拉长了施工时间，实际上，喷涂二道涂料时，边喷边用吹风机加快溶剂的挥发，比一次厚厚的喷涂干燥速度快，作业效率也高。其原因是若漆膜厚，溶剂会滞留在漆膜内难以挥发。因为溶剂的挥发速度与膜厚的二次方成反比，比如将分 3 次涂装的漆膜一次喷涂，则挥发速度反而大大减慢，使得打磨和修复无法进行，最终结果是作业速度下降。

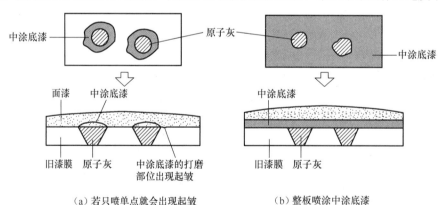

（a）若只喷单点就会出现起皱　　　　（b）整板喷涂中涂底漆

图 5-8　旧漆膜为硝基类涂料时中涂底漆的喷涂方法

如果一次喷涂过厚，会使溶剂残留在漆膜内难以挥发，如图 5-9 所示，原子灰边缘的旧漆膜会被浸润膨胀，在喷涂了面漆之后就会起皱，所以中涂底漆涂料切忌一次喷涂过厚。即使是所谓的厚涂型中涂底漆，也并不是指一次喷涂很厚，而是分几次喷涂，最终形成的中涂底漆涂层较厚。

（2）板件应干燥。

当气温低和湿度大的时候，应采用红外线烤灯或热风加热器，将涂装面加热到 25 ℃左右，以除去湿气。喷涂的中涂底漆黏度取 18～20 s 为宜，其他做法基本不变。加热干燥时，不能突然提高温度，而要渐渐加热，否则易产生大量的气孔。

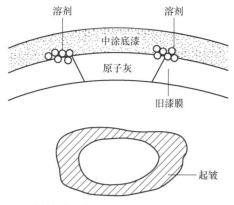

溶剂侵蚀旧漆膜，而原子灰部位已经硬化，
故在原子灰边缘起皱

图5-9　原子灰边缘起皱的原因

四、干燥中涂底漆

① 中涂底漆喷涂完后，闪干 10～15 min 后，即可拆除遮盖纸。

② 若采用常温干燥，则关好喷漆间的门，关闭相关电源即可。从表 5-2 中可查到，"鹦鹉"高浓度干磨中涂底漆（285-505）的常温（20 ℃）干燥时间为 3 h。

③ 若采用喷烤漆房烘烤干燥，则应先关闭喷漆开关，根据涂料产品说明书的规定，调好烘烤温度和时间，启动"烘烤"按钮，关好喷漆间的门即可。从表 5-2 中可查到，"鹦鹉"高浓度干磨中涂底漆（285-505）的烘烤干燥温度为 60 ℃时，干燥时间为 20 min。

④ 若采用红外线烤灯烘烤，操作方法须参阅烤灯的说明书。从表 5-2 中可查到，"鹦鹉"高浓度干磨中涂底漆（285-505）采用短波红外线烤灯烘烤时，时间为 9 min；使用中波红外线烤灯烘烤时，时间为 10～15 min。

如果干燥不充分，不仅打磨时涂料会填满砂纸，使作业难以进行，而且喷涂面漆之后，往往会出现漆膜缺陷。

五、检查中涂底漆喷涂效果

中涂底漆喷涂干燥后，应达到下列要求。

① 涂层丰满，达到规定厚度。

② 橘纹纹理均匀，能将所有缺陷部位完全遮盖，边缘过渡平顺、无明显凸台。

③ 无明显流挂产生，流挂高度不超过 1 mm，长度不超过 10 mm。

④ 无咬底、油点等漆膜缺陷。

⑤ 车身其他部位保护良好，无漆雾附着。

如果不能达到上述要求，视情况进行补喷。

寄语：精准的质量控制，是大国工匠的必备技能。

六、打磨中涂底漆

1. 手工湿打磨

从表 5-2 中可查到，"鹦鹉"高浓度干磨中涂底漆（285-505）用手工打磨垫配合砂纸湿打磨时，应使用软垫，最后一遍打磨用 P800 的砂纸，打磨范围应包括需喷涂面漆的旧漆膜。

湿打磨结束后，要用清水冲洗干净打磨部位，然后用红外线烤灯和热风加热器等将表面除湿干燥。

2. 用打磨机打磨

采用往复直线式打磨机（也可用双作用式打磨机），最好先用 P320 砂纸将凸起部位打磨平，随后用 P400 砂纸整体打磨（包括需喷涂面漆的旧漆膜）。

打磨过程中可配合使用炭粉作为打磨指导，以便获得良好的打磨效果。

打磨结束后，如图 5-10 所示，对玻璃滑槽缝隙、门把手、玻璃四周等边缘部位，要用刷子粘上研磨膏进行打磨，清除残余的污物，也可以使用 P2000 美容砂纸打磨。

中涂底漆打磨
与修整

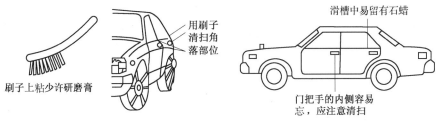

刷子上粘少许研磨膏　　用刷子清扫角落部位　　滑槽中易留有石蜡　　门把手的内侧容易忘，应注意清扫

图 5-10　边缘部位的清扫打磨

现在许多涂料生产商制造了免磨中涂底漆（如车用塑料件涂装系统中的中涂底漆 285-31），这类型的中涂底漆喷涂完后，表面非常平整且有一定的粗糙度，无须进行打磨即可喷涂面漆。但如果表面有灰点等喷涂缺陷，还需用细砂纸（可选用 P800 砂纸）打磨，表面效果会更好。

七、检查中涂底漆施工质量

中涂底漆施工结束后，应达到下列要求。

① 打磨彻底。对于整板喷涂，打磨露底范围要控制在 20 mm² 内，并且露底情况不明显。

② 打磨后表面光滑，无橘纹。

③ 所有需要喷涂的部位都要打磨到，不能有遗漏，尤其是窗口装饰条、板件边缘等部位更要打磨到。

项目六
面漆的调色

中涂底漆打磨完成后，即可准备喷涂面漆。为了使修复区域喷涂的面漆颜色与周边的旧漆膜的一致，必须对准备喷涂的面漆进行颜色调配，即调色（俗称调漆）。

汽车涂装用涂料（色母）本身有一定的颜色，但由于各种汽车的漆面颜色多种多样，而且还在不断地创新研发与应用，所以涂料生产商很难为新车生产企业的每一种车身颜色配备一种涂料。即在实际使用中，特别是在汽车的修复涂装时，往往购得的涂料的颜色与所维修汽车的表面颜色不同。这就必须对涂料的颜色进行调配，尽量使修复后的漆膜与原车漆膜颜色一致。根据色彩的基本知识和原理，再结合涂料使用的具体要求，进行面漆的调色。

所谓调色，是指根据颜色的三属性（色相、明度和彩度），将两种或两种以上的不同颜色的色母，按一定比例混合在一起，以产生所需要的理想颜色的过程，如图6-1所示。

图 6-1 调色概念（彩图）

在涂装工业中，调色是一种非常重要的基本技法，也是一种不容易掌握的技法。在涂料的调色中，首先要将材料的化学性质搞清，不同性质的涂料是不能进行色彩调配的。

|任务 6-1 素色漆的调色|

【任务引入】

由于素色漆中不含有金属粉粒（铝粉、云母粉等），漆面色彩呈单一性，从各角度观察基本一致，所以素色漆的调色工作也相对简单。

调色基本上是一个独立的工种，只有部分大型维修企业调色是由涂装工来完成的。本任务主要介绍调色的基本理论知识及素色漆的调色方法。

【学习目标】

1．知识目标

（1）能够正确解释色相、明度和彩度。

（2）能够正确描述调色的类型和次序。

（3）能够正确解释颜色的同色异谱现象和素色漆光谱特性。

（4）能够正确解释色母和颜色配方。

2．能力目标

（1）能够正确准备调色用工具、设备和材料。

（2）能够利用色卡进行素色漆的调色。

3．素质目标

（1）培养精准质量控制的职业素养。

（2）培养正确的审美观和敏锐的观察能力。

【相关知识学习】

一、色彩的属性

色彩的基本属性也称为色彩的三要素，包括色相（Hue）、明度（Value）和彩度（Chroma），又称为颜色的 3 个空间。要想完整、准确地描述一个颜色，需要包含这 3 方面的内容，缺一不可，如图 6-2 所示。

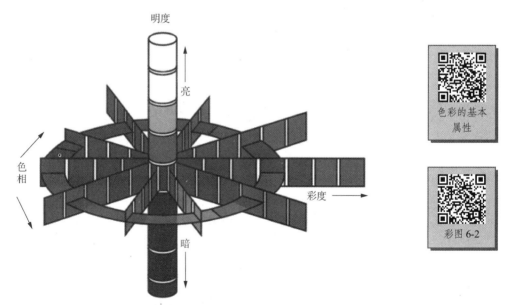

图 6-2　色彩的三要素（彩图）

1．色相

（1）定义。

色相就是色彩的相貌，是色彩呈现出的不同样子，可以用不同色名来解释。图 6-3 中，将 3 块颜色描述为红色、蓝色和绿色，就是说它们有不同的色相。

彩图 6-3～
彩图 6-5

图6-3　色相的含义（彩图）

色相（也叫色调或颜色名称，通常用 H 表示）是颜色之间的区别，是一定波长单色光的颜色相貌。它取决于光源的光谱组成以及物体表面对各种波长可见光的反射比例，表示物体的颜色在"质"方面的特性。

（2）色相的变化。

① 色环。色相是色彩的第一种属性，这一属性使人们可将物体描述为红色、橙色、黄色、绿色、蓝色和紫色等。色彩系统中基本的色相是红色、黄色和蓝色，它们也被称为三原色，几乎所有的颜色都可以用它们调配出来。而橙色、绿色、紫色又是红、黄、蓝三原色按1:1的比例两两调配出来的，被称为三间色。这6种颜色又统称为颜色的6种基本色相。把这些色相排列成一个圆环，沿着圆环的周边每向前一步，色相都会产生变化，如图6-4所示。

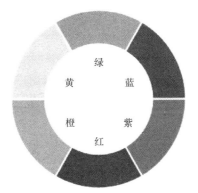

图6-4　六基本色色环（彩图）

② 补色。两种间色混调或三原色按不同比例混调而形成的颜色为复色。两种原色形成一种间色，另一种原色即补色，如图6-5所示；两种间色混合调为复色，与其相对应的另一种间色也称为补色。总之，在色环中，相互对应的颜色互为补色。

图6-5　三原色的补色（彩图）

如果混合两种互补色，将得到一种灰暗的颜色，这两种颜色相互减弱对方。所以在实际调色工作中，尽量不要使用补色。

③ 基准色。在从事颜色系统的工作时需要用到红色、黄色、蓝色、绿色、黑色和白色，这6种颜色称为基准色。

④ 消色。在原色、复色中加入一定量的白色，可调出粉红、浅红、浅蓝、浅天蓝、淡蓝、浅黄、牙黄、奶黄等深浅不一的多种颜色。加入黑色可调出棕色、灰色、褐色、墨绿等不同的

颜色。由于白色和黑色起到了消色的作用，因此将白色和黑色称为消色。

⑤ 色相的本质。若从色光的角度来看，色相又随波长变化而变化，如紫红、红、橘红等都代表红色类中间各个特定色相，这 3 种红之间的差别就属于色相差别。同样的色相可能较深或较浅。

色相是由波长决定的，不同的色相有着不同的波长。在光谱色中，从波长长端到波长短端的顺序为红、橙、黄、绿、蓝、紫。人的眼睛对不同波长的感觉度是有差异的，对 380～420 nm、530～580 nm、640～720 nm 波长阶段的色彩视知觉迟钝，对其余可视光波内的色彩视知觉敏锐，对红色和绿色的视知觉度最高，因此，一些重要的信号，如警示信号多用红、绿色。正常的眼睛可以分辨出 100 个左右的色相。因为存在视知觉迟钝的波长区域，所以实际的可见光连续光谱在人眼中是断续的（或者说是有递进级差的），如图 6-6 所示。

彩图 6-6 和
彩图 6-7

图 6-6　色相的断续性（彩图）

⑥ 色相的变化。三原色可以配成数不胜数的其他各种颜色。每两种原色混合就可得到一种间色。如黄+蓝=绿，红+黄=橙，蓝+红=紫。两种原色混合时，因比例不同，混合成的颜色就带有多原色色相。如黄和蓝混合，当黄色较多时成为黄绿，蓝色较多时成为蓝绿；同理，黄和红混合，会得到黄橙、红橙；红和蓝混合，会得到蓝紫、红紫；而红、黄、蓝混合在一起可成黑色。

颜色有很多种，但颜色群有着它们基本的颜色，即原色。万千种颜色都是以原色按一定规律混合而调配成的成色。成色之间相互交错混合，产生了颜色的无穷变化。颜色按照其三属性的基本特征，按有彩色与无彩色的规律进行多种变化，形成无数颜色的组合。

2. 明度

（1）定义。明度是人们看到颜色所引起视觉上明暗（深浅）程度的感觉（通常用 L 表示），也称作亮度、深浅度、光度或黑白度，用来说明从有色物体表面反射能量的多少，表示物体的颜色在"量"方面的特性。

（2）本质。明度随光辐射强度的变化而变化，是由光波波长的振幅大小差异决定的，振幅大明度就高，相反，振幅小明度就低。明度是色彩的第二个容易分辨出的属性，它表明某种色彩呈现出的深浅或明暗程度。同一色相可以有不同的明度，如图 6-7 所示，如红色就有深红、浅红之分。

高　　　　　　　　　　　　　　　　　　低

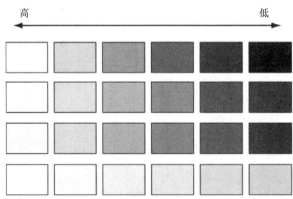

图 6-7　色彩的明度（彩图）

（3）度量。不同色相也有不同的明度，如在太阳光谱中，紫色明度最低，红色和绿色明度中等，黄色明度最高，人们感到黄色最亮就是这个道理。明度可标在刻度尺上，从黑至白依次排列，如图 6-8 所示（对于不同的表色体系，明度尺的级别数是不同的）。越近白色，明度越高；越近黑色，明度越低。因此无论哪种颜色加上白色，都会提高其混合色的明度；而加入灰色，明度则要根据灰色深浅而定。

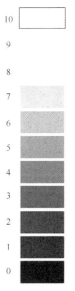

图 6-8　明度尺

3. 彩度

（1）定义。彩度是表示颜色偏离具有相同明度的灰色的程度，是颜色在心理上的纯度感觉（通常以 C 表示）。彩度还有鲜艳度、纯度或饱和度之称。彩度是色彩的第三个属性，也是一种不易觉察并经常受到曲解的性质。除非我们比较同一色相和明度的两种颜色，我们才会意识到它的表现形式。做这种比较时，我们通常会使用"鲜艳"或"黯淡"、"鲜亮"或"浑浊"这样一些词语来进行描述。如图 6-9 所示，在圆中央，颜色看上去很黯淡，而在圆的外围，颜色看上去更加鲜亮，因此外围的彩度值要比中央处的高。

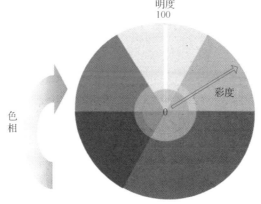

图 6-9　彩度表示（彩图）

彩图 6-9 和
彩图 6-10

（2）变化。从图 6-10 中可以明显看出各种颜色的彩度变化。当某一种颜色浓淡程度达到饱和，而又无白色、灰色或黑色掺入其中时，即称正色。在正色的基础上，若有黑色、灰色掺入，即过饱和色；若有白色掺入，即未饱和色。

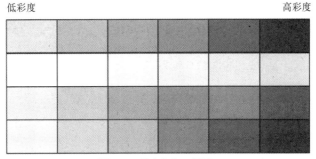

图 6-10　彩度变化（彩图）

（3）本质。物体反射出的光线的单色性越强，物体颜色的彩度值越高。每个色相都有不同的彩度变化，正色（标准色）的彩度最高（其中红色最高，绿色低一些，其他居中），黑色、白色、灰色的彩度最低，被定为零，称之为消色或无彩色。除此之外其他颜色称为有彩色。有彩色有色相、明度和彩度变化；无彩色只有明度变化，没有色相和彩度变化。无彩色从白到黑的不同层次为明度等级，从0～10共11个等级。

同一色彩加黑色、加白色在改变该色彩明度的同时，彩度也相应地改变，因此，同一色相的彩度与明度相关，加的黑色或加的白色越多，彩度就越低。

（4）颜色立体球。如果将色相连续起来，并且每种色相均以其标准色为最高彩度等级，再按明度连续变化，则构成了颜色立体球，如图6-11所示。由于各色相的彩度值不同，所以实际的颜色立体球并不是标准的球形。

彩图6-11和
彩图6-12

图6-11 颜色立体球（彩图）

（5）颜色三维坐标。为了准确地描述某一个颜色，人们发明了颜色三维坐标，如图6-12所示。其中"L"为明度，相当于空间三维坐标的垂直轴（z轴），共分100个等级；"a"值表示红绿值，相当于空间三维坐标的x值；"b"表示黄蓝值，相当于空间三维坐标的y值。这样在颜色三维坐标中的任何一点，均可用L、a、b这3个具体的数值来表示；同样，任何一组L、a、b数值，可确切地表示某一个颜色。

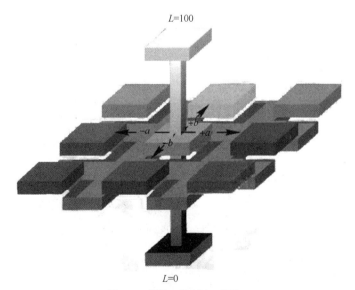

图6-12 颜色三维坐标（彩图）

二、颜色的调配

1. 颜色调配的类型

不同的色彩通过混合形成新的色彩的过程称为颜色混合，也就是颜色调配。颜色的混合有 3 种方式，即有色光混合、颜料混合和视觉混合。有色光混合也称为加色混合，颜料混合又称为减色混合，视觉混合也称为空间混合。空间混合也是颜料混合，但不是颜料间直接调和，而是通过色点、色线或色块的并置，通过一定的观看距离在视觉中产生的颜色混合。

（1）加色混合。

加色混合即光色混合，混合的结果是色彩的彩度不变，而明度增加。如图 6-13 所示，将色光的三原色中的每两种色光混合透射到白色平面屏幕上，红光和绿光叠射出黄色，红光和蓝光叠射出品红色，蓝光和绿光叠射出青色，黄色、品红、青色是光色三间色。红光、绿光、蓝光 3 种色光完全混合，叠射出的是白色。

（2）减色混合。

减色混合即颜料混合，混合的结果是彩度降低。颜料混合得越多，色彩的彩度就越低。色料三原色：蓝（青色 Cyan）、红（品红 Magenta）、黄（Yellow）中两个原色相互混合，调配出色料三间色，即橙色、绿色、紫色，色料的三原色完全混合调配出黑色，如图 6-14 所示。汽车涂装的涂料调色就是减色混合的应用。

彩图 6-13 和彩图 6-14

图 6-13　加色混合（彩图）　　　　图 6-14　减色混合（彩图）

2. 涂料的配色

与涂料颜色匹配的三原色是品红、黄、青，而不是通常所讲的红、黄、蓝。但是在涂料配色实践中因为没有品红、青这两种颜色的颜料，所以涂料颜色只能用红、黄、蓝 3 色来配制，习惯上把红、黄、蓝称为三基色，将橙、绿、紫称为次级色。

3. 颜色对比

颜色的对比调和需用对比色来进行检验，如果没有对比色来检验就很难说颜色调和得准确与否。颜色的对比方法有两种，一种是同光谱色对比，即同色相的颜色进行对比，这种方法可采用光泽计、光电比色仪、分光光度计等仪器进行检测对比；另一种是不同色相、不同明度、不同彩度的对比方法，即在没有检测设备、仪器时用目测对比，多数是根据标准色卡相对比的，其关键是标准色卡要制作得非常准确。标准色卡应以光谱色作为标准制作。颜色的对比内容包括色相、明度和彩度的对比。对比时所用的色卡面积不宜过小，应在具有足够自然光线下或人工照明的条件下才能对比得更为准确。

4. 调色的次序

以基本色调配颜色时，首先要找出主色，并依次找出调配时使用的其他颜色，最后才可加入补色和消色。调配两相近色相的颜色时，一般都可以调配出鲜艳明快的颜色，其颜色柔和协调。补色用于调整灰色相，所有颜色与其补色相调配都会调出灰色相，是较为暗沉的色相，因此在调配颜色时，补色一定要慢慢地、少量地加入，否则加入量过大则很难调整过来。消色同样也要慎重、少量、慢慢地加入，一次加入量过多也很难调整过来。复色调整时应将主、次色搞清楚，按比例顺序逐步加入。用实色调整的颜色应在色相调好后，再调明度，最后调整彩度，使颜色调配时有顺序、有层次、按步骤地进行，这样才能调得又快又准确。

当需要调配某种颜色的涂料时，首先应分析判断它是由哪几种色漆组成的，哪种是主色，哪种是副色，拟出配方，再经过认真细致的小样调试对比，找出正确的配比情况，最后进行调配。

三、颜色的同色异谱现象

在不同条件下对比颜色得到不同结果的现象称为颜色的同色异谱现象，也称为颜色异构。当一对颜色在某一光源下，所呈现的颜色是相同的，而在另外的光源下，其呈现的颜色有差异，此现象称为照明体同色异谱；如果颜色不匹配是由观察者的变化所引起，则产生的现象称为观察者同色异谱；如果一对颜色在某一检测角度下相匹配，但角度改变则不相匹配，这种现象称为几何同色异谱。例如，在 D65 光源下对比两块板，颜色一致，而在荧光灯下却出现明显的色差，如图 6-15 和图 6-16 所示，这便是典型的照明体同色异谱现象。

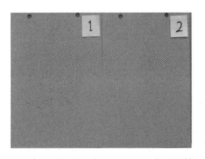

图 6-15　照明体同色异谱现象（在 D65 光源下的对比情况）（彩图）

图 6-16　照明体同色异谱现象（在荧光灯下的对比情况）（彩图）

物体常处在各种不同光源的照明下，主要的光源是太阳和灯泡。光源不同，物体的颜色就会有差异，为了统一测量标准，国际照明委员会（CIE）规定了标准光源。CIE 对颜色的评价是在它规定的光源下进行的。D65 光源、A 光源、F 光源等为 CIE 规定的标准光源。在天气情况良好的前提下，调色的最佳时间是上午 10 点到下午 3 点。当太阳光线的条件不具备，但还需要调色时就要使用 CIE 规定的标准光源进行颜色对比，使所调配的颜色尽可能准确。

四、素色漆的光谱特性

在汽车涂装中，汽车面漆的颜色可分为两大类：素色（也称为本色、纯色）和金属色（也称为闪光色）。素色按其色彩又可分为有彩色（指红色、黄色、蓝色、绿色等）和无彩色（指白色、灰色、黑色等）。金属色也可细分为金属闪光色和珠光色，并有彩色化的倾向。

素色面漆是用一般着色颜料配制的面漆，其着色均匀，漆膜不透明。光线照射到素色漆漆膜表面，颜料对其选择性吸收后，再经过颜料颗粒散射到各个方向，如图6-17所示。只要在反射光的一侧观察，观察的角度对颜色影响不大。一般取45°作为对比颜色的观察角度。

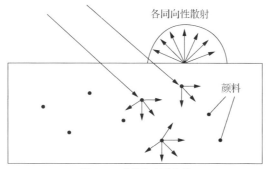

图 6-17　素色漆光谱特性

五、色母

（1）色母与色母系统。

在汽车修补漆配套产品系列中，通常将用于调色的带有某种颜色的面漆（或底色漆）称为色母，具有某些共同特点的色母群称为色母系统。目前汽车修补涂料主要采取两种方法设计色母系统。

① 按色母中加入的树脂或颜料不同分为多个系列。如"鹦鹉"汽车修补漆系列中，"22-"（22系列）代表素色面漆色母；"55-"（55系列）系列代表金属色面漆色母；"90-"（90系列）为水性漆色母；根据加入的颜料不同分为银粉色母和珍珠色母。

素色色母用于调配素色（纯色）面漆，颜色配方组分中不含银粉色母和珍珠色母；金属色色母中的一部分可用来调配素色面漆，一部分可用来调配银粉面漆（配方中有银粉色母，漆膜呈现较强的金属闪光感）或珍珠漆（配方中含有珍珠色母，漆膜呈现多彩色）。

② 只使用一套色母，调色后在色母中加入树脂，由加入的树脂类型决定面漆的性质是单工序、双工序或三工序。美国PPG汽车修补漆采用的就是该种色母系统。

（2）色母的种类。

按施工时是否需要添加固化剂，色母分为1K色母和2K色母。

① 1K色母。1K色母指单组分色母，依靠溶剂的挥发固化成膜。

在汽车修补漆系列中，有1K素色色母、1K银粉色母、1K珍珠色母、1K中涂底漆（苏灰土）等。要求其涂层附着力强、耐候性好、平整光滑，银粉或云母粉排列均匀、清晰，经配套清漆罩光后具有优良的光泽度和鲜映性。

1K色母调配出来的修补漆一般用作底漆和色漆，作为汽车涂装修复双工序工艺的第一道工序用漆。其干燥后必须喷涂2K罩光清漆覆盖。在喷涂时一般程序为"色漆+稀释剂"直接施工，无须添加固化剂。

② 2K色母。2K色母指双组分色母，使用时需添加一定比例的固化剂才能产生化学反应以达到固化成膜与干燥的效果。

在汽车修补漆系列中，有2K素色色母、2K罩光清漆和2K环氧底漆等。它们均要求有良好的丰满度和光泽度，且漆膜坚实，耐候性好。

用2K色母调配而成的修补漆可直接作面漆，无须加喷罩光清漆覆盖。在喷涂时按"色漆+固化剂+稀释剂"配套施工。

（3）色母代号。

涂料供应商按一定规则给每种色母编一个代码，具有相同特征代码的色母构成一个系列，各个系列的色母不能通用。

六、颜色配方

车身涂层的颜色大都是通过几种色母按比例混合后获得的，所使用的各种色母及其用量，即该涂层的颜色配方。

颜色调配可分为两类：质量制与容量制，两者特性对比见表 6-1。车身涂料大部分都是采用质量（克）制来调配的，但是包装都以容量（升）为量纲。

表 6-1 质量制与容量制调配涂料法特性对比

项目	质量制	容量制
容器选择	将涂料倒入天平上的容器内，无须使用特殊容器	将涂料倒至容器预先设定的容积记号处，也有用压缩空气警示系统代替记号的。两者均需使用平底且在可用高度内有均一横断面的容器
质量、容器到达所需值时的操作	操作人员倒涂料时应注视天平指针（或数字）。决定何时停止的技巧则靠经验。电子秤可使此操作变得较容易	操作人员观察涂料水平面，在到达刻度时停止倾倒。刻度在小容器内部时，不易观察。加装液表面时可帮助操作，但操作人员的反应仍会影响效果

混合 1L 涂料需要的配方称为标准配方，表 6-2 所示为 BASF 汽车涂料系列中的一个品牌"百士利"汽车修补漆 LB5N（颜色代码）标准配方。标准配方中包含 1L 单量配方（各种色母后的容积代表它的实际容积）和 1L 累积配方（每种色母后的容积为本身和以前色母的容积和）。还需要注意的是，在配方中涂料是按体积计算的，而色母的加入量是按质量计算的，由于涂料的体积比例与质量比例几乎成正比关系，所以实际操作中虽然按质量比调配，但最终获得的颜色是一致的。

颜色配方

涂料供应商提供的都是标准配方，实际工作中可以根据需要的调漆量，按比例去调整。比如需要调颜色代码为 LB5N 的涂料 0.2 L，将配方中所有色母的量除以 5 即可。

表 6-2 颜色代码为 LB5N 的标准配方

色号：LB5N		
车色：珠光靓蓝（偏浅红）		
车型：捷达/宝来		
色母	1 L 单量配方/g	1 L 累积配方/g
35-M00	257.6	267.6
35-M1510	331.1	598.7
35-M351	172.1	770.8
35-M1910	61.0	831.8
35-M1540	45.9	877.7
35-M1920	33.3	911.0
35-M1120	9.8	920.8
35-M1010	1.0	921.8

七、调色工具

1. 色母特性图（表）

为了调色方便，涂料生产商都会提供配套的色母特性图（也称为色母挂图）。各涂料生产商提供的色母特性图形式不一样，但基本原理是一样的。图 6-18 所示为"鹦鹉"汽车修补漆 22 系列色母特性图，从该图中很容易找到各种色母的特性。其中 M326、M43、M40、M68、

M52、M30 分别为红、橙、黄、绿、青、紫 6 种基本色母，它们的色相最纯，彩度最高。色母特性图的中心明度最低。这样就能很容易地判定出其他任何一种色母的特性，比如色母 A146 为偏绿黄。图中指向中心的箭头表示明度降低，指向右上方的箭头表示明度升高，即 M26 为最黑的黑色母，而 M60 为最白的白色母。从图 6-18 中看到的 M60 为黑色只是一种表示方法，因为在白色的背景（纸的颜色）下体现不出白色，所以用黑色的显示。

　　色母特性图既有色母代号，又有颜色显示，是十分全面、十分直观的颜色查询资料。

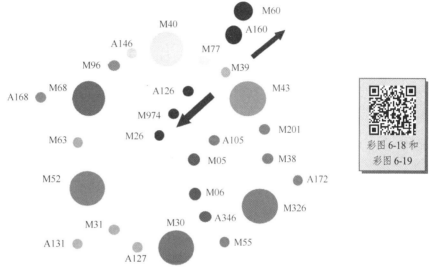

彩图 6-18 和
彩图 6-19

图 6-18　"鹦鹉"汽车修补漆 22 系列色母特性图（彩图）

　　图 6-18 所示的色母特性图，对于一个确定的颜色表示并不是很全面，如对颜色的彩度（业内称纯净度）表示得不十分清楚，所以最好采用图 6-19 所示的色母特性图。

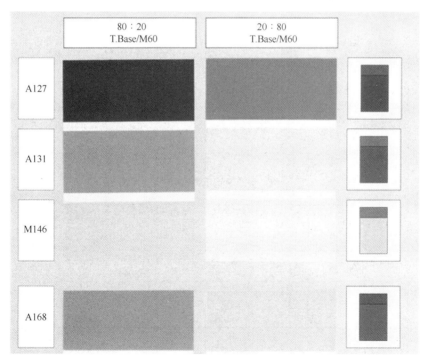

图 6-19　"鹦鹉"汽车修补漆 22 系列色母特性图部分示例（彩图）

图 6-19 中最左边的为色母代号；中间第一个色块表示某色母（如 A131）与 M60（白色色母）以 80：20 比例混合后的颜色；中间第二个色块表示某色母（如 A131）与 M60（白色色母）以 20：80 比例混合后的颜色；最右边为色母的特性图，其含义如图 6-20 所示。

需要说明的是，在"鹦鹉"色母特性图中，引入纯净度概念，这与色彩三属性中的彩度是两种含义。纯净度表示某一色母的加入会对混合后颜色彩度的影响，以色母特性图中的背景色来表示。如果某色母的背景色为白色，表示高纯净度，向带有该色调的配方中添加该色母会提高混合色的纯净度，但向不带有该色相的配方中添加该色母，会降低纯净度；如果某色母的背景色为灰色，表示低纯净度，无论配方中是否带有该色母的主色相，添加后均会降低纯净度。

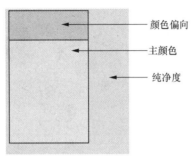

颜色偏向

主颜色

纯净度

彩图 6-20

图 6-20 "鹦鹉"汽车修补漆 22 系列的色母特性图含义（彩图）

图 6-18 表示的色母特性也可用表 6-3 的形式来表现。例如调紫色，从表 6-3 中可查得紫色群组中有显蓝色的 M31 和 M52，还有显红色的 A346 和 M66，既可用 M31 或 M52 来调配显蓝色相的紫色，也可用 A346 或 M66 调配显红色相的紫色。但是对于 M31 和 M52 的选取或者 A346 与 M66 的选取仍需借助色母特性图，因为每组中各色母还是有差别的。决定取哪些色母相互调色，最终还是以所采用的颜色配方为准。

色母特性表的缺点是没有颜色显示而不够直观，且表述不全面。

表 6-3　　　　　　　　　　"鹦鹉" 22 系列 HS 2K 面漆颜色走向特点

面漆颜色	更紫	更蓝	更绿	更黄		更橙	更红	更浅	更脏
白色		A131	A168	A105		A172	M06		
灰色	A127	M31 M52 M63	M68 M96	M05 M40	M43 M146	M38 M201	M06		
紫色		M31 M52					A346 M66		
蓝色	A127		M68 M96	M05 M43 M146	M40 M77		M06 M55	仅加白色	仅加黑色
绿色		M52 M63		M05 M43 M146	M40 M77	M201			
黄色		A131	A168			A172 M201	M06		
米黄	M30	A131	A168	M05 M43 M146	M40 M77		A346 M06 M320		
橙色				M05 M43 M146	M46 M77		A346 M06 M326		

续表

面漆颜色	更紫	更蓝	更绿	更黄		更橙	更红	更浅	更脏
酒红色	A127 M30	M31		M05 M39 M43		M38 M201	A346 M06 M326	仅加 白色	仅加 黑色
红色	M30	A131		M05 M43 M146	M40 M77	M38 M201			

注：请使用配方中所含的色母。

涂料生产商有时还会将色母特性图制成卡片，其表示的内容与色母特性图一致。图 6-21 所示为"鹦鹉"色母 A335 的色母特性卡，其特点与色母特性图的相似，但需要翻页查找，相对比较费时间。

彩图 6-21

图 6-21　"鹦鹉"色母 A335 的色母特性卡（彩图）

在色母特性图上，都会配有色轮图，用于指导颜色微调。图 6-22 所示为实创斯卡夫 M 系列色母特性图中的色轮图。从图中可以查到每种色母在色轮中的位置，即色母的主色相颜色，但是色母对应的颜色点不是十分确定，需要一定的经验才能准确判断，精确的判断还需要配合色母特性图。

2. 标准色卡

色卡根据车辆的产地分成几册，有国产车色卡、欧美车色卡、日本车色卡等，图 6-23 所示为立邦公司提供的国产车色卡册（也称色卡扇）。每一册又根据车辆制造商或颜色组别分类，例如国产车色卡里根据厂名分为上海大众车色卡、一汽丰田车色卡、北京现代车色卡等，根据车型去查找需要的颜色。色卡的正面是标准油漆小样，背面为颜色名称、代号和颜色配方等，如图 6-24 所示。

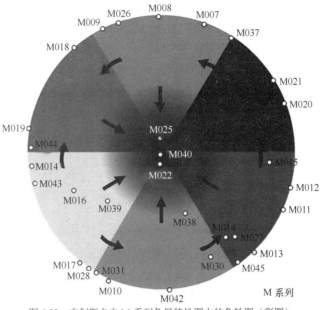

彩图 6-22 和
彩图 6-23

图 6-22　实创斯卡夫 M 系列色母特性图中的色轮图（彩图）

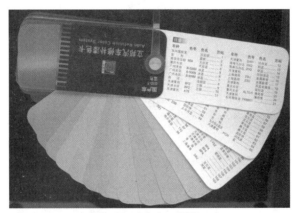

图 6-23　色卡扇（彩图）

图 6-24　色卡正反面

3. 电子秤

如图 6-25 所示，电子秤为精确的称量工具，其精确度为 0.1 g，调色时可利用电子秤称量颜色配方中各色母质量。

4. 试板

为了进行颜色对比，需要喷涂试板。汽车维修业常用扑克牌作为试板，但因为扑克牌是纸质材料，与实际车身板件相差较大，而且面积太小，故易产生调色误差。标准的试板也有不同的形式，其材料均为钢板，表面已喷涂了底漆，并且有黑色条纹（有的为黑白相间的方格），如图 6-26 和图 6-27 所示。

图 6-25　电子秤

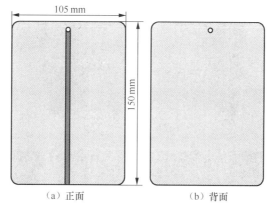

105 mm

150 mm

（a）正面　　　　　　　（b）背面

图 6-26　标准试板样（一）

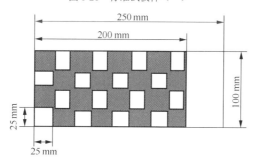

250 mm

200 mm

100 mm

25 mm

25 mm

图 6-27　标准试板样（二）

喷涂试板时，最好选择有条纹的一面，喷涂面漆的厚度应使黑白底色达到完全遮盖，即正、侧面观察看不出底漆的黑白颜色。

5. 配色灯

车间的光线有时不能满足比色的需要，因此，调漆间有必要配备配色灯。配色灯是以标准光源制作的，形式多种。图 6-28 所示为简单的配色灯外形。

图 6-28　配色灯外形

精确的比色，需要将试板与标准板（车身板）在不同的标准光源下对比，所以还应配备标准比色灯箱，如图6-29所示。常用的比色灯箱有3种光源，即白炽灯、相当于午间太阳光的光源和D65光源，用这3种光源的效果如图6-30所示。

图6-29　标准比色灯箱

（a）白炽灯　　　　　　　（b）相当于午间太阳光的光源　　　　　　（c）D65光源

图6-30　标准比色灯箱的3种光源效果（彩图）

6. 计算机调色工具

如图6-31所示，计算机调色工具由颜色光盘、光盘读取器、终端、专用电子秤等组成。

① 颜色光盘由涂料生产商提供，光盘内包含所有本品牌涂料的颜色说明、调色配方以及国际代码/厂商代码/生产代码等颜色信息，并且会定期更新，以满足车身颜色变化的需求。

② 光盘读取器读取颜色光盘内的数据，连接终端。

③ 终端连接光盘读取器，显示操作界面，选择产品系列和相关数值，指导调色。

④ 专用电子秤与终端相连，通过终端确定分量，也可以单独称量。

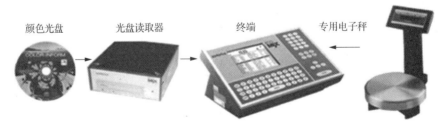

图6-31　计算机调色工具

7. 其他调色工具

调色时，为了喷涂试板，还需要调漆杯（罐）、调漆比例尺（简称调漆尺）、搅拌棒、烘箱等。

① 调漆杯（罐）最好使用铁质或塑料材质的，且高度方向上下等粗，如图6-32（a）所示。但如果调漆杯的外表面带有容积刻度，一般制成上口大、底部小的形状，如图6-32（b）所示。

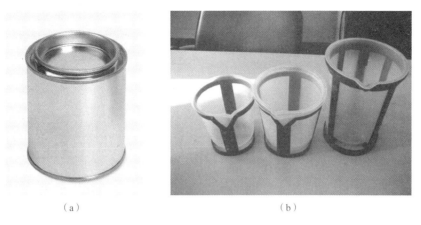

（a）　　　　　　　　　　　　　　（b）

图6-32　调漆杯（罐）

② 搅拌棒最好使用专用的，实际调漆中经常使用调漆比例尺来代替搅拌棒，如图 6-33 所示。

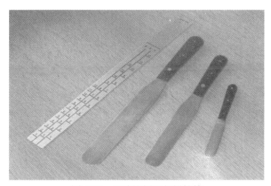

图6-33　调漆比例尺与搅拌棒

③ 烘箱是一种强制烘干试板的烘干设备，如图6-34所示。

图6-34　烘箱

八、调色工艺程序

调色工艺程序如图6-35所示。

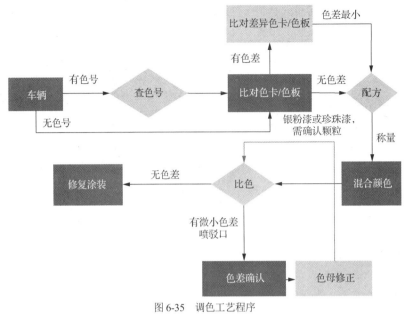

图 6-35　调色工艺程序

【技能学习】

一、准备工作

1. 劳动安全与卫生

调色的劳动安全与卫生注意事项与底漆喷涂的相同。

2. 准备试板

① 如果试板有涂层或有锈蚀等，需用 P600 砂纸打磨。

② 对试板进行除尘与除油操作。

3. 准备电子秤

① 水平放置电子秤，避免高温、振动，将电子秤的电源插头插入相应的插座内。

② 打开电子秤总电源开关，按下电子秤电源键，预热 5 min。

③ 按下归零键，如图 6-36 所示。

电子秤的使用

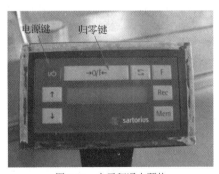

图 6-36　电子秤通电预热

4. 准备色母和工具

① 色母已经搅拌均匀。

② 色母的数量足够。

③ 调配涂料的罐是干净的。

④ 搅拌棒已准备好。

二、调色操作

1. 确定比色样板

因为有的汽车漆膜已褪色，有的已喷涂过其他颜色。在确定修复部位的颜色样板之前，一定要清洗、抛光，去除旧面漆上的粉尘和氧化层，最好将样板色与车身颜色对比一下，找到比较统一的颜色作为调色样板色，或根据车主的要求指定汽车某部位（如加油口盖）作为调色样板。

2. 查找汽车涂层颜色资料

对于部分车型，可以通过原厂提供的涂装资料，来确定涂料的品种、涂层层次关系，确定相配套的修复所需涂料及涂装工艺等。

对于大部分车型，特别是进口车型，车身铭牌上都标有涂层颜色的代码（车体色内饰），如图 6-37 所示。它标明了该车车身及某些部位的涂层颜色代码。根据这一代码通过色卡或计算机资料即可找到涂层信息。所以通常在进行调漆之前，都要在车中找到所需颜色的代码。

各汽车公司生产的不同型号汽车，其颜色代码标志的位置也不相同。例如，宝马轿车的颜色代码通常在发动机舱左（右）前纵梁附近及散热器框架上，如图 6-38 所示，从图上可以看到其颜色代码为 303。

图 6-37　汽车铭牌上的涂层颜色代码（车体色内饰）

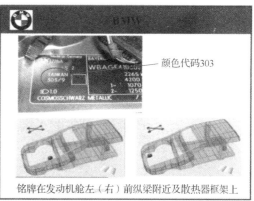

铭牌在发动机舱左（右）前纵梁附近及散热器框架上

图 6-38　宝马轿车的颜色代码标志位置

 注　意

同一辆车上，可能会在不同的位置均能找到颜色代码，查阅时应仔细观察。通常在汽车铭牌上的颜色代码为主车身颜色代码，其他位置可能会表示车身的其他部位的颜色代码（如保险杠、内饰、仪表台等）。

3. 利用颜色代码调色

如果能够找到涂层颜色代码（例如查得的颜色代码为 A4D），则按下述程序进行调色（以"鹦鹉"漆为例）。

（1）查阅配方。

① 按所查得的颜色代码 A4D，找到相应的色卡。

② 在要修复区域附近并且颜色一致处用抛光蜡抛光（或用 P2000 砂纸轻轻打磨）。

③ 将所选的色卡与车身（或与样板）颜色相对比，如图 6-39 所示，如果颜色很接近，则选定该张色卡。比色时，如果所选的色卡颜色与车身颜色差别较大，可在 A4D 色卡的差异色（相似色）卡中找到最接近的色卡。差异色卡是涂料生产商考虑到新车制造时可能因涂料批次不同、工艺的微小变动、涂料生产商制作色卡的工艺与新车涂装工艺的差别、汽车漆膜随时间的颜色变化等因素造成车身颜色差异，有意制作的与主色卡颜色有一定差异的色卡（或色块）。

彩图 6-39

（a）与车身对比颜色　　　　（b）与样板对比颜色

图 6-39　对比颜色（彩图）

④ 从色卡的背面读取配方，如图 6-40 所示。由于 A4D 车色的配方比较简单，因此色卡背面只显示了 4 种配方。其中上面的 2 组为标准配方；下面的 2 组为差异色配方。标准配方的第一组为 55 系列 1K 色母的配方，用于双工序漆膜；第二组为 22 系列 2K 色母配方，用于单工序漆膜。差异色中的 2 组配方与标准色配方相似。实际操作中，对简单的配方（即每种颜色的色母只有一种），通常不需要考虑差异色配方，只要利用标准配方进行微调即可。这里，通过了精确的比对，选择了差异色（偏深黄），所以应选用配方表中最下面的一组配方。

车色:A4D/北极白(标准)		
车型:马自达6		
色母	1升单量	1升累计
352-91	175.2	175.2
55-M25	779.8	955.0
55-A927	53.9	1008.9
55-A137	52.1	1061.0
55-A307	12.6	1073.6
522-M0	195.8	195.8
22-M60	1047.2	1243.0
22-A126	37.8	1280.8
22-A105	15.8	1296.6
22-A131	3.1	1299.7

车色:A4D/北极白(偏深黄)		
车型:马自达6		
色母	1升单量	1升累计
352-91	174.0	174.0
55-M25	781.9	955.9
55-A137	68.6	1024.5
55-A927	49.8	1074.3
522-M0	198.4	198.4
22-M60	970.8	1169.2
22-A105	57.9	1227.1
22-A126	39.3	1266.4
22-A131	11.7	1278.1

素色面漆颜色
配方的获得

图 6-40　色卡背面的配方

如未能找到颜色代码，按下述程序获得颜色配方。

a. 选出有关的汽车制造商色卡盒。

b. 选出合适的色卡组，如图 6-41 所示。

c. 用颜色近似的色卡逐一与车身对照，选出最吻合的颜色，如图 6-42 所示。

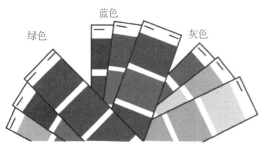

彩图 6-41 和
彩图 6-42

图 6-41　选出合适的色卡组（彩图）　　　图 6-42　对照车身选出最吻合的颜色（彩图）

d. 从色卡背面读取配方。

（2）计算配方。

根据实际需要调配涂料量，重新计算配方。通常，调色时按选定的配方混合色母的总量为实际修复涂装用量再加 0.2～0.3 L。假设实际修复区域喷涂面漆的用量约 0.2 L，则配色时最好选定 0.4～0.5 L 混合量。例如，准备混合 0.5 L 色母，其配方见表 6-4，即调漆总量为 638.9 g。

表 6-4　　　　　　　　　　　　A4D 涂料配方（计算后）

颜色代号：A4D/北极白（偏深黄）				
车型：马自达 6				
色母	1 L 单量/g	1 L 累积/g	0.5 L 单量/g	0.5 L 累积/g
522-M0	198.4	198.4	99.2	99.2
22-M60	970.8	1169.2	485.4	584.6
22-A105	57.9	1227.1	28.9	613.5
22-A126	39.3	1266.4	19.6	633.1
22-A131	11.7	1278.1	5.8	638.9

参考色卡时需要注意以下事项。

① 所有色卡都是用自动喷涂机喷涂的，喷涂的效果与手工喷涂的效果肯定不同。但由于手工喷涂的灵活性，有时通过改变喷涂的方式也可得到色卡所显示的颜色。

② 在比较色卡和车身颜色时要考虑到所有造成误差的因素，因为一个色卡与车身完全相符的情况出现的概率非常低。

③ 调配素色漆时，选择颜色的彩度和明度比车身颜色高的色卡，在这个色卡的配方基础上调色，因为素色漆很容易从鲜艳、明亮向灰暗方向调整；调配金属（珍珠）漆时，找一个侧视稍暗的色卡或一个正视偏亮、侧视偏暗的色卡，在这个色卡的配方基础上调色，很容易通过加多控色剂或白色把颜色校正过来。

（3）计量添加色母。

① 最好是在电子秤座上垫上一张纸，将调漆杯放于纸上。

② 按表 6-4 中调配 0.5 L 总量的配方所列色母的顺序及质量添加色母，即 522-M0→22-M60→22-A105→22-A126→22-A131，如图 6-43 所示，最终得到总量为 638.9g 的色浆（各色母的混合物，下同）。

在添加色母时，最好首先倾斜调漆罐，然后逐渐拉操纵杆，让色母慢慢倒出。如果先拉操纵杆，那么当调漆罐倾斜时，可能有大量色母涌出而造成过量添加。为了在即将添加结束时进行精细控制，必须小心操作操纵杆，以控制色母流量，如图 6-44 所示。

图 6-43　计量添加色母

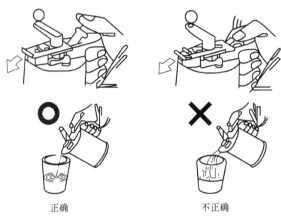

正确　　　　　　　　　不正确

图 6-44　倾倒色母

虽然各种色母的密度不同，但通常情况下，3 滴色母的质量约为 0.1 g。根据这一规律，在添加含量较少的色母时一定要仔细称重，因为含量少的色母的添加误差对颜色的影响很大。称量误差为 0.1 g 时，不同用量色母对颜色的影响见表 6-5。

表 6-5　　　　　　　　　　称量误差为 0.1 g 时不同用量色母对配方的影响

色母	累积/g	单量/g	多加量/g	所占比例/%
M0	198.0	198.0	+0.1	0.050
M60	1230.1	1032.1	+0.1	0.010
A105	1275.6	45.5	+0.1	0.220
M26	1302.2	26.6	+0.1	0.380
M77	1306.7	4.5	+0.1	2.222

在添加完所有色母后，要用搅拌棒或调漆比例尺混合涂料，以产生均匀的颜色。如果涂料黏附到容器的内壁，要用搅拌棒刮下涂料，以防产生色差。

 注　意

如果配方中各色母给出的质量值不是累积值，则每次添加一种色母后，应将电子秤归零。除第一个添加的色母外，如果添加了过多的色母，则需要重新调配，否则应进行麻烦的配方计算。

计量添加色母时应注意以下几点。

① 有把握时可以一次调够量，没有把握时可先根据配方调出小样。

② 若对某个色母量没有完全把握，可以先少加点，即采用"宁少勿多"的原则。

③ 应该把电子秤放在稳定的桌面上，减少因为振动引起的误差。

④ 尽量避免因空气对流而影响电子秤的准确度，例如风、人员走动、门窗开关等。

⑤ 注意电子秤精度的影响。现在修复涂装用的电子秤精度都是 0.1 g，第二位的小数部分看不到，需要估算。电子秤不具备四舍五入的功能，如 0.17 g，电子秤便显示 0.1 g，所以实际的质量一般比显示的质量大。因此，在理论上要准确调配一个配方，每种色母的最小加入量应该在 0.5 g，当配方量放大到 1 L 的配方时，颜色也是准确的。

⑥ 注意累积量和单量的区别。很多调漆人员习惯使用每次加完色母后电子秤不归零的方式（即采用累积量方式调色），每次的误差不断积累起来后，后面所加的色母会偏少。如涂料的质量是 8.19 g，显示是 8.1 g，这时只要滴加一滴色母，电子秤立即显示 8.2 g。这种差量虽然不大，但在添加含量少的色母时，误差就会很大。

如果不想因某种色母加入过多而造成重新称量和浪费涂料，可利用电子秤的重新计算功能，其操作过程随电子秤的不同而不同，具体操作方法请参阅电子秤的使用说明。

（4）湿比色。

将搅拌均匀的涂料涂在一张纸板片上，在自然光下仔细观察颜色情况，要从色相、明度、彩度 3 方面与待调配的标准色板进行比对（本例虽为无彩色中有白色，但有其他彩色成分，所以需要对颜色三属性均做对比），或借助搅拌棒（或调漆比例尺）上黏附的涂料与标准色板（或车身）进行湿比色。

在进行湿比色时，除前面述及的色卡比色注意事项外，还要注意湿色与干色的差别。涂料从湿色干燥后，颜色会变深。原因是搅拌好的涂料中，较重的色母来不及沉降，如图 6-45 所示。所以所调配好的湿色应比车色（或样板色）稍浅是正确的。

A：白色　　B：黑色　　C：蓝色　　　A：干燥后　　B：刚施涂后

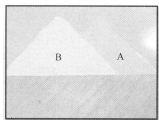

彩图 6-45

图 6-45　湿色与干色差异的原因（彩图）

湿比色误差较大，所以精确的配色不能用湿比色作为最终结果，通常其只用于判断混合的均匀程度，并粗略判断需微调的成分，做到心中有数，而不必进行微调。

比色时需要注意以下几点。

① 在光线充足的地方，最好在室外不受日光灯、装饰物、树木的反射光等影响的地方。

② 不要在阳光直射或光线不足时比对颜色。

③ 当不得不在日光灯或喷烤漆房内比对颜色时，应注意同色异谱现象。

影响颜色调配准确性的因素

④ 存在微小色差时，正确判断哪些是不得不微调的、哪些是可以利用喷涂方式修正的。

⑤ 充分考虑周围的影响因素，如墙壁、车辆；还要考虑车身修复区域的影响因素，如遮盖纸、氧化、老化、失光等。

⑥ 以第一次印象为准，盯视时间越长，越难以判断。

⑦ 涂料干燥后，颜色会变深。

（5）微调。

① 在电子秤上，按确定的微调成分逐项进行微调。

② 在自然光下观察颜色微调情况，视需要再进行微调，直到感觉满意为止。

（6）喷涂试板。

① 取100 g色浆，按涂料技术说明规定比例加入固化剂、稀释剂，调整黏度至符合要求。

② 喷涂试板，如图6-46所示。

注 意

喷涂试板时，可选用小型喷枪，并完全按照涂料生产商建议的喷涂参数进行，如喷涂气压、距离、层数等，各道之间应留有技术说明建议的闪干时间。

图6-46　喷涂试板

素色面漆调色样板的喷涂

（7）烘干试板。

① 插好烘箱的电源插头。

② 打开烘箱门，将试板放在栅架上，关好门。

③ 打开电源开关，如图6-47所示。

④ 设定烘烤温度。如图6-48所示，将"测温/预置"按钮按下，调节"设定/调节"旋钮的同时观察温度显示窗，直到显示合适的温度数值（参考涂料的技术说明书，通常为70 ℃），然后按一次"测温/预置"按钮，使按钮处于高起位置（测温位置），此时温度显示窗显示当时烘箱内的温度。

温度设定

鼓风机开关

电源开关

图6-47　烘箱的操作面板

图6-48　设定烘烤温度

⑤ 打开鼓风机开关和加热开关进行加热烘烤。通常达到恒温（"恒温"指示灯点亮）后再烘烤 10 min 即可。

⑥ 关闭加热开关，打开烘箱门，取出试板。

注　意

不要立刻关闭鼓风机开关和电源开关，以使烘箱有足够的冷却时间。在取出试板时，需戴手套，以防烫手。

（8）干比色。

如果颜色的比对结果表明，所调颜色与车身（或样板）的颜色不一样，则必须鉴定出应添加哪一种色母，继而添加该色母以获得理想结果，这个过程就是"精细配色"或"人工微调"。这是一个比较和添加涂料的循环，重复此循环，直至获得理想的涂层颜色。

在用试板与车身颜色（或样板）进行对比时，一定要认真仔细，并最好在自然光下进行。如图 6-49 所示，如果需修复的板块曾经做过漆膜修复，且颜色与周边原始板块颜色有差异，则应按原厂漆板块的颜色进行对比。

如果太阳光源不足（如阴天），则需要借助配色灯比色，如图 6-50 所示。精确的干比色可在比色灯箱内进行，要在几种标准光源下对比，以确定是否存在同色异谱现象。

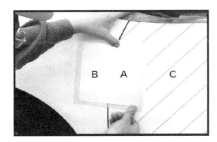

彩图 6-49～彩图 6-51

图 6-49　利用自然光比色（彩图）
A—试板；B—修复过的板块；C—原厂漆的板块

图 6-50　用配色灯比色（彩图）

人对颜色的感觉会受到被观察物体周围环境的影响，如将一块灰色纸片放在白色背景上看起来发暗，而放在黑色背景上看起来发亮；同时也要受到观察者观察前眼睛观看过其他颜色历史的影响（当然是很短时间以前的历史）。例如刚看过鲜红色，移开眼睛至白色底板上，就会感觉看到原物体绿色的影子。因此，在做汽车涂料配色工作时，一定要保证比色时没有受到环境的影响，所看的颜色是真实的，是有实际参考价值的，这一点非常重要。

颜色调配主要的困难是如何确定颜色的差异。颜色差异包括颜色的 3 个要素，即色相、明度和彩度。例如，对比图 6-51 所示的两块色板（A 色板为目标色板或样板，B 色板为调好色的试板），应该得出的颜色差异的描述结论见表 6-6。

颜色差异的分辨

图 6-51　两种颜色的差异（彩图）

表6-6   颜色差异的描述

三属性	差异	差异描述：目标色板A的颜色
色相	红/绿，蓝/黄等	更蓝或者更黄
明度	白度/黑度	更白或者更黑
彩度	纯净度/浑浊度	更纯净或更浑浊

对于色相，如果差异描述为更蓝，则需要在微调时加入蓝色母；如果描述为更黄，则需要加入黄色母。对于明度，如果差异描述为更白，则需要加入白色母；如果更黑，则需加入黑色母。对于彩度，如果描述为更纯净，则需添加能提高纯净度的色母；如果描述为更浑浊，则需加入能降低纯净度的色母。

素色漆的比色相对简单，往往只需要注意其彩度和色相，对明度不过多地考虑。通常，可使用少量的白色母来降低颜色的彩度，同时会让明度稍微提高（如果主色相为白色，则加入白色母会提高纯净度）；但过多的白色母则只会使两者都下降。使用黑色母来降低颜色的纯净度，明度会稍微下降。黑、白色母少的颜色除彩度高之外，明度也高。

对于大多数应用素色漆的汽车，均采用单工序喷涂工艺，这样既方便快捷，又省时省料。因此，素色漆一般要求强遮盖力、高彩度、干漆膜光泽度高。但由于调色的需要，一套完整的色母系统中，还要求有弱遮盖力的色母，称为低强度色母，这些色母是微调颜色时应该选择的色母。

注　意

微调应作为色差校正的最后手段，即如果可以用过渡喷涂技术校正色差就不需要微调。假如必须要做微调，则微调到可以通过过渡喷涂消除色差为止。对于喷漆人员，过渡喷涂是解决色差问题的有效手段。

在决定进行调整之前应当确认以下事项。

① 色漆是否喷过试板？喷试板的方法是否与修复时的一样？

② 车身的哪个部位需要配色？修复区域周边是否已经抛光处理？

③ 色漆是否已经达到遮盖能力要求？

④ 色漆是否正常干燥？

⑤ 调漆设备是否运行良好？

⑥ 配色时的加入量是否准确？

⑦ 是否已检查过差异色？

⑧ 过渡喷涂可以解决吗？

⑨ 是否真的需要调整这个颜色？

在排除上述任何干扰因素，并确定不能用过渡喷涂的方式解决色差后，才能确定需要微调。要确定微调的成分，必须对配方中的全部色母的颜色特性有充分的了解。

因为所调的漆色为白色（偏深黄），从配方中的色母构成可以看出还带有蓝色相。从"鹦鹉"22系列色母的色轮图（也称色环图，见图6-52）可以看出向黄色、蓝色方向微调可选的色母种类。颜色的调配意味着要移动其在色环图中的位置。

确定最终选择哪种色母，还需要查阅色母特性图，以确定所调色配方中各种色母的特性。通过查看22系列色母特性图可知：A4D（北极白，偏深黄）的颜色配方中，各色母的特性如图6-53所示，其中：M0为树脂，微调颜色与它无关；M60为白色（高纯净度）；A105为偏橙的黄色（低纯净度）；A126为偏黄的黑色（低纯净度）；A131为偏紫的蓝色（高纯净度）。

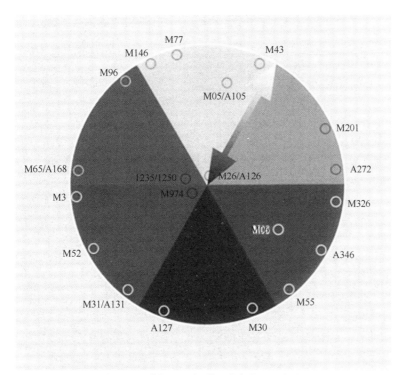

彩图 6-52 和
彩图 6-53

图 6-52　"鹦鹉" 22 系列色母的色轮图（彩图）

比色时，如果确定缺少黄色（不够黄），则应加 A105，但彩度会降低；如果黄色相过重，则应加 M60，同时明度和纯净度均会提高。如果缺少蓝色（不够蓝），则应加 A131，彩度会提高；如果蓝色相过重，则应加 M60，同时明度和纯净度均会提高。如果纯净度过高（白色过重），则应加 A126，同时明度和彩度也会降低。

确定素色面漆
微调整色母

图 6-53　A4D 颜色配方中的色母特性（彩图）

（9）微调。

① 确定添加量。确定了需要微调的色母后，应要精确地确定需添加的量。

如经颜色对比，确定需要添加黄色色母 A105，则添加量通常按如下经验公式确定：

需要微调的质量=（色母组分的质量/调漆总量）×50

根据表 6-4，在 0.5 L 配方中，A105 组分质量为 28.9 g；调漆总量为 638.9 g，则需微调的质量为

需要微调的质量=（28.9/638.9）×50≈2.26（g）

② 第一次微调。取 100 g 色浆，添加 A105 色母 2.2 g［总量为 100+2.2=102.2（g）］。将选择好的色母计量加入配色涂料，将色浆混合均匀，经调制后喷试板，烘干后比色。

此次比色的第一任务是确定调整的方向是否正确。如果调整方向不正确，说明所选的色母不对，应重新分析并选择微调色母；如果调整方向正确，但颜色还是有差距，则应确定还需要添加多少。例如经对比判断还有一半的差距，则确定还需添加 1 倍量的该色母，即添加总量应为 4.4 g［2.2×2=4.4（g）］。

③ 第二次微调。取 100 g 色浆，添加 4.4 g 的 A105 色母［总量为 100+4.4=104.4（g）］。将色浆混合均匀并调制后喷试板，烘干后比色。

如果颜色还有差距，则需要确定还需要添加多少，继续微调，直到满意为止。如果比色结果达到满意，则准备实车喷涂。

确定颜色调得多么接近，是一项困难而重要的工作。虽然涂料的颜色越接近汽车的颜色越好，但是在实践中有一个标准，达到此标准便可认为颜色已经够接近了，不会有问题了（一定的色差可以通过过渡喷涂来改善）。最好用比色计，用数字表示颜色相差的程度，但是如果没有比色计，那么就必须靠双眼，最好让尽可能多的人来帮助进行鉴定，做出结论。

④ 确定实车喷涂的微调量。假设经两次的微调后比色，结果已经达到满意的程度。在此之前，共喷涂了 3 次试板，所以用掉了 300 g 色浆，剩余的色浆是

638.9–300=338.9（g）

因为最终确定的是以 4.4 g 的 A105 色母来微调 100 g 色浆，则 338.9 g 色浆需要的蓝色色母微调量是

4.4÷100×338.9≈14.9（g）

即用 14.9 g 的 A105 色母，去微调剩余的色浆，即可进行实车喷涂。

（10）恢复标准配方。

在进行颜色微调时，所加的每一种色母及其质量有详细记录，所以当微调完成后，便获得了一个新的配方，见表 6-7。在正式喷涂需大量调漆时，按此配方调色即可。

表 6-7　　　　　　　　微调后的配方

颜色代号：A4D/北极白（偏深黄）					
车型：马自达 6					
色母	1 L 累积/g	1 L 单量/g	0.5 L 单量/g	0.5 L 微调量/g	0.5 L 微调后单量/g
522-M0	198.4	198.4	99.2		99.2
22-M60	1169.2	970.8	485.4		485.4
22-A105	1227.1	57.9	28.9	22.0	50.9
22-A126	1266.4	39.3	19.6		19.6
22-A131	1278.1	11.7	5.8		5.8

由于微调时加入的色母质量都很少，微调后涂料的体积仍然近似于 1L，所以只要把获得的新配方恢复成 1L 配方即可（即对于表 6-7，将 0.5 L 微调后单量各乘 2），保存好留作以后碰到相似情况时直接拿来使用。这样积攒的配方多了，可以把它们装订成册，作为自己的色卡使用，方便快捷，调色准确。

（11）收尾工作。

清洗喷枪，清理工作台及使用的工具。

寄语：北宋文学家欧阳修所著的《卖油翁》中有这样一句话"无他，但手熟尔。"这句话提示我们，一定要多练习技能，熟能生巧。

|任务 6-2　银粉漆的调色|

【任务引入】

汽车车身用的银粉漆漆膜一般是由含有随角异色效应的颜料（典型代表是铝粉，也称为银粉，见图 6-54）的底色漆层和罩光清漆层组成的。罩光清漆层又有透明无色清漆层和着色透明清漆层两种。为提高底色涂料的遮盖性，有时在涂底色涂料之前涂装与底色涂料的颜色相近似的中涂底漆（又称着色封底中涂底漆）。经过上述的多种组合，可形成色彩多样的、漂亮灿烂的金属闪光色。

图 6-54　含有铝粉的漆膜

那么，银粉漆的调色与素色漆的有什么不同呢？本任务主要介绍关于银粉漆的相关知识和银粉漆的调色方法。

【学习目标】

1. 知识目标

（1）能够正确描述银粉漆的随角异色效应。

（2）能够正确解释银粉漆方向性产生的原因。

（3）能够准确解释银粉漆色母特性图。

2. 能力目标

（1）能够查询银粉漆色母特性。

（2）能够正确进行银粉漆的调色。

（3）能够正确进行银粉漆的颜色评价。

3. 素质目标

（1）培养精准质量控制的职业素养。

（2）培养正确的审美观和敏锐的观察能力。

【相关知识学习】

一、银粉漆漆膜特性

1. 随角异色效应

随着观察角度的变化，漆膜呈现不同明度及色彩的现象称为随角异色效应，也称为颜色的方向性。如图 6-55 所示，在观察金属闪光色漆膜时，在目视点 A 和 B 获得的明度不同，即有明度差，其数值称为随角异色效应值（FF 值）。

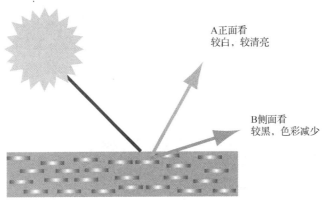

图 6-55　随角异色效应

2. 银粉漆漆膜的光学特性

银粉漆漆膜的光学特性如图 6-56 所示，透过清漆层的入射光经颜料选择性吸收、颜料颗粒的散射、铝粉的镜面反射、边缘漫反射等到达人眼，因而得到闪耀的金属光泽感。

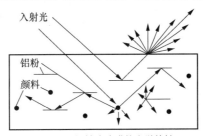

图 6-56　银粉漆漆膜的光学特性

银粉漆与素色漆的不同之点是闪光漆膜的扩散反射光少，正反射光强，随着观察角度变化，漆膜的颜色会随之变化，具有颜料的方向性（随角异色性）。而素色漆漆膜以在漆膜内部多次反射的散射光为主体。

3. 银粉漆方向性产生的原因

具有方向性的银粉漆，其正视色和侧视色是不同的。如图 6-57 所示，同一板件上的银粉漆漆膜，正面看呈偏紫的银灰色，侧面看呈粉红色。

彩图 6-57

（a）正视色　　　　　　　　　　（b）侧视色

图 6-57　银粉漆的方向性（彩图）

　　银粉漆的调色之所以难，是因为随观察方向的变化，已经调得一致的颜色会呈现出色差。将一辆涂装了橄榄色和绿色调制的银粉漆的汽车置于阳光（其方向性如图 6-58 所示）下，前机舱盖 A 处朝阳，挡泥板 B 处背阴。在这种情况下，A 处看起来红中带黄，B 处是绿色。如果对此漆膜进行修复，采用的颜料组合是印第安红和正绿，调出的色彩在 A 处符合、在 B 处却完全不符合，或者在 B 处符合、在 A 处完全不符合，这是因为原来的漆膜所用原色方向性强，而修复的漆膜原色方向性弱。

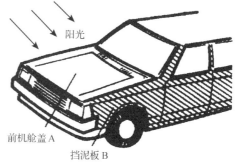

图 6-58　橄榄色+绿色银粉漆漆膜的方向性

　　同样的现象，在某种蓝色银粉漆中也存在。橄榄色+绿色银粉漆漆膜在阳光直射处，带很浓的绿色感，背阴处又有很强的红色感，这种现象还随蓝原色的不同，以及与其组合的其他原色的不同，出现某种程度的差异。

　　影响银粉漆方向性的因素很多，如颜料颗粒的形状、大小，颜料的种类，原色的种类，涂料的种类及涂装技术等。

　　（1）颜料颗粒的形状。

　　有机颜料颗粒的直径为 0.01 μm 左右，其形状有的是球状，有的是柱状，有的是扁平状等，各不相同。下面以球状颗粒 A 和扁平状颗粒 B 为例进行分析。如图 6-59 所示，照射到球状颗粒 A 的光线，朝各个方向的反射量基本上是相同的，而所谓某物质是某种颜色，是与其光的反射量相关的。无论向哪个方向都反射同样量的光，也就是不论从哪个方向看颜色都相同。照射到扁平状颗粒 B 的光线，在 X 和 Z 处反射的光，与在 Y 处反射的光相比，光量的大小不相同。故在 Y 处看到的颜色与在 X、Z 处看到的颜色不同。颗粒 B 就是方向性强的颜色。A、B 两种颗粒形状只是极端的例子，实际使用的颜料或多或少有一点方向性。而黄色类所采用的异吲哚满（印度橙、有机黄等）、特殊偶氮系（绿黄色）、酞菁类（酞菁蓝、不褪蓝、正蓝等）等颜料，方向性尤其强。其中的酞菁类颜料，随制作方法的不同，有的基本没方向性，有的方向性很强，因此对于酞菁类的各种颜料，必须弄清其特点才便于使用。

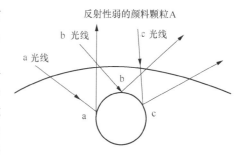

图 6-59　颜料颗粒形状对方向性的影响

黄色类原色除方向性外，色相还存在带红、带绿之别。有的用于单色相的耐候性好，用于银粉漆却出现变色等，各种原色具有不同特点，必须根据需要区别使用。

即使都是扁平状铝粉颗粒，由于侧面形状不同，其方向性也会出现差异，如图 6-60 所示。A 组铝粉边缘不整齐，呈锯齿状，在 a、b、c 和 d 处的反光强度不同；而 C 组铝粉颗粒边缘整齐，在各处的反光强度相近。

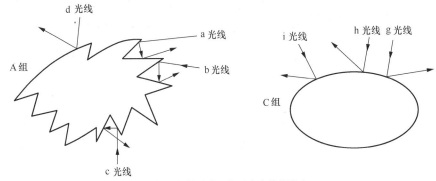

图 6-60　铝粉边缘形状对方向性的影响

汽车修补涂料常用的铝粒子有 3 种形状，其特性见表 6-8。

表 6-8　　　　　　　　　　　　　　　　常用的 3 种铝粒子特性

类型	标准类型	白色	高度闪光
设计形状			
特性	比其他两种类型暗	从任意角度看时均发出强的闪光	直接看时发出耀眼的闪光，比其他两种类型亮

由这 3 种形状铝粒子做成不同大小的颗粒，即可形成铝粒子系列，进而制成系列银粉色母。

（2）颜料颗粒的大小。

银粉漆实际上是由透明涂料加入铝粉和颜料形成的，金属感来自铝粉，而色相由颜料和铝粉所决定。为叙述方便，不妨把透明涂料和铝粉的混合物称为金属闪光基料。

如图 6-61 所示，铝粒子中各种大小的颗粒都有，只是各自所占的比例不同而已，这可以用粒度分布曲线来描述，如图 6-62 所示。

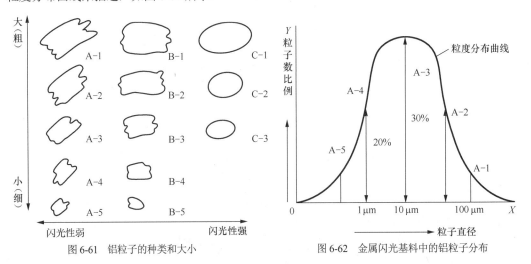

图 6-61　铝粒子的种类和大小　　　　　　　图 6-62　金属闪光基料中的铝粒子分布

　　虽然铝粒子的种类只有有限几种，但通过不同的组合，可以形成的金属闪光基料达几十种。但在汽车修复涂装中，要准备几十种金属闪光基料是比较困难的。通常的做法是准备粗、中、细 3 种不同平均粒度的基料，这 3 种基料的粒度分布如图 6-63 所示。使用时，可以将其中两种或 3 种按不同比例混合，得到所需的各种不同平均粒度的金属闪光基料。

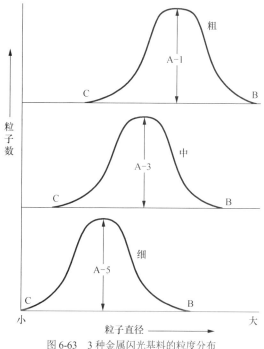

图 6-63　3 种金属闪光基料的粒度分布

　　图 6-63 所示的铝粒子中，A-1 粒度最大，A-5 粒度最小。实际上金属闪光基料中含有比 A-1 大和比 A-5 小的铝粒子，大约各占 0.5%。比 A-1 大的铝粒子，可以在使用前的杂质过滤中，与杂质一同被除去，而比 A-5 小的铝粒子往往会带来麻烦。

　　如图 6-64 所示，若金属闪光基料中有比 A-5 小的铝粒子，往往易引起"金属雾斑"。这种小的铝粒子虽数量不多，但极易在漆膜中移动。只要在金属涂层上喷涂含溶剂量多的清漆，就会产生图 6-65 所示的涡流运动，将小铝粒子带入清漆层内，形成图 6-64 中②图的"金属雾斑"。要获得满意的金属闪光感，就必须设法抑制这种涡流运动，使大、小铝粒子较为整齐地排列在金属涂层内。

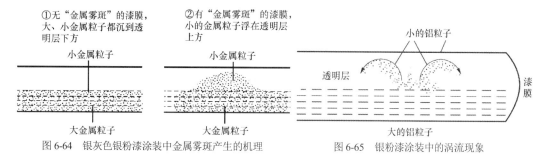

图 6-64　银灰色银粉漆涂装中金属雾斑产生的机理　　　图 6-65　银粉漆涂装中的涡流现象

　　银粉漆中有两种组合用得较多，一种是大颗粒与小颗粒铝粉的组合；另一种是闪光性强的铝粉（外表形状圆滑）和小颗粒铝粉的组合。采用大、小颗粒铝粉的组合是为了兼顾银粉漆的金属感和遮盖力而采取的措施。铝粒子大小与遮盖力的关系如图 6-66 所示，铝粒子越大，金属感越强；铝粒子越小，遮盖力越强，当铝粉粒径接近于光的波长（0.1μm 左右）时，遮盖力最强。有机颜料遮盖力强就是因为其粒径接近 0.1μm，大于或小于此值，遮盖力都会减弱。小颗粒铝粉的粒径为 0.1μm 左右，遮盖力最强。如果换用中等粒度铝粉，金属感可以，但遮盖力不足。大、小颗粒铝粉的组合，则同时满足了这两方面的要求。

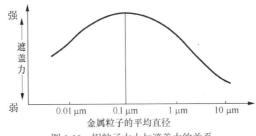

图 6-66　铝粒子大小与遮盖力的关系

　　闪光性强的铝粉与小颗粒铝粉相组合，其作用与上述类似，是为了增强遮盖力，减少涂装次数，以降低施工作业成本。另外，小颗粒铝粉还有抑制漆膜方向性的作用。

　　"施必快"涂料的主要银粉色母特点见表 6-9，在进行颜色微调时，必须对其有充分的了解，才能调出满意的颜色。

表 6-9　　　　　　　　　　　　　　"施必快"涂料的主要银粉色母特点

序号	色母代号	色母名称（颗粒大小）	银粉颗粒形状
1	ALN 775 516	细目银	不规则
2	ALN 775 518	中细银	不规则
3	ALN 775 514	中银	不规则
4	ALN 775 549	中粗银	不规则
5	ALN 775 513	粗银	不规则
6	ALN 775 510	特粗银	不规则
7	ALN 775 557	闪亮银	规则
8	ALN 775 558	特粗闪亮银	规则
9	ALN 775 509	细闪银	规则
10	ALN 775 508	粗闪银	规则

　　（3）颜料的种类。

　　图 6-67 所示为在方向性强的颜料中加入无机颜料后的颗粒状态。由此图可以看出，由于无机颜料颗粒大，挡住了光线，到达方向性强的颜料颗粒的光线减少；另外方向性强的颜料的反射光也被其阻挡，抑制了方向性，例如像绿黄色和印度橙色类方向性很强的原色，若加入白色无机颜料或赭色无机颜料，方向性就会消失。所以，有时向银粉漆中加入白色，这并非为使色彩呈白色而是为减弱其方向性。因为如果方向性太强，在制造厂的生产流水线上，很难完成漆膜修整工作，有时还会产生金属闪光色不稳定问题。

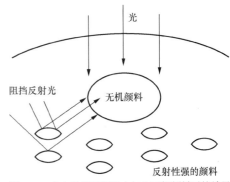

图 6-67　方向性强的颜料中加入无机颜料后的效果

　　不过上述方法并不总是适用。例如银灰色漆膜带有很强的色相，这是因为这种银粉漆中，使用的都是带白色的颜料，如果调色时加入白色就会导致光的透过性变差，使漆膜失去金属闪光感。

在调配金属漆时，首先必须弄清其颜色方向性的强弱，这可以通过原漆膜向光面和背光面的颜色对比进行判断，习惯了也不难掌握。

（4）原色的种类。

一般来说呈透明状的有机颜料都具有不同程度的方向性，尤其是绿、黄、印度橙、有机黄、蓝色类和带较强黄色调的酞菁类等原色，方向性强。因此使用这些原色调出的绿色、橄榄色、金黄色、棕色、蓝色等金属闪光色，大多具有强的方向性。

之前，调制橄榄色用的是印第安红和绿色相组合。随着异吲哚啉酮系颜料的开发，大多改用异吲哚啉酮系颜料中的黄原色与黑色相组合，调出橄榄色。因为后一种组合方向性强，具有鲜明的金属闪光感，而且适宜用于局部修复。印第安红和绿色的组合，之所以不适宜用于局部修复，是因为它们一种是有机颜料，一种是无机颜料，颗粒大小差异大，密度不同，尤其是当加入稀释剂较多时，密度小的上浮，密度大的下沉。当其用于局部修复时，在修复部位的边缘处就会出现"色分"现象，分成黑的、铁红的、蓝的几种颜色。而黑原色与异吲哚啉酮系黄原色颜料颗粒大小相同，不易出现上述现象。

涂料是否有"色分"现象，可以通过一个简单的试验判定。如图 6-68 所示，若漆膜修复部分与旧漆膜的交界区域（B 部）不出现"色分"，则说明这种涂料适宜用于局部修复涂装。

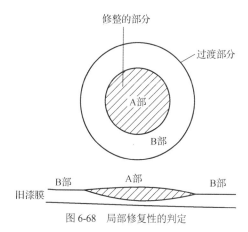

图 6-68　局部修复性的判定

总之，为了避免银粉漆涂装不致因方向性而失败，首先应弄清所要与之吻合的颜色的方向性强弱，然后可参照表 6-10，选择方向性与之相当的原色进行调色，就能达到所期望的效果。

表 6-10　　　　　　　　　　　　　　各种原色方向性程度

项目	A 组	B 组	C 组
方向性大小	大	中→小	能消除方向性
颜料颗粒的形状与大小	扁平状较小颗粒	圆形细小颗粒	椭圆形大颗粒
颜料的分类	异吲哚啉酮系、特殊偶氮系等	其他有机颜料、透明状氧化铁	无机颜料
原色名	印度橙、有机黄、绿黄等	锌红、橙黄、其他大部分原色	赭色、白色、印第安红

（5）铝粒子的排列。

如果往丙烯酸聚氨酯涂料和改性丙烯酸硝基涂料中加入同一种铝粉，涂装后仔细观察，将会发现前一种漆膜显得金属颗粒大，亮度高。这种现象实际上是由于铝粒子在漆膜中的排列状况所引起的。如图 6-69 所示，丙烯酸聚氨酯涂料中，铝粒子排列整齐，反射表面积大，所以显得颗粒大，亮度高。

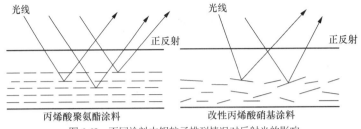

图 6-69　不同涂料中铝粒子排列情况对反射光的影响

　　铝粒子在涂料层中的排列，实际上是在运动中形成的。硝基类涂料干燥速度太快，在铝粒子排列还未完全形成时，涂料已失去流动性，这就是造成两种涂料中铝粒子排列情况不同的根源。

　　显然，要获得相同的效果，丙烯酸硝基涂料应加入颗粒稍大些的铝粉。同理，为获得较好的金属闪光感，一般多采用丙烯酸聚氨酯类涂料。

　　（6）涂装技术。

　　银粉漆漆膜的色泽随喷涂条件的差异，有时会泛白，有时会发暗。其原因就是铝粉排列状况受喷涂条件的影响，有时规则，有时紊乱。喷涂作业时各种因素对色泽的影响见表 6-11。

　　由此可见，在进行银粉漆调色操作时，所采用的溶剂比例和喷涂条件，应与实际作业时完全一致。尤其是采用丙烯酸聚氨酯涂料时，溶剂的稀释率和喷涂气压等差异，很容易引起颜色的差异，要予以充分注意。

表 6-11　　　　　　　　　　　　　涂装条件与银粉漆漆膜色泽的关系

涂装条件		色泽亮（泛白）	色泽暗	影响度
溶剂种类		干燥速度快	干燥速度慢	大
溶剂所占的比例		所占的比例高	所占的比例小	中
喷枪	空气量	大	小	大
	喷嘴直径	小	大	中
	喷束直径	大	小	中
	空气压力	高	低	少
喷涂技术	喷枪距离	远	近	中
	运行速度	快	慢	少
涂装环境	温度	高	低	大
	湿度	低	高	中
	通风	好	差	小

　　图 6-70 所示为不同喷涂施工方法对铝粒子排列的影响。湿喷时，铝粒子容易沉于底层，从而产生不同的光泽效果；干喷时，漆膜所含溶剂少，干得快，所以铝粒子大多会悬浮于表层。

　　如图 6-71 所示，喷涂施工时，由于喷枪的倾斜，在整个喷涂带上会产生不同的铝粒子排列，最终使整个板件表面呈现条纹状，色泽差。

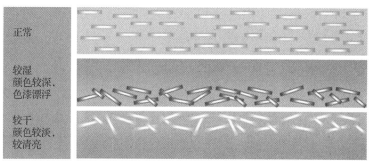

图 6-70　不同喷涂施工方法对铝粒子排列的影响

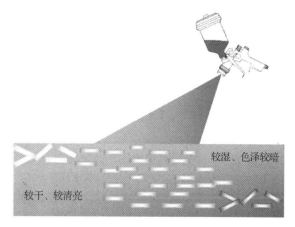

图 6-71　喷枪倾斜对铝粒子排列的影响

　　另外，板件所处的位置也会影响铝粒子的排列。如图 6-72 所示，相同的喷涂工艺条件下，在水平面和垂直面上，铝粒子的排列有差异，因而其光泽效果也不一样。

图 6-72　板件所处位置对铝粒子排列的影响

二、银粉漆色母特性

　　银粉漆由于具有方向性（从不同角度观察，颜色有差别），其色母特性的表示方法与素色漆的不同。银粉漆和水性漆的色母特性表示方法相同，图 6-73 所示为"鹦鹉"55 系列银粉漆色母特性图示例。图的左边为色母代号；中间第一块色样为色母与银粉按 80：20 比例调配后所呈现的颜色；第二块色样为色母与银粉按 20：80 比例调配后所呈现的颜色；图的最右边为该色母的特性图，图中各区域代表的含义如图 6-74 所示。

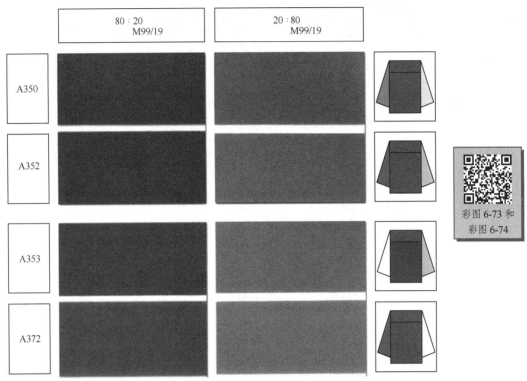

图 6-73 "鹦鹉" 55 系列银粉漆色母特性图示例（彩图）

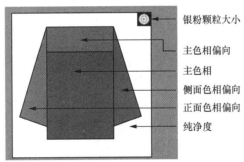

图 6-74 色母特性图的含义（彩图）

注：某区域为白色，表示其所代表的方向为透明（无颜色偏向）。

"鹦鹉"银粉色母特性图示例如图 6-75 所示，图的左边为色母代号；中间第一块色样为 100% 银粉色母喷涂后的颜色效果；第二块色样为银粉色母与 A640（绿色 55 系列色母）按 80：20 比例调配后所呈现的颜色；图的最右边为该色母的特性图，图中各区域代表的含义如图 6-74 所示。对于银粉色母，图 6-74 中的右上角有表示银粉（实际为铝粉）颗粒大小的标志，图中间的小白点的大小表示银粉颗粒的大小，如在图 6-75 中，M99/09 为细银粉；M99/10 为中银粉；M99/20 为粗银粉。

"鹦鹉"珍珠系列色母特性图示例如图 6-76 所示，其含义与银粉色母的相似。

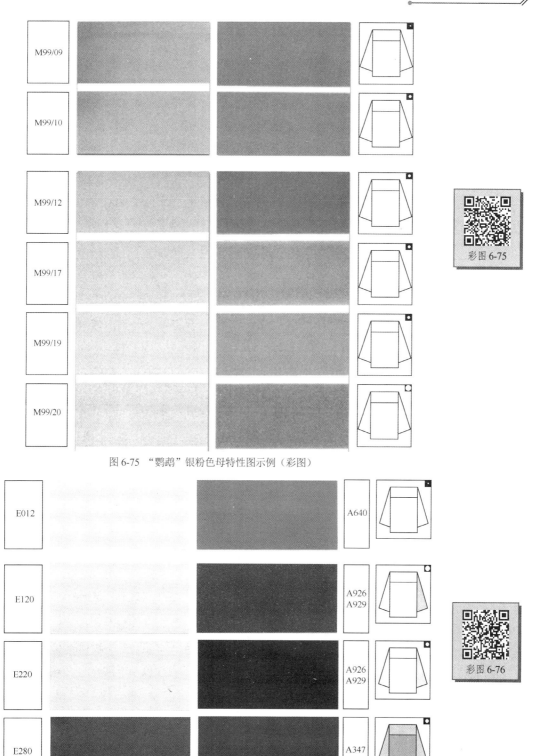

图 6-75　"鹦鹉"银粉色母特性图示例（彩图）

图 6-76　"鹦鹉"珍珠系列色母特性图示例（彩图）

三、银粉漆的最佳调色步骤

银粉漆的调色要点在于方向性要一致，只要方向性与原漆膜的相吻合，则只需调整原色加入比例问题，相对比较简单。为此，调色时应首先使侧视色（又称为透视色）与原漆膜的相吻合，再调正视色。如果要先调好侧视色，就应熟悉不同原色的侧视色。

调配深色相银粉漆时，应先只加入原色颜料，调好其侧视、正视色，然后加入所需粒度的铝粉，按此步骤调配比较简便。

调配浅色和中等浓度色相银粉漆时，第一步是先配制好粒度大小适宜的铝粉。若需得到中等粒度铝粉的效果，最好是用大颗粒和小颗粒铝粉相混合配制。铝粉调配好后，再加入原色，进行颜色的调配。

四、银粉漆的比色特点

银粉漆的比色要比素色漆的复杂、困难，主要在于原厂颜色和修复后的颜色均受施工时的实际情况所影响。典型的银粉漆在不同喷涂情况下的颜色效果见表 6-12。

表 6-12　　　　　　　　　　　不同喷涂情况对银粉漆颜色的影响

项目		变浅	变深
施工环境	温度	暖	冷
	湿度	低	高
	空气流动	增加	减少
喷枪	喷嘴	小	大
	针孔控制	关小	开放
	风帽	耗气量高（混合良好）	耗气量低（混合不良）
	扇面宽度	宽	窄
	气压	高	低
稀释	稀释剂种类	快干	慢干
	稀释剂用量	过多（黏度较低）	过少（黏度较高）
	防雾剂	未使用	在稀释剂中添加 10%
喷涂技术	喷枪距离	远	近
	喷枪运行速度	快	慢
	闪干时间	长	短

现代汽车涂装常用的银粉漆有以下两种涂层结构。

（1）单层（或单膜）式银粉漆。

单层式银粉漆比素色漆的着色颜料含量低，是通过大量的铝粉颜料来实现遮盖力与金属外观的。

在进行单层式银粉漆局部修复涂装时，喷涂达到所需的膜厚后，需选用正确的喷涂技法做最后一道喷涂，来得到和汽车原漆过渡区域最近似的颜色。可在一小片具有弹性的金属板或纸片上先试喷，当试板干燥后将之弯成和汽车待修复部位同样的弧度以判定需要的正确技法，如图 6-77 所示。

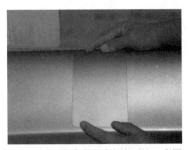

彩图 6-77

图 6-77　将试板颜色与车身颜色对比（彩图）

当以板件角度改变处、接边或边线条作为喷涂界限时，可使一些微小颜色差异不易显现。银粉漆漆膜依据观看角度不同而有明、暗不同，即使是同一银粉漆漆膜在一个角度的相邻两面，仍可显现不同的明暗度。在新、旧漆膜的过渡区域需采用反向遮盖法，以提高过渡效果。

（2）双工序银粉漆。

双工序银粉漆又称为"镜面涂装式银粉漆"。它是由两层（或"双膜"）涂装形成的，包括具有强遮盖力的底色漆层和清漆层，整体在一次烘烤操作中固化成膜，比单层银粉漆有更高的光泽度。

双工序银粉漆有关比色和选择喷涂技法的原则与单层式银粉漆的相同。应注意在喷涂清漆后方可见其真正的颜色，但可在色漆的适当部位喷涂合适的稀释剂润湿后，检视颜色，如正确，则待其干燥后再继续喷涂清漆层。另外，由于色漆的固体成分低，故其填平性就差，因此必须用 P800 以上的砂纸湿（干）磨以整平基底表面，否则整平的刮痕会显现出来。

彩图 6-78

调配银粉漆时，至少要从正面和 3 个侧向角度来比色，如图 6-78 所示。所谓正面比色就是指目光正视色板，又称为"正角度比色"，主要对准面色相；所谓侧向角度比色，就是指目光斜视色板，如眼睛注视车身一般，又称为"侧角度比色"或"斜角度比色"，主要对准底色相。

（a）对光110°角　　　　　　　（b）对光45°角　　　　　　　（c）背光15°角

图 6-78　银粉漆的侧向角度比色（彩图）

五、银粉漆漆膜的外观评价

评价项目有高闪光感、金属光泽感、金属感、明亮度和随角异色效应性等。

国际上用 IV 值和 FF 值来表示（测定）银粉漆漆膜的金属光泽感、金属感。

IV 值是光强度值，表示明度，数值越大，明度（反射光强度）越高，在银灰色闪光涂装场合白色光感越强。IV 值是日本丰田和关西涂料的评价方法。

随角异色效应性用 FF 值表示。FF 值越大，正面光和底色的明度差就大。随视角变化的明度差值越大，表现出的金属感越强。

【技能学习】

银粉底色漆的调色工艺过程与素色漆的相似，但是银粉漆由于存在随角异色效应，颜色对比难度很高。但只要把握住色母特性，细心分辨，就能调出正确的颜色。

一、准备工作

银粉底色漆的调色准备工作与素色漆的调色准备工作相同。

二、调色操作

1. 利用色卡调色

假如一辆银灰色汽车需要调色，使用"鹦鹉"汽车修补漆系统进行调色，调色步骤如下。

（1）查找颜色配方。

① 找到颜色代码（如5PNC）。

② 查阅5PNC颜色配方。

a. 按所查得的颜色代码5PNC找到相应的色卡（或色卡组）。

b. 在要修复区域附近并且颜色一致处用抛光蜡抛光。

c. 将所选的色卡颜色与车身颜色相对比，找到颜色最接近的色卡（从色卡组中）。

d. 从色卡的背面读取配方，并根据实际需要调配的涂料用量（如确定调0.5 L涂料）重新计算配方，见表6-13。

表6-13　　　　　　　　　　5PNC 星光银（标准）配方

颜色代码：5PNC／星光银（标准）				
车型：马自达3				
色母	1 L 累积/g	1 L 单量/g	0.5 L 累积/g	0.5 L 单量/g
352-91	174.0	174.0	87	87
55-M99-10	399.3	225.3	199.6	112.6
55-M99-19	758.1	358.8	379.0	179.4
55-A136	854.8	96.7	427.3	48.3
55-M105	875.1	20.3	437.4	10.1
55-A929	884.8	9.7	442.2	4.8
55-M306	889.6	4.8	444.6	2.4
55-A640	891.5	1.9	445.5	0.9
55-A098	893.4	1.9	446.4	0.9
55-M1	919.5	26.1	459.4	13.0

（2）准备色母和工具。

参阅素色漆调色的相关操作。

（3）计量添加色母。

① 按0.5 L配方所列色母的顺序和质量添加色母，352-91→55-M99-10→55-M99-19→55-A136→55-M105→55-A929→55-M306→55-A640→55-A098→55-M1，得到459.7 g色浆。

② 湿对比颜色。搅拌均匀后的涂料，与标准样（或车身）进行简单比色，确定颜色差别，如果色差明显，可用相应的色母进行调整。

（4）干比色。

① 喷涂第一块试板。取100 g色浆，按涂料技术说明添加稀释剂（因为是双工序漆，所以配方中的色母均为1K型，无须添加固化剂），混合均匀后喷涂试板。注意因为是双工序漆，所以必须按工艺规范喷涂清漆。

② 比色。等喷涂的试板干燥后，从不同的方向观察对比，银粉漆需从15°、25°、45°、75°、110°等多个角度对比观察，尽可能接近目标颜色。通过观察各个角度的颜色，确定色相、明度和彩度3个属性的差异，确定需要调整的颜色方向。

③ 微调颜色。

a. 查看"鹦鹉"55系列色母色轮图，如图6-79所示，确定所需调整颜色方向可能添加的色母。

银粉漆颜色配方的获得

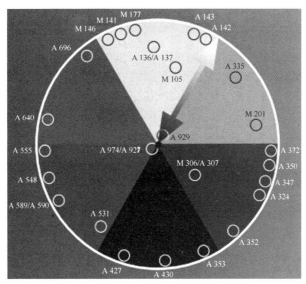

彩图 6-79 和
彩表 6-14

图 6-79　"鹦鹉" 55 系列色母色轮图（彩图）

b. 分析配方色母特性。查看"鹦鹉"55 系列色母特性图，总结出 5PNC 配方中各种色母特性，见表 6-14。

表 6-14　　　　　　　　　5PNC/星光银配方中各色母特性（彩表）

色母	名称	特性	色母	名称	特性
352-91	稀释剂	透明	55-M1	树脂	透明
55-M99-10	细银：颗粒细		55-A929	偏黄黑：正侧面均偏黄	
55-M99-19	粗银：颗粒粗		55-M306	红：侧面偏浅	
55-A136	偏绿黄：正面偏橙		55-A640	偏蓝绿：侧面偏蓝	
55-M105	偏橙黄：侧面偏橙		55-A098	白色：正面偏黄、侧面偏蓝	

c. 确定需添加的色母。在决定进行调整之前应当确认以下事项。

- 涂料是否喷过试板？喷试板的方法是否与修复时的一样？
- 车身的哪个部位需要配色？修复区域周边是否已经抛光处理？
- 涂料是否已经达到遮盖能力要求？
- 色漆是否正常干燥？
- 调漆设备是否运行良好？
- 配色时的加入量是否准确？
- 是否已检查过差异色？

- 过渡喷涂可以解决吗？
- 是否真的需要调整这个颜色？

对于银粉漆，可以采用适当的喷涂技巧，来达到调整颜色的目的，如图6-80所示。

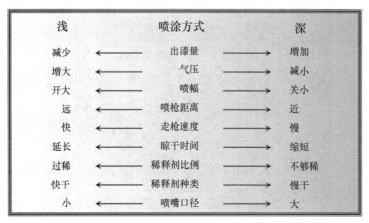

图6-80　调整银粉漆颜色的喷涂技巧

在排除上述任何干扰因素，并确定不能用喷涂技巧解决色差后，才能确定需要微调。

进行银粉漆微调色时，首先调铝颜料的结构和混合比例，调完正视和斜视下的光泽度后添加着色颜料并使色相一致。

在调整金属闪光感时，应熟悉配方中的银粉色母的特点。通常细银粉主要用来增强遮盖力，其正面不够闪亮，侧面亮度低；粗银粉正面闪光感高，侧面要根据形状确定亮度，如椭圆形的银粉侧面亮度高；中银粉正、侧面特点介于细银粉和粗银粉之间，应用较少。

注　意

- 在调配某个金属色漆颜色时，每一种色母都会对这种颜色的正、侧面颜色产生影响。
- 使用了较多（5%～10%）的无光银时，就绝对无法消除正视颜色的灰暗和颜色的不纯。
- 使用了大量的珍珠色母（30%以上）后，就不要期望能把侧视颜色调暗。

调整铝粉的结构可添加控色剂。控色剂可改变闪光颜料的排列以调整闪光状态。涂料生产商通常会供应两种类型的控色剂，分别给出不同的代号，此处暂以控色剂A和控色剂B来加以区分。两种控色剂的调色原理如图6-81所示。其中一种会增大铝粉片的距离，以使原色色母的色相得以更充分的显现；第二种会使平整排列的铝粉片变成倾斜或垂直状态，从而调整正、侧面的闪光感。

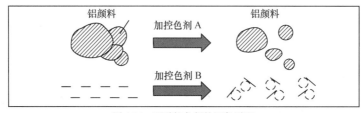

图6-81　两种控色剂的调色原理

由图6-81可知，当铝粉粒子紧密排列，正视时表面产生强烈的反射，看不出色母颜料或其他原色颜料的色相时使用控色剂A，添加前后的对比如图6-82所示；铝粉粒子平铺且斜视时表面亮度不足时使用控色剂 B，添加前后的对比如图 6-83 所示。注意：每次仅添加少量控色剂以防止添加过量。

控色剂 A（正视）
左：添加控色剂前
右：添加控色剂后

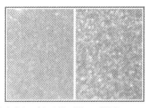

图 6-82 添加控色剂 A 前后的对比（彩图）

彩图 6-82 和
彩图 6-83

控色剂 B（斜视）
左：添加控色剂前
右：添加控色剂后

图 6-83 添加控色剂 B 前后的对比（彩图）

调整好正视和侧视的金属光泽后，再通过添加着色色母来调整色相。例如试板颜色比对结果表明正面缺少黄色，则有 A136 和 M105 两个色母可添加，这时就需要看侧视色的色差。如果侧视色缺少橙色，则选择 M105；如果侧视色不缺少橙色，则添加 A136。其他着色色母的添加均采用类似的方法。

d. 确定添加色母的量。方法请参阅素色漆调色的相关步骤。

e. 喷涂第二块试板。取 100 g 色浆，按确定的添加色母及添加量加入色浆，混合均匀后按技术说明规定加入稀释剂，喷涂试板（注意需喷清漆）。

f. 烘干试板，比色。

g. 重复 c~f 步，直到各方向观察的颜色均达到满意。注意：一定程度的色差可以通过过渡喷涂技术来改善。

（5）恢复标准配方。

按微调过程的记录，将配方恢复为标准配方，见表 6-15。

表 6-15　　　　　　　　　　　5PNC/星光银微调后的标准配方

颜色代码：5PNC / 星光银（标准）					
车型：马自达 3					
	原配方		微调	微调后配方	
色母	1 L 累积/g	1 L 单量/g	0.1 L 添加量/g	1 L 累积/g	1 L 单量/g
352-91	174.0	174.0		174.0	174.0
55-M99-10	399.3	225.3		399.3	225.3
55-M99-19	758.1	358.8		758.1	358.8
55-A136	854.8	96.7	+2.6	857.4	99.3
55-M105	875.1	20.3		877.7	20.3
55-A929	884.8	9.7		887.4	9.7
55-M306	889.6	4.8	+0.5	892.7	5.3
55-A640	891.5	1.9		894.6	1.9
55-A098	893.4	1.9		896.5	1.9
55-M1	919.5	26.1		922.6	26.1

2. 银粉漆颜色微调要点

① 少量的铝粉往往是正面的颜色比侧面的颜色亮；大量的铝粉使银粉漆的正面和侧面都不同程度地变亮，变亮的程度取决于铝粉的颗粒大小（粗铝粉侧面的影响比细铝粉的小）。

确定银粉漆
微调色母

② 铝粉粗细对颜色有不同的影响。粗铝粉：正面浅，侧面深，高闪烁感，弱遮盖能力。细铝粉：正面灰，侧面浅白，闪烁感低，强的遮盖能力。特殊闪亮铝粉：正面浅，侧面深，特殊的高闪烁感，遮盖能力适中。

③ 微调时减少铝粉色母的量可使银粉漆更深更暗。

④ 要降低银粉漆彩度时，添加黑+白或黑+铝粉的混合色母。

⑤ 如果要减弱某种颜色效果，首先应减少配方中这种颜色色母的使用量。如果以对等的颜色色母（补色）减弱这种颜色效果，则颜色会渐变浑浊，同时彩度降低。

⑥ 微调时使用透明性色母能使侧面变深变暗；微调时使用不透明性色母能使侧面变浅变白。

⑦ 可能的话，尽量避免使用白色或氧化物色母，因为它们会降低银粉漆的光泽度。它们可使正面变暗，侧面变浅白。

⑧ 为了使侧面颜色变深，可采取以下措施。

a. 增加透明色母的量。

b. 减少铝粉的量。

c. 使用较粗的铝粉。

d. 减少白色母的量。

e. 减少能使侧面变浅的色母的量。

⑨ 为了使侧面颜色变浅，使用跟⑧相反的方法，但添加白色母应小心，因为白色母会减弱金属效果。

⑩ 当比色出现色差时，首先应确定如下问题。

a. 称量正确吗？

b. 漆膜彻底干燥了吗？

c. 遮盖彻底吗？

d. 选择配方是否正确？

⑪ 微调颜色时，尽量选用原来配方中已有的色母。

⑫ 一定要按色母特性表确定所添色母后的颜色走向。

⑬ 微调时，每加一种色母，都要称量，并记录质量，以便以后参考。

⑭ 调色工作完成后必须保存颜色试板，并在反面注明以下数据信息。

a. 车辆生产商。

b. 颜色名称。

c. 颜色编号。

d. 内部颜色编号。

e. 喷嘴大小以及喷枪类型。

f. 配方日期。

g. 喷涂道数以及喷涂气压。

h. 喷涂者姓名。

注：最好将原配方和调整过的配方一起存档，以便以后参考。

⑮ 不要在眼睛疲劳状态下配色。

⑯ 试样的喷涂技术条件应和喷实车时的相同。

⑰ 应将试板和标准色板（或车身板）放于同一光源下进行颜色比较，当用配色灯时，调整配色灯与试板的距离合适，理想的距离相当于眼睛至双手的距离。

⑱ 注意干燥过程中颜色的变化趋向。刚喷涂的涂料在干燥过程中，较重的颜料会向涂层的底部移动，而较轻的颜料则会向表面移动，如图 6-84 所示。虽然涂料在施涂时，其颜色可能与原来的涂料颜色相配，但干燥后，颜色可能就不同了。

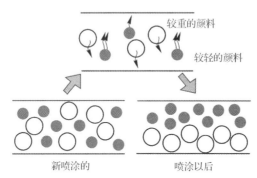

图 6-84　漆膜干燥过程中颜色的变化

例如，蓝色和白色两种基本颜色混合时，由于蓝色颜料比白色颜料轻，所以蓝色颜料在干燥过程中会向表面移动，结果干涂层将会比新喷涂层蓝一些。

⑲ 注意抛光对颜色的影响。有些涂料在干燥以后被抛光时会明显地改变其颜色，这是因为含有大量较轻颜料的涂层由于抛光而改变位置。所以为了进行配色，这些涂料颜色的试板必须经干燥和抛光，然后才能进行精细配色。

⑳ 注意由于制造厂和其他的因素。如不同的涂料供应商、不同的涂装设备、不同的涂料种类、不同涂装施工条件、制造厂内的因素、颜色调配过程中出现的人为因素、长时间使用后车身涂层老化的因素等。

寄语：坚持古为今用、推陈出新。在学习和工作中，要长期坚持积累工作经验。

|任务 6-3　珍珠漆的调色|

【任务引入】

所谓珍珠色，就是指像珍珠一样，从不同的角度看，珍珠漆显现出不同的色彩。

珍珠色漆膜有三工序结构，也有两工序结构。三工序珍珠漆漆膜结构如图 6-85 所示，其涂装过程为：先涂底色漆，再涂珍珠色漆，最后喷涂清漆。要完成这 3 层涂装，在制造厂流水线上就显得费时。而且珍珠色层厚度的差异，会引起偏光程度不同，由此产生色差。

珍珠色漆膜随其底层（底色漆层）的颜色、珍珠色的种类和珍珠色层厚度的不同，色彩要发生变化。在进行局部修复时，若这 3 个条件不是和制造厂的完全一致，色彩和格调就不可能相同。而这 3 个条件变化范围都很大，要真正完全吻合，是极其困难的。

那么，珍珠漆的调色与素色漆和银粉漆的调色有什么差异呢？本任务主要介绍有关珍珠色与幻彩色的相关知识和三工序珍珠漆的调色方法。

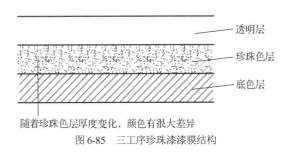

随着珍珠色层厚度变化，颜色有很大差异

图 6-85　三工序珍珠漆漆膜结构

【学习目标】

1．知识目标

（1）能够正确描述珍珠色漆膜的特点。

（2）能够正确解释珍珠色的形成机理。

（3）能够正确解释各类型珍珠色母的结构特点。

（4）能够正确描述幻彩色的特点。

2．能力目标

能够正确进行三工序珍珠漆的调色。

3．素质目标

（1）培养精准质量控制的职业素养。

（2）培养正确的审美观和敏锐的观察能力。

【相关知识学习】

一、珍珠色

1．珍珠色的形成机理

若观察天然云母会发现，角度不同时色彩会变化，其原理如图 6-86 所示。由于云母是由很薄的薄层叠积而成的，光线照射时，分别在一层层薄层上反射、吸收、穿透，产生着微妙的变化，这称为多重反射。而一般的物体只是在表面反射光线，所以从任何角度看颜色都不变。光线在玻璃和透明涂料中基本上是直接穿过的，不产生反射，因此呈透明状。这些差异如图 6-87 所示。

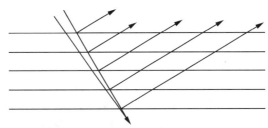

图 6-86　云母、珍珠通过多重反射引起色彩变化

云母有天然云母和人工合成云母两种。天然云母来自矿石，颜色有多种，图 6-88 所示的黄色和白色云母只是典型的两种。

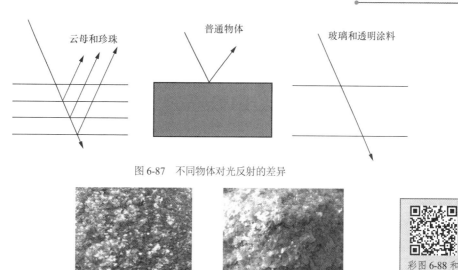

图 6-87　不同物体对光反射的差异

图 6-88　天然黄云母和白云母（彩图）

彩图 6-88 和
彩图 6-90

　　珍珠色颜料中的云母，不是天然云母，而是化学合成的物质，但结构上与天然云母基本相同。如图 6-89 所示，由于合成云母表面覆盖的钛白（二氧化钛）的综合作用，光的反射更加复杂，呈现出色彩鲜艳的彩虹色调，如图 6-90 所示。

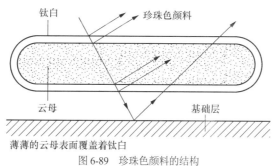

薄薄的云母表面覆盖着钛白
图 6-89　珍珠色颜料的结构

图 6-90　人工合成云母（彩图）

2. 珍珠色母

用于调色的珍珠色母有4种基本类型：白色云母、干涉色云母、着色云母和银色云母。其具体种类和特点见表6-16。

表 6-16 珍珠色母的类型及特点

颜色类型	二氧化钛镀层厚度/μm	反射光	透射光
白色云母	0.10～0.15	白珍珠色泽	—
干涉色云母	约0.21	黄色	蓝色
干涉色云母	约0.25	红色	绿色
干涉色云母	约0.31	蓝色	黄色
干涉色云母	约0.36	绿色	红色
着色云母	0.01	红色	红色
银色云母	约0.1	金属色泽	—

（1）白色云母。

如图6-91所示，在透明的云母片上涂覆一层二氧化钛镀层，反射光呈现一种银色的珍珠光泽，透射光不会表现出特别的颜色，因为所有波长的光线都会被反射。

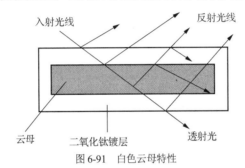

图 6-91 白色云母特性

（2）干涉色云母。

如图6-92所示，云母片表面涂覆的二氧化钛镀层的厚度发生变化（比白色云母的厚），导致反射光和透射光呈现出不同的颜色，颜色的效果取决于入射光线的角度和观察的角度，所以要从各个角度观察云母的反射光及透射光的颜色。

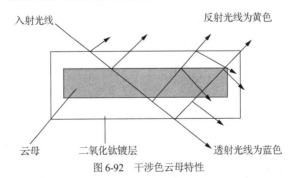

图 6-92 干涉色云母特性

改变二氧化钛镀层的厚度，即可使各方向呈现不同的颜色。不同厚度的镀层产生的反射光和透射光情况见表6-16。

（3）着色云母。

如图6-93所示，采用1 μm厚、不大于48 μm宽的普通云母片，由表面涂覆的镀层（氧化铁）厚度决定其颜色。所有的反射光和折射光构成了正、侧面的颜色效果及亮度。

（4）银色云母。

如图 6-94 所示，在透明的云母表面上涂覆一层镀银的二氧化钛，特点是给人一种立体效果，发出类似银色的金属光泽。

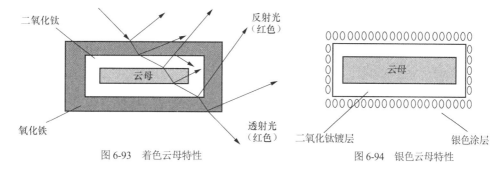

图 6-93　着色云母特性　　　　图 6-94　银色云母特性

二、幻彩色

用幻彩色颜料配制的色母称为幻彩色母。用幻彩色母喷涂的漆膜称为幻彩色漆膜，其呈现的颜色五彩缤纷，且从同一个角度观察，不同位置的色彩不同。幻彩色俗称变色龙，如图 6-95 所示。

彩图 6-95

图 6-95　喷涂变色龙涂料的汽车（彩图）

幻彩色母的关键是色母中含有幻彩颜料。幻彩颜料是一种由超薄的多层干涉膜形成的微米级的薄片材料，它的特点是不透明、薄、扁平及具有高反射性。幻彩颜料颜色是由光的干涉现象产生的，这种颜色有极好的镜面效果和高彩度。

自然界中也存在这种光干涉现象，例如我们见到的肥皂泡、贝壳和羽翼等的幻彩效果。幻彩颜料的颜色产生原理和这些现象的相似，通过对干涉薄膜的厚度的精确控制，使每种颜料所产生的颜色变幻效果不同，如由绿色向紫色变幻、由紫色向橙色变幻、由金色向银色变幻等。由于幻彩颜料颜色的产生是通过控制干涉膜厚产生的，因此又称为"物理颜色"。

1. 幻彩效果的产生机理

颜色的产生有吸收色和干涉色原理。吸收色指白色光（常指日光）通过物体后其中一些特定波长的光波被吸收，而其他波长的光波被反射，人眼看到的颜色即反射光波的颜色，这是物体本身所具备的内在特性。干涉色则不同，它不是物体的内在特性，而是通过对某些光线反射的加强而抑制另外一些光线的反射，经过特别处理的表面反射的光线随光线入射角度的不同而呈现出不同的颜色，这种作用是"吸收色"无法体现的。

与普通的珠光颜料不同，幻彩颜料既不是云母也不是铝粉，它是由特殊的、具有层状结构的薄片材料组成的，其中央包裹着不透明的铝涂层，幻彩颜料是完全反射的材料。这种层状薄片材料是无机颜料，由铝、氟化镁和铬等组成，幻彩颜料具有非常好的耐候性和光稳定性，完全可以在户外使用。

幻彩颜料可以和铝粉、炭黑等一起使用产生各种各样的颜色效果，但由于这些颜料会降低涂料颜色的饱和度，因此，最能体现幻彩颜料饱和度的颜料是透明的颜料，因为它们不会影响幻彩颜料表面的光干涉作用从而不影响其颜色饱和度。

2. 幻彩颜料的特性

幻彩颜料和其他颜料及各种树脂的相溶性非常好，分散容易，既可以预分散成浆状，又可以呈粉状供应，使用时再加入涂料中。但使用时应注意要使用高速低剪切的分散设备，否则幻彩颜料的结构可能遭到破坏。幻彩颜料的遮盖力是其他特殊颜料所望尘莫及的。由于幻彩颜料的材料薄片是不透明的，因此能提供较强的遮盖力。

由于幻彩颜料非常昂贵，一般在涂料中的添加量非常少，如在面涂层中的推荐量为 0.6%～1.5%。

含有幻彩颜料的涂料和普通涂料的施工几乎没有区别，在使用时，可以用传统的空气喷涂或静电喷涂等。

目前汽车修补涂料中的幻彩颜料基本上以原装修补涂料的形式供应，还未应用于调色。

【技能学习】

珍珠漆调色操作

以下仅以三工序珍珠漆为例，说明珍珠漆的调色操作。

1. 准备工作

珍珠漆的调色准备工作与银粉漆（或素色漆）的调色准备工作相同。

2. 操作流程

假如一辆白色丰田凯美瑞轿车需要修复涂装，使用"鹦鹉"汽车修补漆系统进行调色，其步骤如下。

（1）找到颜色代码。

如在车身上找到的颜色代码为 070。

（2）查阅 070 颜色配方。

① 按所查得的颜色代码 070 找到相应的色卡（或色卡组）。

② 在要修复区域附近且颜色一致处用抛光蜡抛光。

③ 将所选的色卡颜色与车身颜色相对比，找到颜色最接近的色卡（从色卡组中）。

④ 从色卡的背面读取配方。根据具体施工需要，重新计算配方中各色母的用量。因为三工序涂装系统基本上都是白珍珠色漆，底色漆（工序 1）和珍珠漆（工序 2）通常不需要微调颜色，所以调漆量只需要按实际需要的量多加约 100 g 即可，例如实际需要用漆量为 0.4 L 底色漆和珍珠漆，则可调 0.5 L 的底色漆和 0.5 L 珍珠漆即可。计算后的配方见表 6-17。

（3）准备色母和工具。

参阅素色漆调色的相关操作。

（4）喷涂底色漆试板。

① 计量添加色母。按 0.5 L 配方中工序 1 所列色母的顺序和质量添加色母，352-91→55-M25→55-A137→55-A927→55-A553，得到 519.4 g 色浆。

② 喷涂试板。取 100 g 色浆，按涂料技术说明添加稀释剂（因为是三工序漆，所以配方中的色母均为 1K 型，无须添加固化剂），混合均匀后按施工标准要求喷涂试板并烘干。

此时，如果在前机舱盖、行李箱盖背面能够看到底色漆（这些地方是不喷涂珍珠漆和清漆的），则可以按素色漆的比色与微调操作方法进行底色漆的微调。

表 6-17　　　　　　丰田凯美瑞颜色代码 070 珍珠白（标准）计算后的配方

色母	1 L 单量/g	1 L 累积/g	0.5 L 单量/g	0.5 L 累积/g
颜色代码：070/珍珠白（标准）				
车型：丰田凯美瑞				
工序 1				
352-91	174.0	174.0	87	87
55-M25	644.1	818.1	322	409
55-A137	119.8	937.9	59.9	468.9
55-A927	89.4	1027.3	44.7	513.6
55-A553	11.6	1038.9	5.8	519.4
工序 2				
352-91	174.0	174.0	87	87
55-M919	135.2	309.2	67.6	154.6
11-E440	8.2	317.4	4.1	158.7
55-M0	550.2	867.6	275.1	433.8
55-M1	45.6	913.2	22.8	456.6

（5）喷涂珍珠漆试板。

① 制作分色试板。为了使珍珠漆的比色更加准确，在喷涂试板时，通常采用阶梯式喷涂（渐变喷涂）。将喷涂了底色漆的试板沿纵向均分成 6 个部分，并分别进行横向遮盖，如图 6-96 所示。

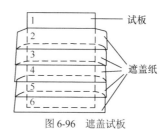

图 6-96　遮盖试板

② 调配珍珠漆。按 0.5L 配方中工序 2 所列色母的顺序和质量添加色母，352-91→55-M919→11-E440→55-M0→55-M1，得到 456.6 g 色浆。

③ 喷涂试板。取 100 g 色浆，按涂料技术说明添加稀释剂，混合均匀后按施工标准要求喷涂试板。

a. 喷涂第一层珍珠漆，如图 6-97（a）所示。

b. 按规定时间闪干后，撕去一层遮盖纸（或胶带），喷涂第二层珍珠漆，如图 6-97（b）所示。

c. 按规定时间闪干后，再撕去一层遮盖纸（或胶带），喷涂第三层珍珠漆，如图 6-97（c）所示。

d. 按规定时间闪干后，再撕去一层遮盖纸（或胶带），喷涂第四层珍珠漆，如图 6-97（d）所示。

e. 按规定时间闪干后，再撕去一层遮盖纸（或胶带），喷涂第五层珍珠漆，如图 6-97（e）所示。

f. 按规定时间闪干后，撕去最后一层遮盖纸（或胶带），将试板烘干。

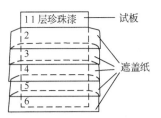
（a）喷涂第一层珍珠漆

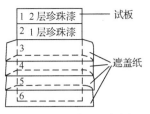
（b）撕去第一层遮盖纸，喷第二层珍珠漆

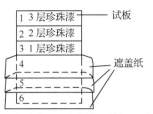
（c）撕去第二层遮盖纸，喷第三层珍珠漆

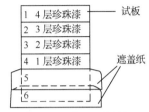
（d）撕去第三层遮盖纸，喷第四层珍珠漆

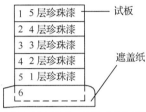
（e）撕去第四层遮盖纸，喷第五层珍珠漆

图 6-97　依次喷涂珍珠漆

g. 将试板纵向遮盖一半，喷涂清漆，如图 6-98 所示。

h. 揭去遮盖纸，并使试板干燥。完成后的试板如图 6-99 所示。

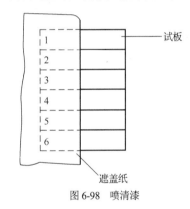
图 6-98　喷清漆

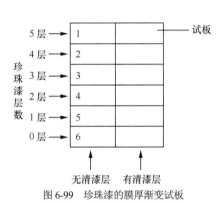
图 6-99　珍珠漆的膜厚渐变试板

（6）比色。

等喷涂的试板干燥后，从不同的方向观察对比，需从 15°、25°、45°、75°、110°等多个角度对比观察。通过观察各个角度的颜色，确定色相、明度和彩度 3 个属性的差异，找出颜色最接近的区域，就可以确定需要喷涂几层珍珠漆，才能得到所需要的颜色。

（7）实车修复喷涂。

按最终确定的珍珠漆喷涂层数，进行实车修复喷涂，注意应使用过渡喷涂技术，以修正颜色的微小差异。

项目七
面漆的涂装

|任务 7-1　面漆的整板喷涂|

【任务引入】

当中涂底漆打磨完成，并进行必要的除油、清洁及遮盖后，即可以进行面漆的喷涂，在此之前确认面漆的调色已经完成。

面漆是整个涂层的表层，因而对其喷涂质量要求最高，以达到要求的涂层厚度、光泽和色彩。喷涂面漆是一项技术性很强的工作，需要涂装工有良好的喷涂技术和丰富的喷涂经验。

本任务主要介绍整板喷涂（不采用过渡技术）素色面漆、银粉面漆和珍珠面漆的方法。

【学习目标】

1. 知识目标
（1）能够熟练掌握面漆喷涂常用的手法。
（2）能够准确描述单工序、双工序及三工序面漆的喷涂工艺。

2. 能力目标
（1）能够正确进行素色面漆的整车（整板）喷涂。
（2）能够正确进行银粉面漆的整车（整板）喷涂。
（3）能够正确进行三工序珍珠面漆的整车（整板）喷涂。

3. 素质目标
（1）培养安全卫生习惯、节能环保意识和团队协作精神等职业素养。
（2）培养大国工匠精神和爱国情怀。

【相关知识学习】

一、面漆喷涂的常用手法

1. 干喷和湿喷

（1）干喷。

干喷指喷涂时选择的溶剂要快干、气压较大、出漆量较小、温度较高等，喷涂后漆面较干。

（2）湿喷。

湿喷指喷涂时选择的溶剂要慢干、气压较小、出漆量较大、温度较低等，喷涂后漆面较湿。

2. 虚枪喷涂与雾化喷涂

（1）虚枪喷涂。

在喷涂色漆后，将黏度很低的涂料喷涂在面漆上的操作称为虚枪喷涂。在汽车修复涂装中有两种类型的虚枪喷涂法。

① 在热塑性丙烯酸面漆上虚枪喷涂，用来使新喷涂的修补漆与原来的旧漆膜之间润色，使汽车表面经过修复后看不出修复的痕迹。

② 在新喷涂的丙烯酸或醇酸磁漆上虚枪喷涂，用来提高其光泽度，有时也用来在斑点修复时润色。

（2）雾化喷涂。

雾化喷涂俗称飞雾法喷涂，又叫飞漆，即以比较远的距离喷一薄层雾状的漆膜。雾化喷涂手法一般用于喷涂银粉漆，以获得需要的特殊效果。

二、面漆的喷涂工艺

面漆分为单工序面漆（素色漆）和双工序面漆（银粉漆，有时素色漆也有双工序的）及三工序珍珠漆 3 种，其喷涂工艺各不相同，如图 7-1 所示。

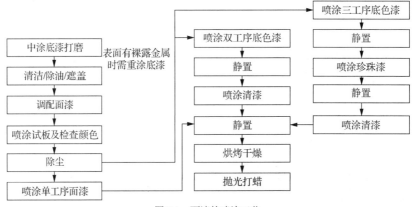

图 7-1 面漆的喷涂工艺

【技能学习】

一、准备工作

1. 劳动安全与卫生

面漆喷涂施工的劳动安全与卫生注意事项与底漆喷涂的相同。

2. 准备板件

对于已经打磨完中涂底漆的板块，通常要进行下列准备工作。

① 用吸尘器或气枪对需喷涂表面进行除尘处理。

② 整板喷涂时，根据所喷涂的板件特点及需喷涂的面积确定遮盖的位置。取合适的遮盖纸进行遮盖。

③ 用粘尘布对待喷涂表面进行除尘处理。

④ 用无纺布浸除油剂对表面进行除油处理；对于塑料件，应用专用塑料清洁剂处理。

3. 喷涂前的检查

在开始喷涂作业之前，下列工作一定要做：一是检查车身外表有无遮盖遗漏之处；二是检查有无打磨作业和清洁作业没有进行完全之处；三是检查喷枪和干燥设备有无异常。

4. 个人卫生

检查完毕之后，用肥皂清洗手上的油污，穿上喷漆工作服，再用压缩空气清除黏附在衣服上的灰尘。

二、整板喷涂素色面漆

对于不同种类的素色漆，需要的喷涂方法也不一样。现以"鹦鹉"汽车修补漆为例，涂料黏度用 4 号福特杯测量。

整板喷涂面漆
的准备

1. 准备面漆

（1）解读涂料技术说明。

喷涂汽车修补面漆前，应详细解读其使用说明，以便充分了解其喷涂的技术要求。"鹦鹉" 22 系列素色汽车修补面漆技术说明见表 7-1。

表 7-1　　　　　　　　　"鹦鹉" 22 系列素色汽车修补面漆技术说明

技术图标	工艺参数	技术要求
	修复涂装工艺系统	锐丽-高浓度系统
	可喷涂面积效率	390 m^2/L（膜厚 1 μm）
	混合比例	按颜色配方称量
	固化剂	2∶1+10%（即 22 系列素色面漆与固化剂 929-73/71/74 以 2∶1 的体积比混合，再加入 10%素色面漆体积的稀释剂 352-91/50/216）使用调漆比例尺
	稀释剂	
	喷涂黏度 DIN 4（20 ℃）	20～22s。活化时间（20℃）：2～3 h
	重力式喷枪 喷涂气压	HVLP 喷枪 1.3 mm；2.0～3.0 bar/0.7 bar①（0.2～0.3 MPa/0.07 MPa）风帽气压 兼容喷枪 1.3～1.4 mm　　2 bar（0.2 MPa）
	喷涂层数	2 层。膜厚：50～70μm
	刷涂	4∶1 与 929-13 固化剂混合+5%的 522-78 稀释剂
	固化剂： 干燥　　　　20 ℃ 　　　　　　60 ℃ 红外线　（短波） 　　　　（中波）	标准　　　　　快干　　　　慢干 8 h　　　　　　6 h　　　　　10 h 30 min　　　　20 min　　　35 min 8 min　　　　　8min　　　　　8min 10～15 min　　10～15 min　10～15 min

注①：1bar=0.1MPa，以下为了与喷枪设备参数一致，保留单位 bar。

（2）调制面漆。

将色浆（调好颜色的混合体）按所需要的量取出，加入固化剂和稀释剂调整好黏度。通常的做法是将色浆和固化剂调配好之后，再加入稀释剂调整黏度。但熟练之后，也可以先用稀释

剂稀释色浆，过滤好，注入喷枪的涂料杯中，再加入适量的固化剂搅拌均匀。这种情况下，只要记住色浆的用量，然后按色浆体积：固化剂体积为2∶1的比例加入固化剂即可，这样做的好处是，可以真正做到用多少调多少，避免浪费。

从前述表7-1中可以查到，调制"鹦鹉"22系列素色汽车修补面漆时，将色浆、固化剂（929系列）和稀释剂（352系列）按2∶1+10%的比例（体积比）配比。

2. 选择喷枪

从表7-1中可以查到，喷涂"鹦鹉"22系列素色汽车修补面漆时，若选用兼容喷枪，其口径应为1.3～1.4 mm；若选用重力式HVLP喷枪，其口径应为1.3 mm。

3. 添加涂料

调制好的涂料，用不低于180目的滤网（过滤漏斗等）过滤后装入喷枪的涂料杯内。注意：涂料杯不要装得太满，底色漆和清漆应各用一把喷枪。

4. 调整喷枪

① 根据涂料的说明调整喷涂气压。从表7-1可知，喷涂"鹦鹉"22系列汽车修补面漆时，如选用HVLP喷枪，则喷涂气压为2.0～3.0 bar（0.2～0.3MPa）；若选用兼容喷枪，则喷涂气压为2.0 bar（0.2 MPa）。

② 根据喷涂面积大小调整喷涂扇幅大小。通常做整板（整车）喷涂时，用全开扇幅。

③ 用扇幅测试的方式调整供漆量和/或喷涂气压。

5. 喷涂施工

（1）第一次喷涂（预喷涂）。

涂料黏度：标准。

喷涂气压：标准。

扇幅调节阀：全开。

漆流量调节阀：1/2～2/3开度。

喷枪距离：稍远。

喷枪运行速度：快。

素色面漆的喷涂

以车身整体喷上一层雾的感觉，薄薄地预喷一层。喷这一层的目的，一是增强涂料与旧漆膜的亲和力，同时确认有无排斥涂料的部位，如果有就在该部位稍加大气压喷涂，覆盖住涂料排斥部位。闪干时间不少于5 min。

（2）第二次喷涂（形成漆膜层）。

涂料黏度：标准。

喷涂气压：标准。

扇幅调节阀：全开。

漆流量调节阀：2/3～3/4开度。

喷枪距离：标准。

喷枪运行速度：适当。

在该工序基本形成漆膜层，要达到一定的膜厚。该工序要注意尽可能喷厚一些，这是最终获得良好表面质量的基础，但同时要注意不能产生流挂，以此作为标准。闪干时间不少于5 min。

（3）第三次喷涂（表面色调和平整度的调整）。

涂料黏度：标准（可稍微调小）。

喷涂气压：标准（可稍微调小）。

扇幅调节阀：全开。

漆流量调节阀：全开。

喷枪距离：标准。

喷枪运行速度：适当。

第二次喷涂已形成了一定的膜厚，第三次喷涂的主要目的是调整漆膜色相，同时要形成光泽。在此时可适当加入清漆，有时为调整色相，要加入干燥速度慢的稀释剂。

素色漆一般喷涂 3 次，就能获得所需膜厚、光泽和色相。如果色相还不满意的话，可将涂料黏度调小，再修正喷涂一次。

以上喷涂层次为通常的喷涂要求，各涂料生产商生产的涂料不同，喷涂遍数也不尽相同。如"鹦鹉"22 系列双组分高浓面漆要求在水平面喷涂时厚喷 2 层；而在垂直面喷涂时需喷 1/2+1层，即先薄喷一层（1/2 层），然后厚喷一层。

整车喷涂时，喷涂作业的先后顺序往往随操作者的习惯而定，但要注意漆雾的影响。在下排风的喷漆间整车喷涂时，通常先喷涂车顶，然后喷涂车后部，围绕车身一圈后在车后部完成接缝的喷涂。如果由两名涂装工共同操作完成整车喷涂，效果会更好。但在喷涂金属面漆或珍珠面漆时，最好由一个人来操作，因为不同的操作手法可能会引起颜色的差异。图 7-2 所示为合理的整车喷涂顺序。

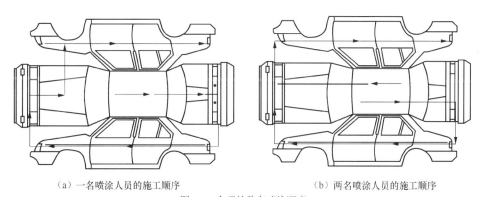

（a）一名喷涂人员的施工顺序　　　　　　　　　　（b）两名喷涂人员的施工顺序

图 7-2　合理的整车喷涂顺序

应用较多的另外一种整车喷涂顺序如图 7-3 所示。首先从车顶开始，依次是右前门、右前翼子板、前舱盖、左前翼子板、左前门、左后门、左后翼子板、行李箱盖、右后翼子板、右后门。在喷涂右后门时可将右前门打开，能够防止漆雾粒子飞扬到已经略干的右前门漆面上，避免产生粗粒现象，但需提前做好车室内的防护工作。当然，整车喷涂顺序并不是固定不变的，重点是要保证最大限度地避免边缘干燥过快或者在表面已经干燥的区域喷涂。所以，以下的喷涂顺序也经常被采用。

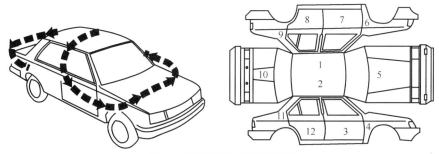

图 7-3　应用较多的整车喷涂顺序

左车顶→右车顶→右后门→右前门→右前翼子板→前舱盖→前保险杠→左前翼子板→左前门→左后门→左后翼子板→行李箱盖→后保险杠→右后翼子板。

（4）闪干。

面漆喷涂结束后，若采用烘干干燥，必须使漆膜有充分的闪干时间，以使漆膜中溶剂充分挥发，避免喷涂完毕后直接加温烘烤所造成的漆膜起热痱等缺陷。

涂料的种类不同，闪干时间也不同。通常的闪干时间为10～20 min。具体数据以涂料技术说明书建议为准。

（5）清除遮盖。

喷涂工作完毕之后，遮盖用的胶带和遮盖纸的使命就已经完成，可以清除掉了。遮盖物的清除工作应在喷涂完毕之后，静置20 min左右的时间（涂料生产商建议的烘干前的闪干时间），待漆膜稍稍干燥后即可。

清除遮盖物工作应从涂层的边缘部位开始，绝不能从胶带中部穿过涂层揭开胶带。拆除动作应小心缓慢，并且使胶带与涂层呈锐角均匀地离开表面，如图7-4所示。清除时要注意不要碰到刚刚喷涂过的地方，还应防止宽松的衣服蹭伤喷涂表面，因为这些表面尚未干透，碰到后会引起损伤。

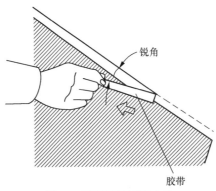

图7-4　正确揭掉胶带的方法

（6）干燥。

整板（整车）喷涂的干燥通常在喷烤漆房内进行。干燥设备有多种类型，如红外线、远红外线、热风等。不同设备的干燥方式也有所不同。因此干燥作业的关键就是如何根据干燥设备的特点，在不致漆膜产生气孔的前提下提高干燥速度。

从表7-1可知，"鹦鹉"22系列素色汽车修补面漆的干燥时间因使用的固化剂和采用的干燥方式不同而不同。

若使用快干型固化剂（929-71），常温干燥（20 ℃）需6 h；热空气升温干燥（60 ℃）需20 min；用短波红外线干燥需8 min；用中波红外线干燥需10～15 min。

若使用标准干燥型固化剂（929-73），常温干燥（20 ℃）需8 h；热空气升温干燥（60 ℃）需30 min；用短波红外线干燥需8 min；用中波红外线干燥需10～15 min。

若使用慢干型固化剂（929-74），常温干燥（20 ℃）需10 h；热空气升温干燥（60 ℃）需35 min；用短波红外线干燥需8 min；用中波红外线干燥需10～15 min。

三、整板喷涂银粉面漆

1．准备面漆

（1）解读涂料技术说明。

"鹦鹉"55系列底色漆技术说明见表7-2。"鹦鹉"923系列汽车修补清漆技术说明见表7-3。

表 7-2　　　　　　　　　　　　"鹦鹉" 55 系列底色漆技术说明

技术图标	工艺参数	技术要求
	修复涂装工艺系统	锐丽-经典系统
	可喷涂面积效率	115 m²/L（膜厚 1 μm）
	混合比例 稀释剂	55 系列金属色/纯色底色漆：固化剂 352-50/91/216= 2：1（体积比）
	喷涂黏度 DIN 4（20 ℃）	18～22 s。活化时间（20℃）：48 h
	重力式喷枪 喷涂气压	HVLP 喷枪：1.3 mm；2.0～3.0 bar/0.7 bar 风帽气压 兼容喷枪1.3～1.4 mm；2 bar
	喷涂层数	2 层（喷涂到遮盖）　　　　　膜厚　　15～20 μm 1/2 效果层
	闪干时间（20 ℃）	大约 10 min 至亚光

应用：金属色和纯色底色漆/清漆修复系统。

　　　湿碰湿喷涂鹦鹉 923 系列清漆。

特性：非常强的遮盖力，较短的闪干时间，效率高。

注意：仅使用推荐用于 55 系列色漆上的清漆。

表 7-3　　　　　　　　　　　　"鹦鹉" 923 系列汽车修补清漆技术说明

原料	工艺数据			
	混合比例：2：1+10%			
	油漆	100 份 22 系列		
高浓度清漆 923-255 中浓度清漆 923-155 柔软亚光清漆 923-57	固化剂	50 份 929-70/73/74		
	稀释剂	10 份 352-91/50/216		
	活化时间（20 ℃）	3～4 h		
固化剂 929-71　快速 　　　　929-73　一般 　　　　929-74　慢速	喷涂黏度 CIN4（20 ℃）	16～20 s		
	喷枪口径（重力式）	HVLP：1.2～1.3 mm	兼容：1.3～1.4 mm	
	喷枪口径（虹吸式）	HVLP：1.8 mm	兼容：1.7 mm	
	喷涂气压	HVLP：2.0～3.0 bar	兼容：2.0 bar	
稀释剂 352-50　快速 　　　　352-91　一般 　　　　352-216　慢速	喷涂道数	2		
	间隔时间（20 ℃）	层间闪干 3～5 min		
清漆用于 2 涂层喷漆作业， 湿碰湿工艺	膜厚	50～70μm		
	不同固化剂干燥	929-71	929-73	929-74
923-57 适用于保险杠等的 喷涂，不能加柔软添加剂	干燥（20 ℃）	1 h	2 h	3 h
	干燥（60 ℃）	20 min	30 min	35 min
	红外线（短波）	7 min	7 min	7 min
	红外线（中波）	10 min	10 min	10 min

（2）调制底色漆。

从表 7-2 中可以查到，调制"鹦鹉"55 系列底色漆时，需将色浆与稀释剂（352 系列）按 2∶1 的比例（体积比）配比。

（3）调制清漆。

从表 7-3 中可知，调制"鹦鹉"923 系列汽车修补清漆时，将清漆、固化剂（929-71/73/74）和稀释剂（352 系列）按 2∶1+10%的比例（体积比）配比。

2. 选择喷枪

从表 7-2 和表 7-3 中可以查到，喷涂"鹦鹉"底色漆和清漆时，若选用兼容喷枪，其口径应为 1.3～1.4 mm；若选用重力式 HVLP 喷枪，其口径应为 1.2～1.3 mm。

3. 添加涂料

调制好的涂料，用不低于 180 目的滤网（过滤漏斗等）过滤后装入喷枪的涂料杯内。注意：涂料杯不要装得太满，底色漆和清漆应各用一把喷枪。

4. 按标准工艺喷涂银粉面漆

（1）喷枪的调整。

① 根据涂料的说明调整喷涂气压，如喷涂"鹦鹉"55 系列汽车修补面漆及清漆时，如选用 HVLP 喷枪，则喷涂气压为 2.0～3.0 bar；若选用兼容喷枪，则喷涂气压为 2.0 bar。

② 根据喷涂面积大小调整喷涂扇幅大小。通常做整板（整车）喷涂时，用全开扇幅。

③ 用扇幅测试的方式确认喷枪的调整情况是否合适。

（2）喷涂流程。

① 第一次喷涂（预喷涂）。

涂料黏度：标准。

喷涂气压：标准。

扇幅调节阀：全开。

漆流量调节阀：1/2～2/3 开度。

喷枪距离：稍远。

喷枪运行速度：快。

喷枪以喷雾感沿车身表面整体薄薄喷洒，以增强涂料与底层或旧漆膜的亲和力，同时确认有无排斥涂料现象。如果出现了排斥现象，就在有排斥现象的部位提高喷涂气压。闪干时间至少 5 min。

② 第二次喷涂（决定色调）。

涂料黏度：标准。

喷涂气压：标准。

扇幅调节阀：全开。

漆流量调节阀：2/3～3/4 开度。

喷枪距离：标准。

喷枪运行速度：稍快。

第二次喷涂决定漆膜色相，喷涂时不必在意出现的喷涂斑纹和金属斑纹，单层喷涂，喷枪移动速度稍快一点为好。丙烯酸聚氨酯涂料遮盖力较强，一般喷两次即可，但有的色相需按第二次喷涂方法再喷涂一次。闪干时间至少 5 min。

③ 第三次喷涂（消除斑纹喷涂）。

将喷枪内的涂料按 1∶1 的比例加入清漆混合。

喷涂气压：稍小。

扇幅调节阀：全开。

漆流量调节阀：1/2～2/3 开度。

喷枪距离：稍远。

喷枪运行速度：快。

第三次喷涂消除第二次喷涂形成的喷涂斑纹和金属斑纹，起到防止喷涂清漆层时引起金属斑纹的作用，以形成满意的金属感。

原则上清漆和银粉漆各占 50%，但随颜色不同会有些变化。例如浅色彩时，清漆多一些，银粉漆占 20%～30%，清漆占 70%～80%；银灰色和中等浓度色相，两种各占 50%，或者清漆稍多一些，占 60%。黏度为 12 s 左右。

喷涂时，喷枪运行速度要快，与涂装表面保持稍远的距离，薄薄地喷涂一层，以完全消除金属斑纹。

在底色漆喷涂过程中，如果出现了过多的金属颗粒（轻度流挂），可用吸纸吸掉。

④ 闪干。在消除斑纹喷涂结束之后，要设置 10～15 min 的中间间隔时间（以涂料生产商的建议为准），使漆膜中的溶剂挥发。若用指尖轻轻触摸漆膜表面，粘不上颜色，就可以进行清漆层喷涂。设置中间间隔时间，是为了使银粉漆中的溶剂尽可能挥发。"鹦鹉"漆建议闪干时间约 10 min，至漆面呈亚光效果即可。

⑤ 第四次喷涂（清漆的预喷涂）。

涂料黏度：标准。

喷涂气压：标准。

扇幅调节阀：全开。

漆流量调节阀：2/3 开度。

喷枪距离：稍远。

喷枪运行速度：稍快。

第一次清漆层的喷涂不能太厚，一次喷涂太厚会引起金属颗粒排列被打乱，所以要喷得薄一些。闪干时间至少 5 min。

⑥ 第五次喷涂（精加工清漆喷涂）。

涂料黏度：标准。

喷涂气压：标准。

扇幅调节阀：全开。

漆流量调节阀：全开或 3/4 开度。

喷枪距离：标准。

喷枪运行速度：普通或稍慢。

以第二次清漆层的喷涂结束面漆喷涂工作，要边观察漆膜平整度边仔细喷涂。如果采用快速移动喷枪，往返两次覆盖，能得到很理想的表面色泽。尤其是在车顶、行李箱盖、前舱盖等部位，覆盖两次为好。

当表面平整度不好时，可以加入干燥速度慢的稀释剂进行修整，能获得好的喷涂质量。

⑦ 闪干。约 20 min。

⑧ 清除遮盖物。

⑨ 干燥。银粉漆的干燥参数与素色漆的相同。

5. 按经济型工艺喷涂银粉面漆

① 第一次喷涂（底色漆预喷涂）。

涂料黏度：比标准稍大。

喷涂气压：标准。

扇幅调节阀：全开。

漆流量调节阀：1/2～2/3 开度。

喷枪距离：稍远。

喷枪运行速度：快。

整体平均薄薄地喷涂，以增强涂料与旧漆膜的亲和力。同时检查有无排斥涂料现象，如果有排斥涂料现象，则在该部位提高气压喷涂，覆盖排斥部位。闪干 5 min。

② 第二次喷涂（决定漆膜色彩）。

涂料黏度：比标准稍大。

喷涂气压：标准。

扇幅调节阀：全开。

漆流量调节阀：3/4 开度～全开。

喷枪距离：标准。

喷枪运行速度：稍快。

第二次喷涂决定漆膜色彩，注意不要出现喷涂斑纹和金属斑纹。如果出现金属斑纹，应将喷枪距离加大，以喷雾的方法喷涂对其进行修整。

丙烯酸聚氨酯漆遮盖力强，喷涂两次就能确定好色彩。如果色彩不好，可间隔 10～15 min，再按第二次喷涂的方法，喷涂第三次甚至第四次。

③ 闪干。闪干约 10 min 至表面呈亚光状态。

④ 第三次喷涂（清漆层涂料预喷涂）。

涂料黏度：标准。

喷涂气压：标准。

扇幅调节阀：全开。

漆流量调节阀：2/3～3/4 开度。

喷枪距离：稍远。

喷枪运行速度：稍快。

闪干约 5 min。

⑤ 第四次喷涂（清漆精加工喷涂）。

涂料黏度：标准。

喷涂气压：标准。

扇幅调节阀：全开。

漆流量调节阀：3/4 开度～全开。

喷枪距离：标准。

喷枪运行速度：普通或稍慢。

第二次清漆层喷涂是精加工喷涂，要边观察漆膜的平整度边仔细喷涂，习惯了快速移动喷枪的，可以往返覆盖两层，以获得高质量的表面层。如果漆膜起皱，要加入干燥速度慢的稀释剂进行修整。

⑥ 闪干。约 20 min，清除遮盖物。

⑦ 干燥。

以上喷涂层次为通常的银粉漆喷涂要求，各涂料生产商生产的涂料不同，喷涂遍数要求也不尽相同。如"鹦鹉"55 系列底色漆要求喷 2+1/2 层，即先厚喷 2 层，再薄喷一层（1/2 层）。

寄语：面漆喷涂最终效果，来自喷涂过程的精准控制。杭州技师学院蒋应成获得第 44 届世界技能大赛喷漆项目冠军，为国家争得荣誉，他能将漆膜厚度误差控制在几微米，这就是精准喷涂。

四、整板喷涂珍珠面漆

1. 准备面漆

喷涂三工序珍珠漆时的准备工作与喷涂银粉漆的相似，即需要准备好底色漆和清漆，不同之处是需要准备好已调好色的珍珠漆。

2. 选择喷枪

喷涂珍珠漆时，喷枪的选用方法也与喷涂银粉漆的相同。

3. 添加涂料

调制好的涂料，用不低于 180 目的滤网（过滤漏斗等）过滤后装入喷枪的涂料杯内。注意：涂料杯不要装得太满，底色漆、珍珠漆和清漆应各用一把喷枪。

4. 调整喷枪

① 根据涂料的说明调整喷涂气压。如喷涂"鹦鹉"55 系列汽车修补面漆及清漆时，若选用 HVLP 喷枪，则喷涂气压为 2.0～3.0 bar（0.2～0.3 MPa）；若选用兼容喷枪，则喷涂气压为 2.0 bar（0.2 MPa）。

② 根据喷涂面积大小调整喷涂扇幅大小。通常做整板（整车）喷涂时，用全开扇幅。

③ 用扇幅测试的方式调整供漆量。

5. 喷涂施工

（1）喷涂底色漆。

① 第一次喷涂（预喷涂）。

涂料黏度：标准。

喷涂气压：标准。

扇幅调节阀：全开。

漆流量控制阀：1/2～2/3 开度。

喷枪距离：稍远。

喷枪运行速度：快。

以车身整体喷上一层雾的感觉，薄薄地预喷一层。喷这一层的目的，一是增强涂料与旧漆膜的附着力，二是确认有无排斥涂料的部位，如果有就在该部位稍加大气压喷涂，覆盖住涂料排斥部位。闪干时间不少于 5 min。

② 第二次喷涂（形成漆膜层）。

涂料黏度：标准。

喷涂气压：标准。

扇幅调节阀：全开。

漆流量控制阀：2/3～3/4 开度。

喷枪距离：标准。

喷枪运行速度：适当。

在该工序基本形成漆膜层且要达到一定的膜厚。该工序应尽可能喷厚一些，这是最终获得良好表面质量的基础，但同时要注意不能产生流挂，以此作为标准。闪干时间不少于 5 min。

③ 第三次喷涂（表面色调和平整度的调整）。

涂料黏度：标准（可稍微调小）。

喷涂气压：标准（可稍微调小）。

扇幅调节阀：全开。

漆流量控制阀：全开。

喷枪距离：标准。

喷枪运行速度：适当。

第二次喷涂已形成了一定的膜厚，第三次喷涂的主要目的是调整漆膜色相，同时要形成光泽。此处可适当加入清漆，有时为调整色相，要加入干燥速度慢的稀释剂。

④ 闪干至亚光。设置 10～15 min 的中间间隔时间（以涂料生产商的建议为准），使漆膜中的溶剂挥发。若用指尖轻轻触摸漆膜面不粘手，就可以进入下一道工序。

（2）喷涂珍珠效果层。

① 第一次喷涂（预喷涂）。

涂料黏度：标准。

喷涂气压：标准。

扇幅调节阀：全开。

漆流量控制阀：1/2～2/3 开度。

喷枪距离：稍远。

喷枪运行速度：快。

以车身整体喷上一层雾的感觉，薄薄地预喷一层。喷这一层的目的，一是增强涂料与底色漆层的附着力，二是确认有无排斥涂料的部位，如果有就在该部位稍加大气压喷涂，覆盖住涂料排斥部位。闪干时间不少于 5 min，至漆膜表面呈现亚光效果。

② 第二次喷涂（决定色彩）。

涂料黏度：标准。

喷涂气压：标准。

扇幅调节阀：全开。

漆流量控制阀：2/3～3/4 开度。

喷枪距离：标准。

喷枪运行速度：适当。

在该工序基本形成漆膜层且要达到一定的膜厚。该工序应尽可能喷厚一些，这是最终获得良好表面质量的基础，但同时要注意不能产生垂挂和流动，以此作为标准。闪干时间不少于 5 min，至漆膜表面呈现亚光效果。

③ 第三次喷涂（1/2 效果层喷涂）。

涂料黏度：标准（可稍微调小）。

喷涂气压：标准（可稍微调小）。

扇幅调节阀：全开。

漆流量控制阀：全开。

喷枪距离：标准。

喷枪运行速度：快。

④ 闪干至亚光。设置 10～15 min 的中间间隔时间（以涂料生产商的建议为准），使漆膜中的溶剂挥发。若用指尖轻轻触摸漆膜面，粘不上颜色，就可以进入下一道工序。

（3）喷涂清漆。

① 第一次喷涂（预喷涂）。

涂料黏度：标准。

喷涂气压：标准。

扇幅调节阀：全开。

漆流量控制阀：2/3 开度。

喷枪距离：稍远。

喷枪运行速度：稍快。

第一次透明层的喷涂不能太厚，一次喷涂太厚会引起金属颗粒排列被打乱，所以要喷得薄一些。闪干至少 5 min，至漆膜表面呈亚光效果。

② 第二次喷涂（精加工喷涂）。

涂料黏度：标准。

喷涂气压：标准。

扇幅调节阀：全开。

漆流量控制阀：全开或 3/4 开度。

喷枪距离：标准。

喷枪运行速度：普通或稍慢。

以第二次透明层的喷涂结束面漆喷涂工作，要边观察漆膜平整度边仔细喷涂。如果采用快速移动喷枪，往返两次覆盖，便能得到很理想的表面色泽。尤其是在车顶、行李箱盖、前机舱盖等部位喷涂，覆盖两次为好。

当表面平整度不好时，可以加入干燥速度慢的稀释剂进行修整，能获得好的加工质量。

③ 闪干。约 20 min。

（4）清除遮盖物并干燥。

因为清漆是最后一道喷涂工序，所以通常采用常温干燥，如"鹦鹉"漆规定在 60 ℃下干燥 30 min 即可。

| 任务 7-2　面漆的驳口喷涂 |

【任务引入】

整板喷涂修复技术相对来说还比较容易掌握。如果损伤只占板件的一小部分，采用整板喷涂的方法修复就显得费时费力，且造成材料的浪费。

驳口喷涂，即局部喷涂，也称为点状上漆或局部修整，是指在修复涂装时，如果一块板件上出现了损伤，但是损伤的面积较小，同时位置靠近边缘，为了节省时间和材料而进行的修复涂装工艺。图 7-5 所示为车辆的左前翼子板做的局部修复。局部修复喷涂的前提是有足够的剩余面积，如图 7-6 所示。

图 7-5　局部修复

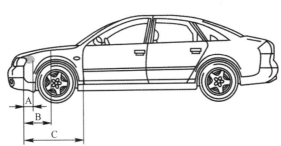

图 7-6　采用局部修复喷涂的面积确定
A—原子灰施涂区域；B—底色漆喷涂区域；C—清漆喷涂区域

由于素色面漆大多是单工序涂装的，因此只需将面漆进行局部喷涂，适当采用润色处理即可。而金属漆由于有清漆层，其局部修复喷涂分为局部喷涂底色漆、整板罩清漆和局部喷涂底色漆、局部罩清漆几种情况。

银粉漆的局部修复常采用过渡喷涂技术（业内常称作驳口喷涂技术）。过渡喷涂是指在进行修复涂装时，为了弥补修复板件的某些缺陷（主要是新旧涂层颜色差异），而将修复区域向相邻的区域（板件）扩展的方法，如图 7-7 所示。

图 7-7　过渡喷涂示意

银粉漆的过渡喷涂要求底色漆必须局部过渡喷涂，清漆整板喷涂，甚至向相邻板件进行过渡喷涂。

过渡喷涂工艺的难点在于，如何使修复的部位与板件的原有部位的颜色差异减小到肉眼无法分辨的程度。如何操作才能达到这一要求呢？关键在于驳口喷涂工艺的设计及操作手法。

本任务主要介绍素色面漆、银粉面漆和珍珠面漆局部修复过渡喷涂方法。

【学习目标】

1．知识目标
（1）能够正确描述驳口喷涂的含义。
（2）能够正确选择驳口喷涂的工艺。
（3）能够正确描述驳口喷涂时对底材的处理要求。

2．能力目标
（1）能够正确选定驳口喷涂的边界。
（2）能够正确进行素色面漆的驳口喷涂。
（3）能够正确进行银粉面漆的驳口喷涂。
（4）能够正确进行珍珠面漆的驳口喷涂。

3．素质目标
（1）培养安全卫生习惯、节能环保意识等职业素养。
（2）培养艺术审美情操。

【相关知识学习】

一、驳口喷涂工艺

对于双工序素色漆，其局部修复涂装通常采用板块内驳口喷涂工艺；银粉漆的局部修复喷涂分为板块内驳口喷涂工艺和板块外驳口喷涂工艺两种；对于珍珠漆必须采用板块外驳口喷涂工艺。

1. 板块内驳口喷涂工艺

板块内驳口喷涂工艺是指局部喷涂底色漆（或素色漆）、局部（或整板）罩清漆的工艺，如图 7-8 所示。此种工艺一般用于位于板件中部的小范围漆膜损伤修复，且受损面在各个方向上都没有清晰的边缘界限时。

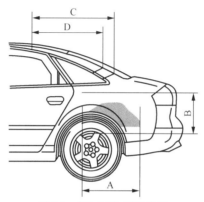

图 7-8　板块内驳口喷涂工艺

A—原子灰施涂区域；B—底色漆喷涂区域；C—以 P1500～P2000 砂纸或用研磨垫打磨的过渡区域；
D—以较低的喷涂气压以已大量稀释的清漆或局部喷涂稀释剂来喷涂的过渡区域

2. 板块外驳口喷涂工艺

板块外驳口喷涂工艺也称板块间驳口喷涂工艺，是指在需修复板件和相邻板件上喷涂底色漆（包括珍珠漆），部分颜色在相邻板件上过渡，清漆喷涂整板（包括相邻板件）的工艺。通常在漆膜损伤点处于板件边缘时采用此工艺，如图 7-9 所示。

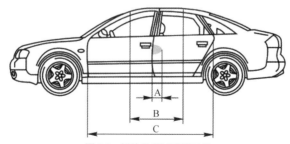

图 7-9　板块外驳口喷涂工艺

A—原子灰施涂区域；B—底色漆（包括珍珠漆）喷涂区域；C—清漆喷涂区域

二、驳口喷涂边界的选择

驳口喷涂边界的选择很重要，正确的选择能使修复后的涂层与原涂层差异减小，基本看不出曾经被修复过。边界选择应遵循以下原则。

① 选在车身板件面积较窄处，比如 A 柱、B 柱、C 柱等处。

② 选在车身拐角部位，比如保险杠蒙皮拐角处等，虽然它们处于同一个板件，但它们又处在空间的两个面上，对观察者来说对比性要小很多。

③ 选在板件的棱线部位。车身板件的棱线也是局部修复边界很好的选择，因为大多数车身棱线分界的两个面都不处于同一平面上，所以对比性小。

三、驳口喷涂对底材的处理要求

要求在整板喷涂的基础上，对过渡区域做更精细的处理。如图 7-10 所示，首先过渡区域的范围一定要达到要求，尽可能扩大一些（采用板块外驳口喷涂工艺时要扩大至相邻板块）；在扩大的过渡区域要用 P2000 美容砂纸或与之相当的研磨材料，对原漆面进行研磨处理。

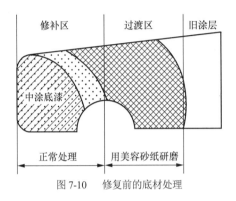

图 7-10　修复前的底材处理

四、驳口水

驳口水也叫接口水，对素色漆而言，用于驳口喷涂的材料通常称为驳口稀释剂，而应用于银粉漆的驳口喷涂材料通常称为驳口清漆。驳口水是进行面漆过渡喷涂时使用的涂料，它可以帮助过渡区域的色漆层变得平滑均匀，防止修复区域周围颜色深暗。驳口水通常装于铁制罐内，如图 7-11 所示，开罐即可使用。驳口水在使用前要充分摇匀，需要在素色漆最后一道喷完后或最后一道清漆喷完后，马上喷涂一层驳口水。

图 7-11　驳口水

【技能学习】

一、准备工作

按面漆的整车（整板）喷涂相同的要求进行各项准备。

二、驳口喷涂素色面漆

1. 板块内驳口喷涂单工序素色面漆

板块内驳口喷涂单工序素色面漆的基本工艺如图 7-12 所示。

① 第一次喷涂薄薄的一层，以增强底层和旧漆膜与涂料的亲和力。

② 第二次喷涂比第一次喷涂要稍宽一些，并在湿的状态下定出色彩。

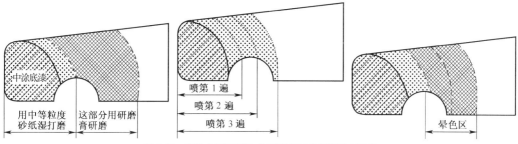

图 7-12　板块内驳口喷涂单工序素色面漆的基本工艺

③ 第三次喷涂比第二次要喷得更宽些。要稍加一些稀释剂，以获得高质量的表层。注意色调应与旧漆膜的相吻合。

④ 润色。用 30%色漆，加入 70%稀释剂，薄薄地喷涂一层，此时如果喷得过多就会出现流挂。另外，也可喷涂点修补驳口水，只是驳口水只喷涂在新旧漆膜的交界处。表 7-4 所示为"鹦鹉"点修补用驳口稀释剂（352-450）的技术说明，从表 7-4 中可以了解到，该种驳口稀释剂无须添加稀释剂（即开即用）。选用 HVLP 喷枪的口径为 1.3 mm；选用兼容喷枪的口径为 1.3～1.4 mm。喷涂气压为 2 bar（0.2MPa），喷涂 2～3 层。

表 7-4　　　　　"鹦鹉"点修补用驳口稀释剂（352-450）的技术说明

应用：● 用于 923 清漆或 22 系列/22VOC 系列面漆驳口稀释剂

　　　● 用于面漆/清漆过渡区域的驳口稀释剂

技术图标	工艺参数	技术要求
	修复涂装工艺系统	S7、S7a、S8、S9
	喷涂黏度 DIN 4（20 ℃）	开罐即用
	重力式喷枪 喷涂气压	HVLP 喷枪：1.3 mm；2.0 bar/0.7 bar（0.2 MPa/0.07 MPa）风帽气压 兼容喷枪：1.3～1.4 mm；2.0 bar（0.2 MPa）
	喷涂层	2 层或 3 层（清漆/面漆过渡区）
	干燥	参照鹦鹉清漆推荐的工艺参数

⑤ 闪干约 20 min，清除遮盖物。

⑥ 干燥。局部修复喷涂的干燥通常利用可移动的红外线烤灯进行，具体的使用方法参阅本书项目三的任务 3-1 中的"干燥原子灰"部分相关内容，只是在程序选择上要选"烘烤面漆"。

素色面漆的局部修复过渡喷涂

2. 板块内驳口喷涂双工序素色面漆

板块内驳口喷涂双工序素色面漆与喷涂单工序素色面漆基本相同,只不过要求喷涂清漆后,在清漆与旧漆膜过渡区域喷涂驳口水。

"鹦鹉"22系列高浓度2K素色面漆板块内驳口修复系统如图7-13所示。其具体操作方法不详细说明。

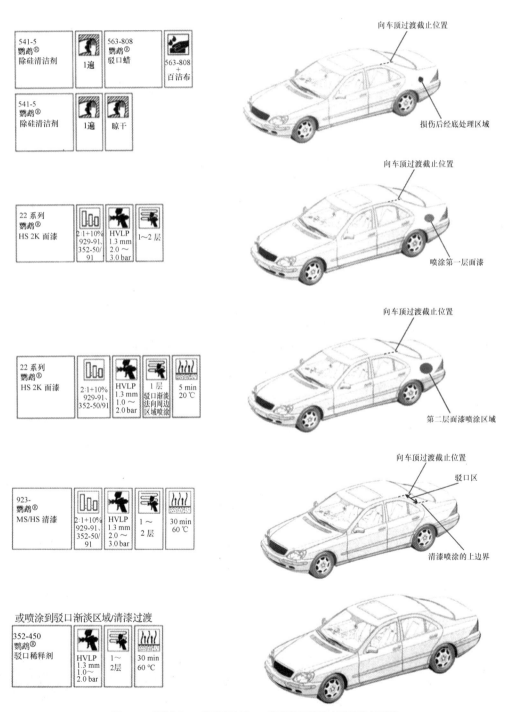

图7-13 "鹦鹉"22系列高浓度2K素色面漆板块内驳口修复系统

三、驳口喷涂银粉面漆

1. 板块内驳口喷涂银粉面漆

（1）按标准工艺驳口喷涂银粉面漆。

板块内驳口喷涂银粉面漆的标准工艺如图 7-14 所示。

局部修补工艺

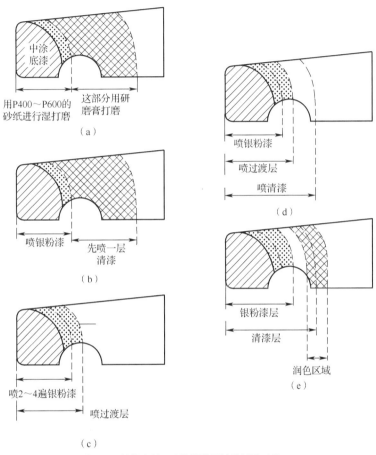

图 7-14　板块内驳口喷涂银粉面漆的标准工艺

① 先在中涂底漆层四周喷一层清漆，以使所喷的银粉漆更光滑。

此次喷涂也可使用专用的驳口水（驳口清漆）。表 7-5 所示为"鹦鹉"驳口水（55-B500）的技术说明，从表 7-5 中可以查得，该种驳口水适用于 55 系列底色漆的过渡喷涂，也适用于点修复；无须添加稀释剂（即开即用）；选用 HVLP 喷枪时的口径为 1.2～1.3 mm，喷涂气压为 2.0～3.0 bar（0.2～0.3 MPa），选用兼容喷枪的口径为 1.2～1.4 mm，喷涂气压为 2.0 bar（0.2 MPa）；与底色漆湿碰湿喷一层；无须闪干即可进行下一道工序（喷底色漆）。

表 7-5　　　　　　　　　　　"鹦鹉"驳口水（55-B500）的技术说明

技术图标	工艺参数	技术要求
	修复涂装工艺系统	S8、S8、1
	混合比例	开罐即用
		使用前充分摇动

续表

技术图标	工艺参数	技术要求
	喷涂黏度 DIN 4（20 ℃）	17～19 s
	重力式喷枪 喷涂气压	HVLP 喷枪：1.2～1.3 mm；2.0～3.0 bar/0.7 bar（0.2～0.3 MPa/0.07 MPa）（风帽气压） 兼容喷枪：1.2～1.4 mm；2.0 bar（0.2 MPa）
	喷涂层	1 层湿喷
	闪干（20 ℃）	无须闪干

应用：鹦鹉 55-B500 驳口水适用于"鹦鹉"银粉漆 55 系列底色漆的过渡喷涂。另外，55-B500 也可用
　　　于点修复。

特性：它可帮助过渡区域的色漆层变得平滑均匀，防止修复区域周围颜色深暗。
　　　55-B500 也可代替 55 系列配方中 20%的稀释剂（高银粉含量颜色）用于点修复，以获得好的颜
　　　色效果。

注意：用同一把喷枪喷涂 55-B500 驳口清漆和 55 系列色漆时，之间的转换过程，喷枪不需要清洗。

　　驳口清漆喷涂工艺的作用是防止出现"黑圈"现象。所谓的"黑圈"现象是指在用银粉漆
进行修复时，色漆过渡的边缘部分容易形成干喷，导致铝粉排列不均匀，直接观察时颜色发黑，
如图 7-15 所示。

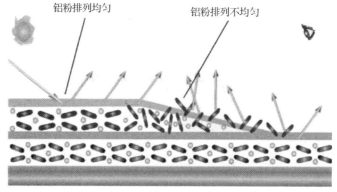

图 7-15　"黑圈"现象的产生

　　如图 7-16 所示，先湿喷一层驳口清漆于色漆需要过渡的区域，然后按施工要求喷涂底色漆。
这种方法让底色漆层变得湿润，使铝粉喷涂时排列更加均匀，不易产生"干喷"现象。

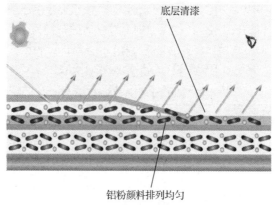

图 7-16　驳口清漆工艺的作用

② 第一次先薄薄地喷一层银粉底色漆，以增强其与中涂底漆和旧漆膜的亲和力。

③ 第二次喷涂银粉底色漆确定涂层的颜色，一般喷 2~3 遍，如果着色不好，则需要喷 3~4 遍。第二次不要喷得过厚，要均匀地、薄薄地喷。

④ 将 50%的银粉底色漆与 50%的清漆相混合，黏度调至 11~12 s，使涂料呈雾状薄薄地喷涂，以消除金属斑纹，调整金属感，同时兼有润色处理作用。闪干约 10 min（20 ℃）至漆膜呈亚光状态。

⑤ 喷涂清漆。清漆喷涂面积可扩大一些。第一次薄薄地喷一层，间隔大约 5 min 再喷第二次。喷涂时要边观察色调边喷，以形成光泽。

⑥ 润色处理。以 20%的清漆和 80%的稀释剂相混合喷在清漆层区域周围，以掩盖由于喷涂雾滴带来的影响。

此次也可喷涂专用的点修复驳口水（如"鹦鹉"325-400）。

⑦ 闪干，清除遮盖物。

⑧ 干燥。

（2）按经济工艺驳口喷涂银粉面漆。

板块内过渡喷涂银粉面漆的经济工艺如图 7-17 所示。

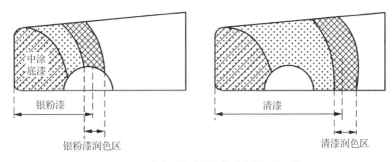

图 7-17 板块内过渡喷涂银粉面漆的经济工艺

① 银粉漆的喷涂。第一次喷涂以能遮盖住中涂底漆为准，在较宽的范围内薄薄地喷涂一层；第二次喷得稍厚一些，以决定漆膜色相；第三次薄薄地喷涂，以消除金属斑纹，调整金属感，同时进行与旧涂层的润色处理。

② 清漆喷涂。第一次喷涂以有光泽为准，要喷得薄，第二次稍厚一些，以形成光泽。清漆层也应进行润色处理，方法与标准工艺喷涂银粉漆的相同。

③ 清除遮盖物。

④ 干燥。

使用"鹦鹉"55 系列底色漆的双工序板块内驳口喷涂工艺如图 7-18 所示，其具体操作不详细说明。

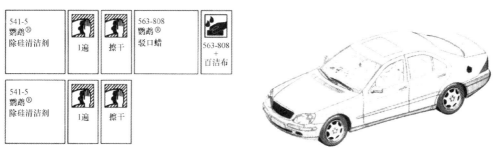

图 7-18 "鹦鹉"55 系列底色漆的双工序板块内驳口喷涂工艺

如果是 55 系列纯色漆的修复，则无须进行该步骤

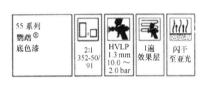

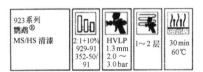

渐淡区域／清漆过渡区域的驳口喷涂

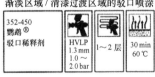

图 7-18 "鹦鹉" 55 系列底色漆的双工序板块内驳口喷涂工艺（续）

2. 板块间驳口喷涂银粉面漆

"鹦鹉" 55 系列银粉漆（底色漆）板块间驳口修复系统如图 7-19 所示（以左前翼子板局部漆膜损伤为例），具体操作流程如下所述。

银粉面漆的局部修补过渡喷涂

相邻的板块间驳口喷涂

| 541-5 鹦鹉® 除硅清洁剂 | 1遍 | 擦干 | 563-808 鹦鹉® 驳口蜡 | 563-808 +百洁布 |

| 541-5 鹦鹉® 除硅清洁剂 | 1遍 | 擦干 |

| 55系列 鹦鹉® 底色漆 | 2:1 352-50/91 | HVLP 1.3mm 2.0~3.0 bar | 1层 驳口渐淡法向相邻区域喷涂 | 闪干至亚光 |

| 55-B 500 鹦鹉® 驳口清漆 | HVLP 1.3mm 2.0~3.0 bar | 1层 |

如果是 55 系列纯色漆的修复，则无须进行该步骤

| 55系列 鹦鹉® 底色漆 | 2:1 352-50/91 | HVLP 1.3mm 1.0~2.0 bar | 1层 驳口渐淡法向相邻区域喷涂 |

| 55系列 鹦鹉® 底色漆 | 2:1 352-50/91 | HVLP 1.3mm 2.0~3.0 bar | 1层 驳口渐淡法向相邻区域喷涂 | 闪干至亚光 |

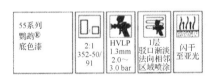

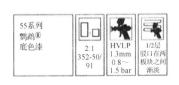

| 55系列 鹦鹉® 底色漆 | 2:1 352-50/91 | HVLP 1.3mm 0.8~1.5 bar | 1/2层 驳口在两板块之间渐淡 |

图 7-19 "鹦鹉" 55 系列银粉漆板块间驳口修复系统

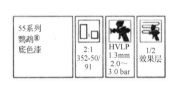

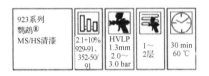

图 7-19 "鹦鹉"55 系列银粉漆板块间驳口修复系统（续）

过渡喷涂工艺

（1）遮盖与清洁。

① 用胶带和遮盖纸配合对喷涂周围进行必要的遮盖。

② 用除硅清洁剂（541-5）清洁翼子板（需修复的板块）。

③ 对前车门用百洁布蘸研磨膏（536-808）进行整体研磨。

④ 用除硅清洁剂（541-5）清洁，包括翼子板（需修复的板块）和前车门（需过渡的相邻板块）。

（2）在翼子板上喷涂底色漆。

按 55 系列底色漆喷工艺，在翼子板上喷涂一层底色漆，闪干至亚光。

（3）喷驳口清漆。

按驳口清漆（55-B550）喷涂工艺，在前车门上喷涂一层驳口清漆。

（4）喷涂驳口底色漆。

① 按 55 系列底色漆喷涂工艺，采用驳口渐淡法在驳口区域（翼子板与前车门交界区域）喷涂第一层底色漆。

② 按 55 系列底色漆喷涂工艺，采用驳口渐淡法在驳口区域喷涂第二层底色漆，此区域应比第一层喷涂区域大。闪干至亚光。

③ 按 55 系列底色漆喷涂工艺，采用驳口渐淡法在驳口区域喷涂第三层底色漆，此区域应比第二层喷涂区域大。

④ 按 55 系列底色漆喷涂工艺，在驳口区域喷涂第四层底色漆，此区域应比第三层喷涂区域大，且采用薄喷技术喷涂（即喷涂 1/2 效果层）。

（5）喷涂清漆。

按"鹦鹉"清漆喷涂工艺，在翼子板和前车门上整体喷涂 1～2 层清漆，常温干燥 30 min 即可。

四、驳口喷涂珍珠面漆

珍珠漆必须采用板块间驳口修复工艺。以"鹦鹉"55 系列珍珠漆为例，"鹦鹉"55 系列珍珠漆板块间驳口修复系统如图 7-20 所示（以左前翼子板局部漆膜损伤为例），具体操作流程如下所述。

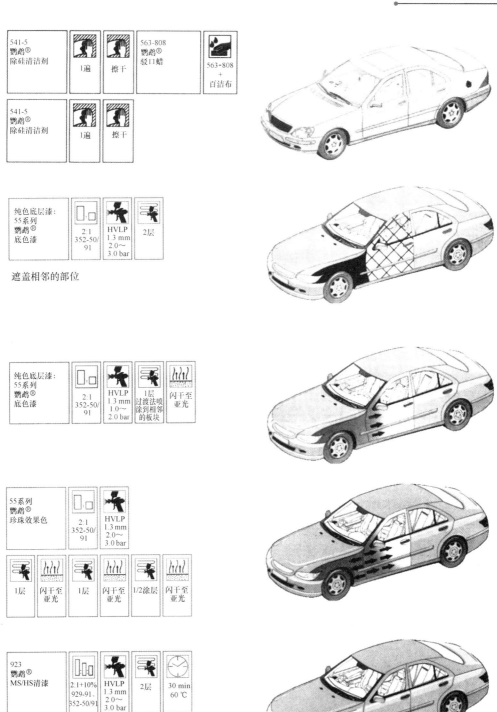

图 7-20 "鹦鹉" 55 系列珍珠漆板块间驳口修复系统

（1）遮盖与清洁。

① 用胶带和遮盖纸配合对喷涂周围进行必要的遮盖。

② 用除硅清洁剂（541-5）清洁翼子板（需修复的板块）。

③ 对前车门用百洁布蘸研磨膏（536-808）进行整体研磨。

④ 用除硅清洁剂（541-5）清洁翼子板（需修复的板块）和前车门（需过渡的相邻板块）。

（2）喷涂底色漆。

① 按 55 系列底色漆喷涂工艺，在翼子板上喷涂 2 层底色漆。

② 按 55 系列底色漆喷涂工艺，采用驳口渐淡法在驳口区域喷涂一层底色漆，闪干至亚光。

（3）喷涂珍珠漆。

① 按 55 系列珍珠漆喷涂工艺，在驳口区域喷涂第一层珍珠漆，此区域应比底色漆喷涂区域大，闪干至亚光。

② 按 55 系列珍珠漆喷涂工艺，在驳口区域喷涂第二层珍珠漆，此区域应比第一层喷涂区域大，闪干至亚光。

③ 按 55 系列珍珠漆喷涂工艺，在驳口区域喷涂第三层珍珠漆，此区域应比第二层喷涂区域大，且采用薄喷技术喷涂（即喷涂 1/2 效果层），闪干至亚光。

（4）喷涂清漆。

按"鹦鹉"清漆喷涂工艺，在翼子板和前车门上整体喷涂 1～2 层清漆，常温干燥 30 min 即可。

|任务 7-3　面漆涂装后的修整|

【任务引入】

面漆的喷涂结束以后，涂装的工作已经大部分完成，但还需要进行最后的修整工作。漆膜的修整主要包括修理小范围内的缺陷和表面抛光等。

那么，喷涂过程中会产生哪些缺陷？针对这些缺陷如何处理呢？

喷涂过程中常常会由于种种原因在面漆表面形成一些微小的缺陷，例如流挂、颗粒、微小划擦痕迹和凹坑等。由于这些涂装缺陷的存在会影响漆膜的装饰性，因此必须进行修理。

在涂装末道面漆后，由施工人员和质量检验人员，按该车型的质量标准对该车进行一次全面的检查，并将发现的各种缺陷填写在工艺质量卡上。由操作技术好的施工人员按质量卡上所列缺陷项目依次将缺陷修饰合格。收尾操作人员要有熟练的操作技术，对各层涂料的涂装操作工艺和用料都非常了解。常见涂装缺陷有漏喷、露底、毛边、流挂、颗粒、针孔、麻眼、咬底、漆膜凹陷、粗糙面等。

本任务主要介绍常见涂装缺陷的修整方法及漆面的抛光与打蜡方法。

【学习目标】

1. 知识目标

（1）能够正确描述抛光工具与材料。

（2）能够正确描述手工打蜡工具与材料。

2. 能力目标

（1）能够进行面漆喷涂常见缺陷的修整。

（2）能够正确进行整车（整板）抛光。

（3）能够正确进行整车打蜡。

3. 素质目标

（1）培养耐心细致的职业素养。

（2）培养良好的服务意识。

【相关知识学习】

一、抛光工具与材料

1. 抛光机

抛光机有立式和卧式两种。立式抛光机体积小巧，携带方便，可以作为打蜡工具使用。绝大多数的美容店都使用卧式抛光机，如图 7-21 所示。它操作方便，使用寿命长，抛光效果好。

（1）抛光机的使用。

① 抛光盘背面与抛光轮上有尼龙搭扣，方便安装和拆卸。如图 7-22 所示，安装搭扣式的抛光盘时，一定要保证抛光盘与抛光轮的中心线重合。如果安装位置偏了，抛光盘转动时，边缘的离心力分布不均，就会影响到抛光质量和加速抛光机损坏。

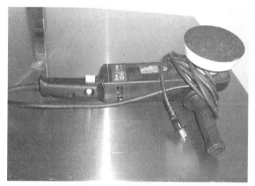

图 7-21　卧式抛光机

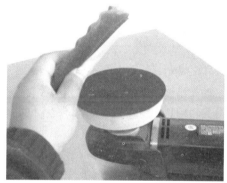

图 7-22　安装抛光盘

② 普通抛光机有 1～6 个不同的速度挡位（通过挡位调整旋钮调节，如图 7-23 所示）。高级别的抛光机速度调节是无级的，可以在静止到最高转速之间随意调节，满足不同的抛光工艺要求。

③ 抛光操作时电源开关可以自锁，不用手指长时间按着开关，方便抛光操作。需要停机时只要再按一下开关，锁止自动解除，抛光机停止工作，如图 7-24 所示。

图 7-23　挡位调整旋钮

图 7-24　解除锁止

注　意

　　a. 粗抛时转速要低些，一般在 1～3 挡范围内选择；精细抛光时转速要调高，一般在 3～5 挡范围内选择。

b. 抛光时不要过分用力按压，保证抛光机不晃动就可以。

c. 抛光完毕，将抛光盘取下，清洗干净后单独放好。

d. 抛光机存放时要让抛光轮向上，防止抛光轮被压变形。

（2）抛光盘的选择。

抛光盘的选择要根据漆膜损伤程度而定，具体选择标准见表7-6。

表7-6　　　　　　　　　　　　　　　　抛光盘的选择标准

产品	技术特点	使用漆膜	实物
羊毛球	用于漆膜粗抛光，特殊结构使空气流通有助于漆膜温度达到最佳，切削力强	新修复、划痕严重的表面处理后	
粗海绵	用于严重受损的旧漆膜抛光，切削力较强	新修复或划痕重的表面处理后	
细海绵	精细抛光，提升漆膜表面质量和光泽	发丝划痕，粗抛光后	
蜂窝状海绵	精细抛光，它的蜂窝状结构有助于消除抛光纹	细抛光、漆膜保养	

2. 抛光蜡

抛光蜡属于美容修护蜡，蜡中含有不同磨削能力的磨料颗粒。根据磨料颗粒的不同将抛光蜡分为粗蜡、中蜡和细蜡。要区分不同的抛光蜡，可以用手指取少量蜡，反复摩擦能明显感觉到粗蜡和细蜡的不同磨削能力。抛光蜡通常装于塑料瓶（桶）内，如图7-25所示。

图7-25　抛光蜡

高品质的抛光蜡具有如下特性。

① 抛光速度快。高品质的抛光蜡采用氧化铝磨料颗粒，抛光速度快且效果好。磨料颗粒在抛光过程中逐渐减少，纯机械抛光基本可以保证极高的耐久效果，而不会受到洗车、天气的影响。相比之下，含硅等添加剂的抛光蜡，耐久性差，仅靠化学作用达到短暂光泽效果。

② 不含硅。含硅产品会在漆膜产生所谓的"硅穴"，甚至会对底材造成伤害。

③ 水基产品。高品质的抛光蜡用水作为溶剂，使用方便，满足环保要求、没有健康危害，抛光后很容易清洁。

④ 产生极少的废尘。高品质的抛光蜡抛光结束后甚至不需要用水冲洗。

二、手工打蜡工具与材料

1. 车蜡

（1）车蜡的种类。

车蜡按作用的不同可以分为保养蜡、修护蜡、综合蜡。

① 保养蜡。保养蜡通常装于盒内，如图 7-26 所示。保养蜡能均匀地渗透到涂层的细小空隙中，使漆膜上多了一层保护膜，可以隔绝紫外线、灰尘、油烟以及其他杂质，保持漆面的光泽和持久性。

图 7-26　保养蜡

② 修护蜡。修护蜡主要是在蜡中加入研磨成分，如氧化铝、碳化硅等。前文述及的抛光蜡即属于修护蜡。修护蜡能够修复涂层上的划痕，但是同时涂层也会变薄。

③ 综合蜡。综合蜡是指将修护蜡和保养蜡综合在一起，可以将抛光和保护一次完成。常用的三合一美容蜡即属于综合蜡。

（2）车蜡选择。

市场上车蜡种类繁多，分类标准也是五花八门的。由于各种车蜡的性能不同，其作用效果也不一样，所以在选用时必须要慎重，选择不当不仅不能起到保护作用，反而会损伤车漆或使车漆变色。

一般情况下选择车蜡时，要根据车蜡的作用特点、车辆的新旧程度、车漆颜色及行驶环境等因素综合考虑。

① 对于高档轿车，可选用高档车蜡。

② 对于普通车辆，用普通的珍珠色或银粉漆系列车蜡即可。

③ 新车最好涂上光蜡以保护车体的光泽和颜色。

④ 夏天宜用防紫外线车蜡。

⑤ 行驶环境较差时则用保护作用突出的树脂蜡比较合适。

⑥ 选用车蜡时还必须考虑车蜡与车漆颜色的相适应性，一般深色车漆选用黑色、红色、绿色系列的车蜡，浅色车漆选用银色、白色、珍珠色系列的车蜡。

2. 褪蜡毛巾

手工打蜡时需要使用干净柔软的毛巾。市场上有一种叫神奇百洁布的褪蜡工具，它不同于普通毛巾，极少掉毛，纤维细，柔软性好，不伤漆面。

【技能学习】

一、劳动安全

按打磨、喷涂施工的要求进行劳动安全保护准备。

二、修整常见的面漆喷涂缺陷

1. 漏喷、露底的修整

① 如图 7-27 所示，先用 P500～P600 水磨砂纸将该部位轻磨（干磨）光滑并擦净杂质。

彩图 7-27

图 7-27　漏喷和露底（彩图）

② 调制原色漆将打磨部位细致地补喷均匀。注意，未喷涂部位一定要遮盖好。

2. 毛边的修整

① 先用刀片将毛边清理干净，如图 7-28 所示。

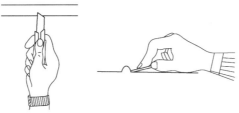

图 7-28　用刀片清理毛边

② 用毛笔蘸少许色漆轻涂一次，如图 7-29 所示。

图 7-29　用毛笔补涂毛边

③ 干燥后补涂一次，至平滑均匀。

3. 流挂的修整

（1）边缘流挂（流坠）的修整（见图 7-30）。

① 用小刀将流挂部分削平整。

② 用 P600 砂纸打磨平滑。

③ 视需要补喷一次清漆（对于素色漆，补喷素色面漆）。

彩图 7-30 和
彩图 7-31

图 7-30 边缘流挂的修整（彩图）

（2）板件中间面漆流挂（片状流淌，见图 7-31）。

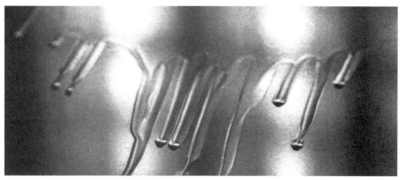

图 7-31 片状流淌（彩图）

① 用 P500～P600 水磨砂纸将流痕湿打磨至平整。
② 用 P800～P1000 水磨砂纸将流淌部位湿打磨平滑，洗净擦干。

 注 意

打磨时为防止磨到周围不需打磨的部位，可以用胶带对不需打磨的区域进行遮盖。打磨时应使打磨垫尽量平行于面漆漆面，手法要轻一些，用水先将水磨砂纸润湿，然后在打磨区域上洒一些肥皂水，这样可以充分润滑打磨表面，且不至于产生太大的砂纸痕迹。打磨时要非常仔细，经常用胶质刮水片刮除打磨区域的水渍来观察打磨的程度，只要流挂部位消除并与周围漆膜齐平即可。千万不要磨穿或使漆膜过薄，要给抛光留出余量，并保证抛光后仍有足够的膜厚。对于边角等漆膜比较薄且极易磨穿的地方尤其要小心。

③ 用抛光机抛光滑（此项操作可在全部缺陷修整完成后，借助整板或整车抛光来完成）。

4. 颗粒的修整

（1）立面垂滴的修整。
① 当颗粒较小时，使用油石打磨平整；颗粒较大时，应用刀片削平，如图 7-32 所示。
② 用抛光机抛光（此项操作可在全部缺陷修整完成后，借助整板或整车抛光来完成）。
a. 倒少量抛光剂于软布上。
b. 在补涂部位四周接口处，按补涂部位向旧漆膜部位同一方向抛光，抛光力度不宜过大，抛光程度不宜过深，防止产生补涂边缘线形痕迹，使漆面达到光泽柔和程度即可。
（2）平面上的凸起颗粒或污点的修整。
① 用刀片将其基本削平。
② 用粒度为 P1000～P1500 的水磨砂纸或油石磨平，如图 7-33 所示。

③ 最后用抛光机抛光（此项操作可在全部缺陷修整完成后，借助整板或整车抛光来完成）。

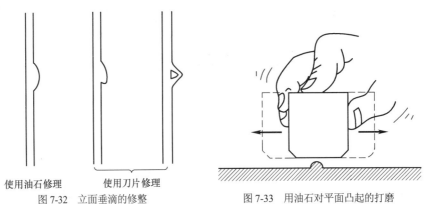

使用油石修理　　　使用刀片修理

图 7-32　立面垂滴的修整　　　　　　　图 7-33　用油石对平面凸起的打磨

5. 针孔的修整

（1）局部小面积针孔（见图 7-34）。

① 先用 P1000～P1200 水磨砂纸磨平滑。

② 用砂蜡和光蜡抛光（此项操作可在全部缺陷修整完成后，借助整板或整车抛光来完成）。

（2）较大面积针孔（见图 7-35）。

① 先用 P500～P600 水磨砂纸水磨平滑，彻底消除针孔，洗净吹干。

② 按面漆末道漆喷涂方法精心补喷均匀。

③ 在新喷面漆的过渡区域喷驳口水。

④ 抛光（此项操作可在全部缺陷修整完成后，借助整板或整车抛光来完成）。

彩图 7-34 和
彩图 7-35

图 7-34　局部小面积针孔（彩图）　　　　图 7-35　较大面积针孔（彩图）

6. 麻眼的修整

麻眼的外观与较大面积针孔的相似，只是孔径大些。

① 用 P600 水磨砂纸进行磨光。

② 用麻眼灰（幼滑原子灰）反复找平（目前的工艺建议补涂原子灰）。

③ 干燥后磨光擦净。

④ 用原色浆补喷均匀。

⑤ 用驳口水消除补漆雾痕。

⑥ 抛光（此项操作可在全部缺陷修整完成后，借助整板或整车抛光来完成）。

7. 咬底的修整

（1）轻度咬底。

① 用 P800 砂纸湿打磨平整。

② 换用 P1000 砂纸打磨整个表面。

③ 整板抛光。

（2）重度咬底（见图 7-36）。

① 将起皱的漆膜清除。

② 待该部位干燥后，用 P240 水磨砂纸打磨光滑。

③ 细刮原子灰至平整。

④ 干燥后磨光原子灰，清洁除油。

⑤ 用原色浆补喷均匀。

⑥ 喷驳口水以消除漆雾痕。

⑦ 抛光（此项操作可在全部缺陷修整完成后，借助整板或整车抛光来完成）。

8. 漆膜凹陷的修整

① 若面漆漆膜已经基本干燥，则需要用清洁剂对需要填补的区域进行清洁。如有必要可用 P800 以上的细砂纸进行简单打磨，但打磨区域切不可过大，只起增强附着力的作用即可，然后用清洁剂清洁干净。

② 用牙签或小毛笔蘸上少许面漆（为保证没有色差，最好用剩余的面漆。若为双组分涂料，则必须添加固化剂），并迅速地滴到故障部位（鱼眼）或描绘在需要填补的部位（剥落漏白），如图 7-37 所示。

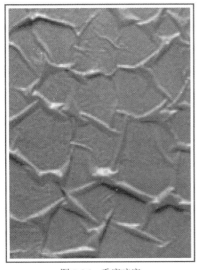

图 7-36　重度咬底

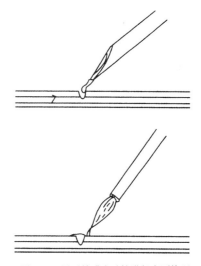

图 7-37　用牙签或小毛笔进行表面修理

③ 用另一支小毛笔蘸取少许面漆稀释剂涂抹在修饰部位，以使修饰部位变得较为平整，并利用稀释剂的溶解作用使修复部位与其周围相融合。

④ 待面漆完全干燥后可以稍稍进行打磨并进行抛光处理，方法同流挂及颗粒的修整。

注　意

如果缺陷部位非常明显或所处位置是车辆极需要漆膜完美的地方，如小轿车的前舱盖或翼子板等，一般需要采用点修复的方法（使用小修补喷枪进行局部喷涂）来修整。

9. 粗糙面修饰法

（1）轻度粗糙面。

① 用 P1000 水磨砂纸配合橡胶打磨垫手工湿打磨平滑，擦净晾干。

② 用砂蜡和光蜡进行抛光修饰。

（2）严重粗糙面。

① 用打磨机配合 P320 砂纸充分磨平，擦净。

② 用砂蜡和光蜡进行抛光修饰。

三、整车（整板）抛光

面漆喷涂完成后，应在漆膜实干后进行抛光，自干型涂料在喷涂后 8～16 h，双组分涂料应在喷涂后，经过烘烤 35 min（车身金属温度为 65 ℃）或风干 36 h（但不建议风干），手指压表面而没有产生手指印后进行抛光。一般采用二次抛光处理法效果较好。待抛光漆面若是旧车漆面，则应用水将车身表面的泥沙冲洗干净，以防在抛光时损坏漆面。

1. 第一次抛光

① 用半弹性打磨垫配合 P1500 水磨砂纸将整车打磨一遍。对于个别小缺陷，可选用精磨砂碟进行，如图 7-38 所示。

　　　（a）手工砂碟使用　　　　　　　　　　　　　（b）机械砂碟使用

图 7-38　精磨砂碟的使用

② 用 P2000 海绵砂纸，轻轻地把流痕、凸点、粗粒、轻微划痕等打磨平整。

③ 用 P4000 海绵砂纸按顺序将整车（整板）打磨一遍，使漆面均匀无光。注意不要磨穿漆膜层。

④ 用水清洗漆面并擦净。

⑤ 待漆膜表面干燥后，用海绵块将全能抛光剂均匀地涂于漆面，如图 7-39 所示。

⑥ 机械抛光应将抛光机的转速调至 1000～1500 r/min 为宜，将抛光机的羊毛抛光盘平贴在漆面上，然后均衡地向下施加压力进行抛光。整车抛光应从车顶开始，在漆面上有规律地沿水平方向来回研磨，研磨面积不宜过大，要分块面进行，每一块面长 60～80 cm、宽 40～50 cm，漆面逐渐呈现平滑与光泽。

图 7-39　将抛光剂涂于漆膜表面

⑦ 用干净的抹布将漆面上的多余抛光剂擦净。若发现某部位漆面还不能达到质量要求，可重复研磨直至达到质量要求。研磨时要特别注意折边、棱角及造型高出底材的漆面，这些部位的漆膜相对较薄，研磨时触及机会较多，要特别注意不要磨穿漆膜，平面部位较圆弧面不易起光泽，应适当增加研磨次数。

2. 第二次抛光

当整车（整板）漆面用全能抛光剂完成粗抛光后，漆面的流痕、粗粒、划痕、砂纸磨痕迹等会全部消除，但有时会有一些极其细小的丝痕或光环，为了确保漆面更平滑、光亮，则需用釉质抛光剂进行第二次抛光。经釉质抛光剂抛光后，漆面亮度高、丰满度好，保持时间可达 1 年。

① 用干净的软布擦净前道抛光残留物。

② 摇匀釉质抛光剂，用软布或海绵将其均匀涂于漆膜表面。

③ 停留 60 s 以上，使抛光剂变干、发白。

④ 用手工或机械方法抛光，机械抛光应使用海绵抛光盘并将抛光机转速保持在 1000～1500 r/min，抛光时应按一定方向有序进行，如图 7-40 所示。不要用羊毛抛光盘进行第二次抛光。手工抛光时应做水平直线运动进行抛光，直到漆面被擦亮即可。

图 7-40　用抛光机抛光

⑤ 用干净的软布擦净漆面。

四、打蜡

1. 机械打蜡

① 将液体蜡摇匀后画圈方式倒在打蜡盘（海绵抛光盘）面上。

② 每次以约 0.5 m² 的面积顺序打匀，直至打完全车。

③ 待蜡凝固后，将干净、无杂质的海绵抛光盘套装在抛光机上，开机后调节转速并控制在 1000 r/min 以下，然后将抛光盘轻轻平放在漆面上，进行横向与竖向覆盖式抛光，直至漆面光亮为止。抛光机和抛光路线如图 7-41 所示。

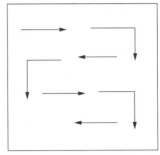

图 7-41　抛光机和抛光路线

2. 手工打蜡

① 若是乳状蜡应将其摇匀，然后倒少许于海绵或软布上。

② 涂蜡时用拇指和食指夹住海绵，以手掌和其他三根手指按住海绵，每次涂蜡以约 0.5 m^2 的面积为宜，力度均匀地按螺旋式顺序擦拭，如图 7-42 所示。

图 7-42　手工打蜡

③ 从前到后、从左到右，蜡膜要涂得薄而均匀，根据每种车蜡的说明，稍后用干净的软布擦净即可。

3. 打上光蜡

（1）上蜡的步骤。

① 清洁。在给车身打上光蜡（以下简称蜡）时，一定要先进行表面清洗，确保表面清洁。因为车身表面有灰尘的话，涂蜡后，在抛光时就会把灰尘挤进涂层，或在车身表面起研磨作用，划伤或磨花表面漆膜。

② 打蜡。现在的车蜡多为液体蜡，使用前应将其摇晃均匀，再倒少许于湿布或海绵上，在车身涂层表面小范围内擦拭，直到整个待打蜡板块全部被涂上蜡。

③ 擦干。稍干后，再用软布反复擦干即可。

④ 抛光。用抛光机及海绵抛光盘对整个打蜡表面进行仔细抛光。

⑤ 擦净。用软布将表面的抛光粉末擦拭干净。

（2）上蜡时的注意事项。

① 必须采用质量优良、与表面涂层相适宜的车蜡。

② 很多人给车身打蜡都习惯性地以圆圈方式进行，这是不正确的方法。正确的打蜡方式是

以直线方式，横竖线交替进行，再按雨水在车身上流动的方向上最后一道，这样才能达到避免车身涂层表面产生同心圆状光环的效果。

③ 不要在阳光的直接照射下打蜡，操作时应在阴凉处。否则，车蜡会在阳光下发生变化，使车身出现斑点。

④ 上蜡后，要等车蜡干燥一段时间后再进行抛光，不要刚打上蜡就抛光，要让车蜡能够在车身表面有一定的凝固时间，一般在 30 min 左右。但有人认为等蜡完全干燥后再擦净比较好，这也是错误的。上蜡后要在蜡尚未干燥白化时擦净。因此，上蜡的操作必须顺着车身板块一片片地进行，切不可先将车身全部上好后，再一次擦掉，这会使涂层表面的色泽深浅不一。

⑤ 没有抛光时，不要开车上路，否则，空气中的灰尘会吸附在车蜡上，在抛光时划伤或磨花表面漆层。

⑥ 如果车身表面上的漆膜已经褪色或氧化，必须在清除掉旧的和氧化了的漆膜后，才能打蜡。

面漆涂装后的
抛光与打蜡

⑦ 涂蜡时尽量采用软质的、不起毛的绒布或海绵块进行均匀涂抹。

五、安装部件与清洁

打蜡作业结束后，安装好拆卸下的部件。若部件有脏污，应仔细擦拭干净后再安装。对客户平常进行清扫时难以涉及的地方，也清洁干净，一定会受到客户的欢迎。虽然只是细节问题，但对维持与客户的关系会起到很大作用。安装好拆卸下的部件之后，应全面检查电路是否正常、螺栓是否都已拧紧等。

交车之前应将车身整体彻底清洗干净。清洗过程中，若发现有细小伤痕，即使不是所修复部位，也要予以修整。

寄语：构建优质高效的服务业新体系。优质的服务需要完善的知识储备，更需要专业的操作技能。在工作中，要不断提高服务意识。

项目八
塑料件与水性漆的涂装

|任务8-1　塑料件的涂装|

【任务引入】

　　塑料在汽车上的应用越来越多，很多的外覆盖件用塑料制造，如保险杠、散热器面罩（中网）、后背门等。图8-1所示为汽车的保险杠面罩（塑料件）的漆面出现损伤，需要修复。由于塑料材料自身的特点，其修复工艺与钢板的有较大差别。

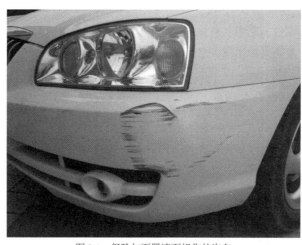

图8-1　保险杠面罩漆面损伤的汽车

　　塑料底材的表面能较金属底材低，漆膜不易附着；塑料的热变形温度低，因而涂料干燥固化的加热温度受限制；还可能会因脱模剂没清除干净和添加剂的渗出，产生涂料不能成膜的情况。所以塑料件的涂装需要特殊的工艺。

　　本任务主要介绍塑料种类鉴别及修复涂装方法。

【学习目标】

1. 知识目标

（1）能够正确描述塑料在汽车车身上的应用情况。

（2）能够正确描述塑料件涂装的特点。

2．能力目标

（1）能够进行塑料件材质鉴别。

（2）能够进行软、硬两种塑料件的修复涂装。

3．素质目标

（1）培养安全卫生习惯、环保意识等职业素养。

（2）培养尊重科学、增强科技创新能力等综合素养。

【相关知识学习】

一、塑料在汽车上的应用

1．聚乙烯

聚乙烯（Polyethylene，PE）是一种耐酸、汽油、机油和油脂的热塑性塑料。即使在低温情况下，这种塑料也比较坚硬、刚度大且抗撞击。这种塑料应用于燃油箱和空气通道等处。

2．聚丙烯

聚丙烯（Polypropylene，PP）是一种耐酸、汽油和机油的热塑性塑料。这种塑料不易破损且具有一定的抗撞击能力。保险杠面罩和车门槛外饰件多以聚丙烯或其合成物质制造。

3．聚酰胺

聚酰胺（Polyamide，PA）是一种既耐高温又耐机油和汽油的热塑性塑料。这种塑料应用于进气装置、发动机盖板和气缸盖罩等处。

宝马 E63 的前侧围即用 PA66+PPE 的复合材料制成。这种复合材料具有突出的表面质量和较好的喷漆性能。但它也有一个小缺点，就是其具有吸收水分的特性。

4．聚氨酯致密材料/泡沫材料

聚氨酯（Polyurethane，PU）是一种应用范围非常广的热塑性塑料。它可以作为致密材料用于黏结剂和密封剂中，也可以作为泡沫材料用于坐垫和吸能部件中。聚氨酯具有消音特性，可以以柔性、半刚性和刚性形式存在。

5．环氧树脂

环氧树脂（Epoxy Resin）是一种在 135 ℃以下具有耐热变形能力且具有突出电气特性的热固性塑料。这种塑料应用于点火线圈和印制电路板等处，在跑车中也应用于支撑结构和传动元件。

6．酚醛树脂

酚醛树脂（Phenol-Formaldehyde Resin）这种热固性塑料具有突出的机械特性，其耐热温度可达到 170 ℃。此外还具有很好的防火特性。这种热固性塑料只能制成深色材料，主要应用于皮带轮、水泵壳体和进气装置。

7．片状模塑料

片状模塑料（Sheet Molding Compound，SMC）是一种带有二维玻璃纤维增强结构的扁平状反应型树脂。这是一种热固性塑料。SMC 部件的耐热温度达到 200 ℃，因此能够进行流水线涂装。

宝马 E63 和 E64 的行李箱盖、E64 的折叠式车顶箱盖以及劳斯莱斯的前围板都由 SMC 制成。SMC 由 PU+30%玻璃纤维构成。

汽车用的塑料外装部件、外板及材质列于表 8-1 中。

表 8-1   汽车用的塑料外装部件、外板及材质

适用部件		材质（通常名称代号）
外装部件	前照灯罩	PMMA（丙烯酸树脂）
	前、后保险杠	RIM-PU、改性 PP、PC
	前面罩（水箱格栅）	ABS、ABS+电镀、PP、PC
	反光镜	ABS、PC
	门拉手支撑板	PA（尼龙）
	门拉手	PAG/GF（尼龙）、PC/PBT
	门槛护板	TPO、PP
	后阻流板	SMC、PPO/PA
	挡泥板	TPR
	后壁板	ABS
	轮罩	PC/ABC PPO、PPO/PA（GTX）、PP
	外部门拉手罩盖	EPDM（乙烯、丙烯）
外板	翼子板	PPO/PA（GTX）
	门板	PC/ABS

二、塑料件涂装的作用

塑料制品不会生锈，易于着色，具有耐腐蚀性和一定的装饰性，在其上涂布一层合适的涂料，可以延长它们的使用寿命，提高它们的各种性能，从而扩大它们的应用范围，提高经济效益。塑料件涂装主要有以下 3 方面的作用。

（1）装饰作用。汽车的保险杠和车身的外饰件等塑料件，经涂装后能达到轿车车身外观高装饰性的效果，且能同色化（即与其周围的非塑料件的漆面颜色相同）。

（2）保护作用。通过涂装提高塑料件的耐紫外线、耐溶剂性、耐化学药品性、耐光性等。

（3）特种功能。在塑料制品表面涂布特种功能涂料，可以将特种功能涂料的功能移植到塑料表面，扩大塑料的应用范围。例如苯乙烯、丙烯酸树脂和聚碳酸酯等透明塑料可以代替光学玻璃，做成各种光学制品，成本低，加工方便，但其硬度、耐磨性、耐划伤性不如玻璃的，如喷涂特种涂料（如耐磨涂料、耐划伤涂料、抗反射涂料、防结露涂料等）后，可用来制造眼镜、汽车玻璃等。

三、塑料与漆膜的附着性

按塑料与漆膜的附着性（结合力），可将塑料分为易附着、难附着和不附着 3 类。

（1）易附着塑料：如 ABS、PMMA 等塑料，这类塑料可不涂底漆，直接喷涂塑料用面漆也能使之附着牢固。

（2）难附着塑料底材：如 RIM-PU、改性 PP 等，这类塑料需进行特殊处理（包含涂专用底漆）才能使之附着。

（3）不附着塑料底材：如未改性的 PP 等，这类塑料表面活性极差，不经铬酸处理等强力处理，底漆不能附着。

塑料件的成型加工方法、条件的不同也会改变表面状态，影响漆膜的附着性。如注射成型比吹塑成型的附着力要好。

漆膜附着性与塑料底材特性的关系如表 8-2 所示。表面能高，易使涂料湿润、扩散，有利于漆膜的附着。溶剂亲和性高也有利于附着，可是亲和性过高会引起底材的开裂和变形，因此

必须注意稀释剂的选择。另外，软化点低，使涂料中的成分易浸透/扩散到底材的内部，对附着也有利；但是软化点影响底材的热变形和尺寸稳定性，必须注意涂装时烘干温度的设定。

表8-2　　　　　　　　　　　　　漆膜附着性与塑料底材特性的关系

塑料底材特性	漆膜附着性	塑料底材特性	漆膜附着性
表面能（表面张力）	越高越好	软化点	低的情况好
极性（SP）	越高越好	溶剂亲和性	高的情况好
结晶性	越低越好		

塑料件涂装必须考虑底材特性，再认真选择涂料、稀料、烘干条件和表面处理工艺等，并要充分把握住塑料底材变化动向，这点十分重要。

四、汽车用塑料件的涂装特点

内用和外用塑料件涂装的不同点是：内用塑料件一般采用半光泽或完全无光泽涂装，方法是向涂料中加入一定比例的平光剂（亚光添加剂）；外用塑料件有的采用无光泽涂装，有的采用有光泽涂装，视具体情况而定。

硬塑料件和软塑料件涂装的不同点是：由于软塑料本身具有柔韧性，它所用的涂料基本上都是烘烤型弹性磁漆，所谓"弹性"是指涂层具有较大的柔韧性，类似弹性体、橡胶，可以弯曲、折叠、拉伸，还可以恢复到原来的尺寸和形状而不会被破坏。方法就是用专用的涂料或在涂料中加入柔软剂。硬塑料的涂装无特殊要求，一般可采用与钢板相同的涂装工艺，若采用塑料专用涂料会提高漆膜的性能。

五、塑料件涂装用材料

1. 塑料表面清洁剂

塑料表面清洁剂的作用是清除塑料件表面的脱膜剂，增强漆膜的附着力。使用方法是：先用灰色打磨布彻底清洁塑料件的表面，再用以1份清洁剂与2～4份清水比例混合后的混合液清洁整个工件，然后用清水清洗干净，待工件完全干燥后才可喷涂塑料底漆。塑料表面清洁剂的溶解性适中，不会损伤塑料表面，而且抗静电，所以塑料工件不会因摩擦而产生静电，影响涂装。

2. 塑料平光剂

通常采用喷涂不同光泽的涂料来消除汽车内部塑料件一定比例的光泽而使其呈半光泽或完全无光泽效果。平光剂也称为亚光剂或消光剂，有聚氨酯用和非聚氨酯用两大类，选用时务必仔细区分。其使用方法是：将喷涂面漆后的塑料件的光泽与原车的光泽做比较，以决定是否需要用平光剂，如果需要的话，先在面漆中加入平光剂，然后搅拌均匀，并做喷涂试板对比试验，在认为光泽达到一致时可正式喷涂施工。对于单工序涂装的消光，直接将平光剂加入漆中即可；而双工序涂装的消光，平光剂要加在清漆内。

3. PVC 表面调整剂

它的作用是对PVC表面进行处理，使其有利于涂装。它由强溶剂配制而成，具有强烈的渗透性，而且能够软化PVC表面并产生轻微的溶胀。这样，涂装时涂料就能很容易地渗透进入塑料表面，这就是人们所说的"锚链效应"。它可以大大增强涂料对基材的附着力。

4. 塑料件用底漆

对软塑料件涂装时，大多数都要求在底漆中加入柔软剂（各生产厂均有与塑料面漆的配套产品），可使漆膜柔软、有韧性、不开裂。聚丙烯塑料件是一种难粘、难涂的材料，要使用专用底漆，以增强它的附着力，同时面漆中也要加入柔软剂，否则很容易脱皮。

硬塑料件涂装时，通常不需要底漆，因为涂料在这类塑料制品上的附着力很强。但有些涂料生产厂仍然建议在涂面漆前使用推荐的溶剂彻底清洗塑料件，并对要涂装部位用 P400 砂纸打磨，再喷涂合适的素色面漆或底色漆加清漆。喷涂模压塑料板材时，需要使用底漆和中涂底漆。

5. 涂料

汽车外部零部件（如保险杠、挡泥板以及车门的镶边等塑料件）所选择的涂料，突出的要求是耐候性好，另外也要求能够有较好的耐介质性和耐磨性。这类涂料多为丙烯酸聚氨酯涂料、聚酯-聚氨酯涂料、热塑性丙烯酸涂料等；汽车内部用塑料件（如仪表盘、控制手柄、冷藏箱、各种把手、工具箱等）常用涂料为热塑性丙烯酸、改性环氧树脂、聚氨酯以及有机硅涂料等。

【技能学习】

一、劳动安全与卫生

塑料件涂装时的劳动安全与卫生注意事项和其他板件涂装时的相同，即按打磨与喷涂时的劳动保护准备。

二、鉴别塑料的材质

在涂装塑料件之前，必须弄清塑料件的材质种类，以便确定维修方法和选用涂料。不同的塑料适用的底漆类型是不同的，见表 8-3。

表 8-3 不同塑料适用的底漆

底漆	塑料种类			
适用于 PO 底漆的塑料底材	PP PP/EPDM	PP/EPM TPO		
适用于普通塑料底漆的塑料底材	SMC GFK PP/EPDM ABS	PPD HP-Alloy PBT	BMC PC PP/EPM	PA PUR TPV

常用的塑料件材质鉴别方法有以下几种。

1. ISO 符号确认法

在正规的塑料件制造厂生产的塑料件上（一般在背面），都标有表示该塑料件的国际标准化组织（International Organization for Standardization，ISO）符号（如 PP、PA 等），找到该符号，即可确认该塑料件的材质。

2. 手册查找法

若由于某种原因（如塑料件安装位置不易查看等）无法获得 ISO 符号，可查阅该车的车辆维修手册，手册中会有关于该车所有塑料件材质的说明。

3. 浮力试验

在部件的背面切一片塑料（保证该片塑料没有被涂装过），将这一小片塑料丢进一杯水中。如果塑料片沉入水底，表明它可以用普通塑料底漆，如图 8-2（a）所示；如果塑料片浮在水面上，表明它应该用 PO 塑料底漆，如图 8-2（b）所示。

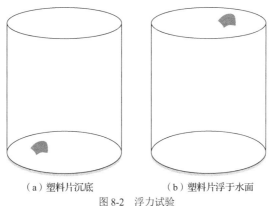

（a）塑料片沉底　　　　　　　（b）塑料片浮于水面

图 8-2　浮力试验

4. 燃烧试验

在部件的背面切一片塑料（保证该片塑料没有被涂装过），在允许明火燃烧处，用镊子夹住塑料片的一端在火上燃烧。如果燃烧时随即产生黑色浓烟，表明它可以用普通塑料底漆，如图 8-3（a）所示；如果燃烧时发出白烟，表明它应该用 PO 塑料底漆，如图 8-3（b）所示。

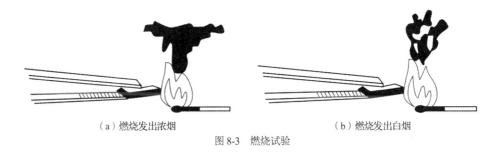

（a）燃烧发出浓烟　　　　　　　　　（b）燃烧发出白烟

图 8-3　燃烧试验

5. 焊接确认法

塑料焊条有 6 种左右，每种焊条均有表示塑料材质的标志。选择一种塑料焊条，试着焊接待确定的塑料件，如果能够使塑料件焊接良好，则可认为该焊条的材质与塑料件的材质相同。

6. 特殊简易鉴别法

（1）用手敲击保险杠内侧，泡沫塑料（如 PU）发出较微弱的声音，非泡沫类塑料（如 PP）则发出较清脆的声音。

（2）用白粉笔在塑料件内侧写画，泡沫塑料（如 PU）上的字迹 30s 后不掉色，非泡沫类塑料（如 PP）上的字迹 30 s 后容易擦掉。

（3）用砂纸打磨塑料件内侧，泡沫塑料（如 PU）没有粉末，非泡沫类塑料（如 PP）有粉末。

三、涂装硬塑料件

硬塑料件如硬性或刚性 ABS 塑料件及 GRP/SMC 等通常不需要用底漆、中涂底漆或封闭底漆，喷涂热塑性丙烯酸面漆就可获得满意的效果，但有时厂家或涂料制造商仍建议使用底漆，以提高涂装效果。下面以用"鹦鹉"漆涂装 GRP/SMC 为例，说明具体涂装工艺。

1. 处理表面

"鹦鹉"漆要求的 GRP/SMC 件表面处理工艺如图 8-4 所示。

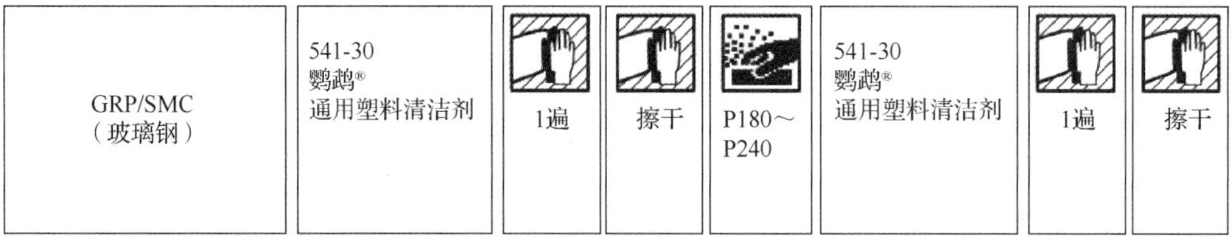

GRP/SMC（玻璃钢）	541-30 鹦鹉® 通用塑料清洁剂	1遍	擦干	P180~P240	541-30 鹦鹉® 通用塑料清洁剂	1遍	擦干

图8-4　GRP/SMC件表面处理工艺

从图8-4中可以知，对于玻璃钢件（GRP/SMC），应做如下处理。

（1）首先用通用塑料清洁剂（541-30）给表面清洁一次，擦干。

（2）对整个表面用P180砂纸进行打磨并逐步过渡至P240砂纸。

（3）用通用塑料清洁剂再次清洁并擦干。

2. 施涂原子灰

（1）选择原子灰。不同的原子灰对各类塑料件有不同的适应性，选用时一定要查阅所使用涂料的技术说明。"鹦鹉"系列涂料的原子灰、底漆、填充底漆及中涂底漆与塑料件的适应性说明如图8-5所示。

塑料涂层——底漆
仅适用于汽车表面修补

		PU-RIM	PP-EPDM	ABS	GRP/SMC	PC-PBTP	PA	PPO	rigid PVC
原子灰	839-90 鹦鹉®塑料原子灰	●	●	●	●	●	●	●	●
	839-20/20K 鹦鹉®多功能原子灰				●				
	1006-23 鹦鹉®高浓度聚酯喷涂原子灰				●				
底漆	934-0 鹦鹉®单组分塑料底漆	❶	❶	❶		❶	❶	❶	❶
填充底漆	285-16 VOC 鹦鹉®高浓度热固填充底漆	❷	❷	❷	●	❷	❷	❷	❷
	285-500 鹦鹉®高浓度填充底漆，灰色	❷	❷	❷	●	❷	❷	❷	❷
	285-550 鹦鹉®高浓度填充底漆，黑色	❷	❷	❷	●	❷	❷	❷	❷
	285-650 鹦鹉®高浓度填充底漆，白色	❷	❷	❷	●	❷	❷	❷	❷
	285-700 鹦鹉®填充底漆，灰色	❷	❷	❷	●	❷	❷	❷	❷
	934-70 VOC 鹦鹉®双组分塑料填充底漆	●	●	●	●	●	●	●	●
中涂底漆	285-95 VOC 鹦鹉®高浓度可调色中涂底漆	❷	❷	❷	●	❷	❷	❷	❷

□ 不适用。

● 不需要预处理。

❶ 只适用指定油漆系统。

❷ 添加鹦鹉® 522-111柔软添加剂（仅适用指定油漆系统）。

图8-5　"鹦鹉"系列涂料的原子灰、底漆、填充底漆及中涂底漆与塑料件的适应性说明

从图 8-5 中可知，对于 GRP/SMC 件，可以选用专用塑料原子灰（839-90），也可选用多功能原子灰（839-20/20K）或高浓度聚酯喷涂原子灰。从保证涂装质量考虑，首选塑料原子灰，当表面无损伤时可选用喷涂原子灰。

（2）施涂原子灰。选好原子灰后［例如选择了塑料原子灰（839-90）］，即按其技术说明规定进行原子灰的施工。"鹦鹉"塑料原子灰（839-90）的技术说明见表 8-4。

表 8-4　　　　　　　　　　　"鹦鹉"塑料原子灰（839-90）的技术说明

技术图标	工艺参数	技术要求
	涂装工艺系统	S.3，S.3a
	混合比例	固化剂 948-36∶893-90=2%～3%（质量比）
	固化剂	
	活化时间（20 ℃）	4～5 min
	干燥　　　　（20 ℃）	23～35 min
	（60 ℃）	15 min
	红外线　（短波）	8 min
	（中波）	5～10 min
	轨道式打磨机	P80/P150 581-40 打磨指导层 P240/P320 砂纸整平区域和周边旧涂层

应用：用于修复汽车塑料件、有韧性的原子灰、覆盖小的损伤（如划伤）。

特性：有韧性，固体含量高，适用于所有可涂装的汽车塑料件，快干、易磨、附着力强。

注意：① 施涂前充分混合原子灰和固化剂（要求颜色均匀，无大理石效果）。

　　　　② 不要添加超过 3% 的固化剂。

　　　　③ 过多的过氧化物会造成面漆表面有浮色现象。

从表 8-4 中可知，对该种原子灰进行施工包括以下步骤和技术要求。

① 拌和原子灰。按 2%～3% 的比例加入固化剂（948-36），搅拌均匀。

② 按正确的刮涂方法（参见本书项目三的相关内容）将原子灰刮涂于需修复表面（包括有损伤区域和无损伤区域）。

③ 用红外线烤灯烘烤 5～10 min。

④ 用 P80 砂纸打磨，然后换用 P150 砂纸打磨。

⑤ 施涂打磨指导层（涂炭粉）。

⑥ 用 P240 砂纸打磨平整。

⑦ 最后用 P320 砂纸打磨整个表面（包括旧漆膜）。

3. 施涂填充底漆

（1）选择底漆。底漆的选择除考虑与塑料材质的适用性之外，还要考虑与中涂底漆的搭配。从图 8-5 可知，"鹦鹉"系列填充底漆 285-16 VOC、285-500、285-550 等均对玻璃钢件适用，但最好选择专用的塑料底漆（如 934-0）。为了较好地填充原子灰表面的缺陷，通常选用填充底漆，如"鹦鹉"双组分塑料填充底漆（934-70 VOC）。

（2）施涂填充底漆。"鹦鹉"双组分塑料填充底漆（934-70 VOC）的技术说明见表 8-5。

表 8-5   "鹦鹉"双组分塑料填充底漆（934-70 VOC）的技术说明

技术图标	工艺参数	技术要求	
	涂装工艺系统	S.3，S.3a	
	混合比例	934-70 VOC：固化剂 929-56：稀释剂 352-50/91=4：1：1（体积比）	
	固化剂		
	稀释剂		
	喷涂黏度 DIN4（20 ℃）	17～19 s	活化时间（20 ℃）：3.5 h
	重力式喷枪；喷涂气压	HVLP 喷枪：1.7～1.9 mm；2.0～3.0 bar/0.7 bar（0.2～0.3 MPa/0.07 MPa）（风帽法）	
		兼容喷枪：1.6～1.8 mm；2.0 bar（0.2 MPa）	
	喷涂层数	1/2+1 层	1 层
	膜厚	40～50 μm	大约 20 μm
	闪干（20 ℃）	20 min	20 min

应用：用于可喷涂的汽车塑料件的经济性修复涂装，作为底漆和填充中涂底漆。

特性：用于汽车生产的可喷涂塑料件，有较强的附着力，适合作为 3 层系统的黏附力增强剂，以及作为"鹦鹉"面漆下的中涂底漆。

注意：当该产品作为要打磨的中涂底漆时，在 60 ℃下强制干燥 30 min 是必要的。

从表 8-5 中可知，对该种填充底漆进行施工包括以下步骤及技术要求。

① 调制。将 934-70 与 929-56（固化剂）和 352-50/91（稀释剂）按 4：1：1 混合并搅拌均匀，黏度为 17～19 s。

② 选用 HVLP1.7～1.9 mm 口径喷枪或 1.6～1.8 mm 兼容喷枪。

③ 调整喷涂气压为 2.0 bar 喷涂填充底漆。如果之后不喷涂中涂底漆，则喷 1/2+1 层，即先薄喷一层，之后再厚喷一层，总膜厚达到 40～50 μm；如果之后喷涂中涂底漆，则喷 1 层，膜厚约 20 μm。

④ 闪干。在 20 ℃下闪干 20 min。

注：此填充底漆无须打磨，即可直接喷涂面漆。但若喷涂后的表面有缺陷，可用 P600 砂纸湿打磨至平整，并做去湿及清洁处理。

4. 施涂面漆

（1）选择面漆。塑料件面漆的选择主要参考的信息是与填充底漆（或中涂底漆）及清漆的配套性，而无须考虑塑料的材质。根据涂装的需要，可选择素色漆、银粉漆或水性漆。

（2）调制面漆。参照涂料供应商供应的色卡以及汽车厂的颜色代码，按选定的面漆进行调色。然后按说明书建议的稀释比稀释涂料。

（3）喷涂施工。对板件进行遮盖与清洁后，即可按施工要求（涂料生产商的建议）进行喷涂，用漆量以达到遮盖效果为度，不要太多，以防失去纹理效果。

上述硬塑料件涂装所采用的涂装系统如图 8-6 所示。

特性：适用于所有可涂车用塑料件的多功能系统。
注意：纯聚丙烯和聚乙烯塑料件是不能涂漆的，但为了保证塑料件可以涂漆，一些汽车使用了改性塑料，所以在有些塑料件上虽然注明是聚丙烯，但这些部件还是可以涂漆的。

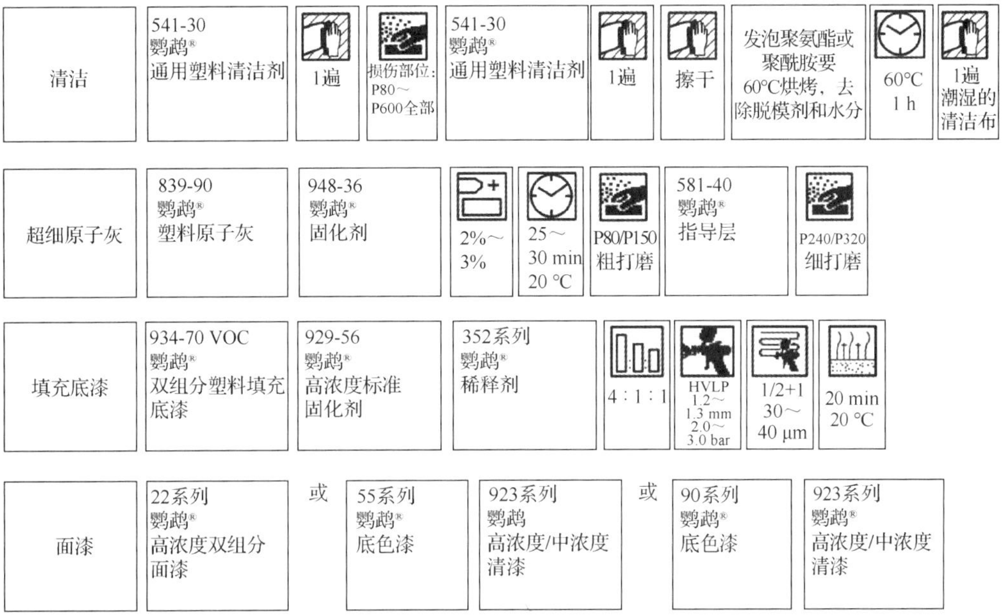

清洁
541-30 鹦鹉® 通用塑料清洁剂
1遍
损伤部位：P80～P600全部
541-30 鹦鹉® 通用塑料清洁剂
1遍
擦干
发泡聚氨酯或聚酰胺要60°C烘烤，去除脱模剂和水分
60°C 1 h
1遍 潮湿的清洁布
超细原子灰
839-90 鹦鹉® 塑料原子灰
948-36 鹦鹉® 固化剂
2%～3%
25～30 min 20 °C
P80/P150 粗打磨
581-40 鹦鹉® 指导层
P240/P320 细打磨
填充底漆
934-70 VOC 鹦鹉® 双组分塑料填充底漆
929-56 鹦鹉® 高浓度标准固化剂
352系列 鹦鹉® 稀释剂
4：1：1
HVLP 1.2～1.3 mm 2.0～3.0 bar
1/2+1 30～40 μm
20 min 20 °C
面漆
22系列 鹦鹉® 高浓度双组分面漆
或
55系列 鹦鹉® 底色漆
923系列 鹦鹉 高浓度/中浓度清漆
或
90系列 鹦鹉® 底色漆
923系列 鹦鹉® 高浓度/中浓度清漆

图 8-6　硬塑料件涂装系统（使用“鹦鹉”涂料）

四、涂装软塑料件

软塑料在车外部和内部均有应用，通常汽车保险杠多用软塑料制作（如 PP）。

对于软塑料的修复涂装最好采用全修复，这是因为对整板进行打磨、清洗后对涂料的附着力极为有利。

下面以用“鹦鹉”漆涂装 PP 塑料为例，说明具体涂装工艺。

1. 处理表面

“鹦鹉”漆要求的 PP 件表面处理工艺如图 8-7 所示。

塑料
541-30 鹦鹉® 通用塑料清洁剂
1遍
损伤部位：P80～P600 整个部件：百洁布
541-30 鹦鹉® 通用塑料清洁剂
1遍
擦干
加热 发泡聚氨酯或聚酰胺（PA）必须在60 °C下加热1 h以去除水分和脱模剂
1 h 60 °C
1遍 湿布擦拭

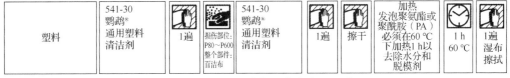

图 8-7 “鹦鹉”漆要求的 PP 件表面处理工艺

从图 8-7 中可知，对于 PP 类软塑料件，应做如下处理。

（1）首先用通用塑料清洁剂（541-30）给表面清洁一次。

（2）如有损坏部位，用 P80 砂纸打磨并逐步过渡至 P600 砂纸。然后对整个需喷涂面漆的表面整体用百洁布打磨。

（3）用通用塑料清洁剂再次清洁并擦干。

（4）对于发泡的聚氨酯或聚酰胺，必须在 60 ℃下加热 1 h 以使水分和脱模剂彻底被清除。

（5）最后用湿润的布擦拭整个表面。

2. 施涂原子灰

多数涂料供应商生产的专用塑料原子灰均能适用于软、硬两种塑料，故此处仍可选择“鹦鹉"塑料原子灰（839-90）。其涂装方法与硬塑料件涂装的相同。

3. 施涂底漆

（1）选择底漆。从表 8-3 中可知，对于 PP 塑料，可选择"鹦鹉"单组分塑料底漆（934-0）。

（2）施涂底漆。"鹦鹉"单组分塑料底漆（934-0）的技术说明见表 8-6。

表 8-6　　　　　　　　　　"鹦鹉"单组分塑料底漆（934-0）的技术说明

技术图标	工艺参数	技术要求	
	涂装工艺系统	S.3a	
	VOC 应用含量	<840 g/L	
	摇动	2 min	
	喷涂层数	1～2 层	膜厚：5～10μm
	闪干时间（20 ℃）	约 15 min	

应用：用于塑料表面的黏附底漆。

特性：多用途附着力增强剂，自喷罐包装，适于所有可涂装车用塑料件。

① 漆膜表面适用的中涂底漆：鹦鹉®285 系列高浓度填充中涂底漆。

② 按照系统 S.3a 添加 522-111 柔软添加剂。

③ GRP 部件：不需要使用 934-0。

从表 8-6 中可知，对该种底漆进行施工包括以下步骤及技术要求。

① 搅拌。934-0 为单组分，手喷罐式包装，使用时首先充分摇动手喷罐（约 2 min），以获得均匀的成分。

② 摇动均匀后，直接喷涂 1～2 层。总膜厚为 5～10 μm。

③ 闪干。常温（20 ℃）下闪干 15 min。

注：此填充底漆无须打磨，即可直接喷涂中涂底漆。

4. 施涂中涂底漆

（1）选择中涂底漆。在塑料底漆的表面，可选择"鹦鹉"高浓度系列填充底漆/中涂底漆 285-16 VOC/51 VOC/55 VOC/60 VOC/65 VOC/95 VOC/100 VOC。本例选择"鹦鹉"高浓度可调色中涂底漆 285-95 VOC。

（2）调制中涂底漆。"鹦鹉"高浓度可调色中涂底漆（285-95 VOC）的技术说明见表 8-7。从表中可知，调制该类中涂底漆包括以下步骤和技术要求。

① 确定中涂底漆用量。根据表 8-7 查得，该中涂底漆可喷涂面积效率为：膜厚为 1 μm 时，439 m²/L。需喷涂的总膜厚为 40～60 μm。再根据估算出的需涂装表面积，即可确定涂料的用量。

② 将中涂底漆（285-95 VOC）与 22 系列色母［素色漆色母，其具体色母型号取决于面漆（素色漆或金属漆的颜色）］按 2∶1 的比例混合，搅拌均匀，制成着色中涂底漆。

③ 将调好色的中涂底漆按 4∶1∶1 体积比加入固化剂（929-55/56）和稀释剂（352-91/50/216），搅拌均匀。最终的黏度为 18～20 s。

表 8-7　　　　　　　"鹦鹉"高浓度可调色中涂底漆（285-95 VOC）的技术说明

技术图标	工艺参数	技术要求
	修复涂装工艺系统	锐丽-经典系统，锐丽-高浓度系统

技术图标	工艺参数	技术要求
	可喷涂面积效率	439 m²/L（膜厚为 1 μm）
	混合比例 步骤 1（混合物 A）	2：1（体积比） 2 份 285-95 VOC+1 份 22 系列或 22 系列 VOC X
	步骤 2 固化剂 稀释剂	4：1：1（体积比） 4 份混合物 A+1 份固化剂 929-55/56+1 份稀释剂 352-91/50/216
	喷涂黏度 DIN4（20 ℃）	18～20 s　　　　　　　　　活化时间（20 ℃）：1 h
	重力式喷枪；喷涂气压	HVLP 喷枪：1.7～1.9 mm 2.0～3.0 bar/0.7 bar（0.2～0.3 MPa/0.07 MPa）（风帽气压）　兼容喷枪：1.6～1.8 mm 2.0 bar（0.2 MPa）
	喷涂层数	2 层　　　　　　　　　　　膜厚：40～60 μm
	干燥　　　　（20 ℃） 　　　　　　（60 ℃） 红外线　　　（短波） 　　　　　　（中波）	4 h 40 min 8 min 10～15 min
	手工湿打磨	P800
	轨道式打磨机	P400［常温隔夜干燥或烘烤 40 min（60 ℃）］

应用：这个透明的中涂底漆可以添加鹦鹉®22 系列或 22VOC3.5 系列面漆色母，作为着色中涂底漆。它适用于打磨或湿碰湿中涂。使用于遮盖力相对较弱的色漆下、塑料件工艺系统，或作为着色中涂底漆喷涂在处于石击危险的区域。

特性：① 可帮助减少工作量，减少面漆材料的消耗。

　　　② 可以帮助消耗 22 系列的剩余面漆。

注意：① 当使用 285-95 进行湿碰湿中涂时，仅有 285-270 多功能填充底漆适合作为它的底漆。

　　　② 不要单独使用 22 系列色母于该底漆，先要与 522-M0 或 522-M0/3.5 混合。鹦鹉 285-95HS VOC 着色底漆与 22 系列面漆的混合物必须在混合后立即搅拌均匀。

　　　③ 本表中混合物 A 以 2：1 的体积比例加入鹦鹉 522-111 柔软添加剂，按照工艺系统 S.3a 要求用于塑料件的喷涂。

（3）中涂底漆喷涂。

① 选用 HVLP 喷枪，口径为 1.7～1.9 mm（或兼容喷枪，口径为 1.6～1.8 mm）。

② 调整喷涂气压为 2.0 bar 喷涂中涂底漆。喷 2 层，总膜厚达到 40～60 μm。

（4）干燥。可选择下列方法之一。

① 常温干燥 4 h。

② 升温烘烤（60 ℃）40 min。

③ 短波红外线烘烤 8 min。

④ 中波红外线烘烤 10～15 min。

（5）打磨。可选择下列方法之一。

① 用 P800 砂纸手工湿打磨。

② 用轨道式打磨机、P400 砂纸打磨。

（6）清理。若采用手工湿打磨，应做去湿处理，然后进行清洁。若采用干磨，先用压缩空气吹除粉尘，然后用粘尘布除尘，最后除油。

提示，若对该中涂底漆的工艺参数进行适当调整，则可作为湿碰湿型中涂底漆（免打磨）。具体工艺说明见表8-8。

表8-8　"鹦鹉"高浓度可调色中涂底漆（285-95 VOC）的技术说明（湿碰湿中涂底漆）

	应用	湿喷湿中涂
	涂装工艺系统	
	可喷涂面积效率	423 m²/L（膜厚为 1 μm）
	混合比例 步骤1（混合物B）	1∶1（体积比） 1 份 285-95 VOC+1 份 22 系列或 22 系列 VOC X
	步骤2 固化剂 稀释剂	3∶1∶1（体积比） 3 份混合物 B+1 份固化剂 929-56/55+1 份稀释剂 352-91/216
	喷涂黏度 DIN4（20 ℃）	18 s　　　　　　　　　　　　　活化时间（20 ℃）：2 h
	重力式喷枪；喷涂气压	HVLP 喷枪：1.3 mm；2.0～3.0 bar（0.2～0.3 MPa）/0.7 bar（0.07 MPa）在喷嘴风帽处
		兼容喷枪：1.2～1.4 mm；2 bar（0.2 MPa）
	喷涂层数	2 层（先喷一层于原子灰整平处，再喷涂于整个需要喷涂的区域） 膜厚：大约 30 μm
	闪干（20 ℃）	12～15 min

5. 施涂面漆

（1）选择面漆。根据涂装的需要，可选素色漆、银粉漆（配套清漆）或水性漆（配套清漆）。

（2）调制面漆。

① 参照涂料供应商供应的色卡以及汽车厂的颜色代码，按选定的面漆进行调色。

② 如果面漆为素色漆（2K 型），此时应在调好色的涂料（色浆）中按 4∶1 的比例加入柔软添加剂（"鹦鹉"522-111），搅拌均匀。然后按 2∶1+10%的比例加入固化剂（"鹦鹉"929系列）和稀释剂（"鹦鹉"352 系列），搅拌均匀。

③ 如果面漆为银粉漆。此时应将所选的清漆（"鹦鹉"923 系列）按 4∶1 的比例加入柔软添加剂（"鹦鹉"522-111），搅拌均匀。然后按 2∶1 的比例加入稀释剂（"鹦鹉"352 系列），搅拌均匀。

（3）喷涂施工。对板件进行遮盖与清洁后，即可按施工要求进行喷涂。例如"鹦鹉"22 系列 2K 型面漆的具体喷涂参数为：HVLP 喷枪，口径为 1.3 mm，气压为 2 bar，喷涂层数为 2 层，总膜厚为 50～70 μm，常温干燥 16 h（或升温干燥 40 min，温度为 60 ℃）。

上述软塑料件涂装所采用的涂装系统如图 8-8 所示。

特性：适用于所有可涂车用塑料件的多功能系统。
注意：纯聚丙烯和聚乙烯塑料件是不能涂漆的，但为了保证塑料可以涂漆，一些汽车使用了改性塑料，所以在有些塑料件上虽然注明是聚丙烯，但这些部件还是可以涂漆的。

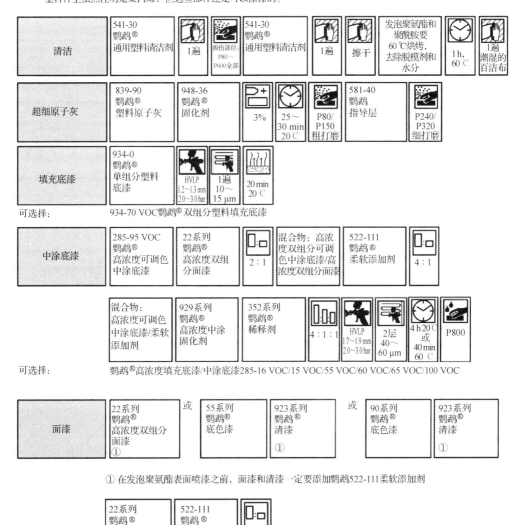

图 8-8 软塑料件涂装系统（使用"鹦鹉"涂料）

如果车身修理时，更换了新的塑料板件，通常板件表面已涂装了原厂底漆。对于这类塑料板件的涂装，通常需根据板件原厂底漆的耐溶剂情况进行不同的处理。使用"鹦鹉"漆涂装有原厂底漆的塑料件采用的涂装系统如图 8-9 所示。具体的操作方法在此不叙述。

特性：新的塑料件一般在工厂中是涂过漆的。实际检测表明，这些原厂底漆会带来一些值得注意的改变，这些改变影响到部件的耐溶剂性和抗石击性。为了确保原厂件的质量，推荐在新的塑料件上注明使用的中涂底漆以保证抗石击性。

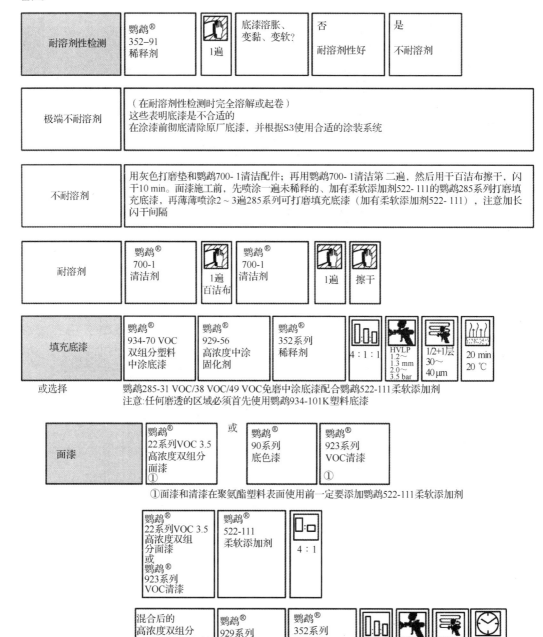

图8-9　使用"鹦鹉"漆涂装有原厂底漆的塑料件采用的涂装系统

五、喷涂亚光效果面漆

亚光效果即使漆膜的光泽度降低后的效果，例如涂装仪表台时，为了防止强光泽引起的反光炫目，而采用亚光效果涂装。

为获得亚光效果，主要方法是在面漆（素色漆涂装系统）或清漆（金属漆涂装系统）中加入亚光添加剂。亚光效果有半光、绸缎光和丝光等不同的类型，主要区别是亚光添加剂加入的比例不同。

"鹦鹉"高浓度亚光添加剂（522-322）的技术说明见表 8-9。

表 8-9　　　　　　　　　　　　"鹦鹉"高浓度亚光添加剂（522-322）的技术说明

技术图标	工艺参数	技术要求	
	应用	22 系列面漆	22 系列 VOC 面漆
	修复涂装工艺系统		
	步骤 1： 混合比例（质量比）	半光 4 份 22 系列+1 份 522-322	半光 4 份 923 系列+1 份 522-322
		绸缎光 10 份 22 系列+3.5 份 522-322	绸缎光 2 份 923 系列+1 份 522-322
		丝光 10 份 22 系列+4.5 份 522-322	丝光 10 份 923 系列+7 份 522-322
	步骤 2： 混合比例（体积比） 固化剂 稀释剂	2：1＋10% 2 份 22 系列/923 系列+1 份 929-93/91/94/31/33＋10%（体积比） 352-50/91/216	
	喷涂黏度 DIN 4（20 ℃）	20～22 s	活化时间（20 ℃）：2～3 h
	重力式喷枪；喷涂气压	HVLP 喷枪：1.2～1.3mm；2.0～3.0 bar/0.7 bar（0.2～0.3MPa/0.07MPa）（风帽气压）	
		兼容喷枪：1.3～1.4 mm；4.0 bar（0.4 MPa）	
	喷涂层数	2 层	膜厚：50～70 μm
	固化剂 干燥　　　　（20 ℃） 　　　　　　（60 ℃） 红外线　　（短波） 　　　　　（中波）	929-93/33： 8 h 30 min 8 min 10～15 min	929-91/31： 6 h 20 min

应用：用于 22 系列、22 系列 VOC3.5 面漆和 923 系列清漆的高浓度亚光添加剂。

特性：混合方法简单。

注意：用于塑料件时，无须添加 522-111 鹦鹉柔软添加剂。

　　　只调配够当天使用的油漆，因为经储存的混合物在喷涂后，光泽度可能会有变化。

　　　加入鹦鹉 522-322 高浓度亚光添加剂后，立即搅拌。

从表 8-9 中可知，使用亚光添加剂制作亚光效果的主要区别体现在涂料调制配比方面。喷涂方法、干燥方法与普通漆喷涂的相同。需要注意一点，如果为在塑料件表面制作亚光效果而使用亚光添加剂，则无须使用柔软添加剂。

（1）素色漆（22 系列）亚光效果漆的调制。

① 半光效果漆调制。将色浆按 4：1（质量比）的比例加入亚光添加剂（522-322），立即

搅拌均匀。然后按 2∶1+10%的比例（体积比）加入固化剂（929 系列）和稀释剂（352 系列），搅拌均匀，黏度为 20～22 s。

② 绸缎光效果漆调制。将色浆按 100∶35（质量比）的比例加入亚光添加剂（522-322），立即搅拌均匀。然后按 2∶1+10%的比例（体积比）加入固化剂（929 系列）和稀释剂（352 系列），搅拌均匀，黏度为 20～22 s。

③ 丝光效果漆调制。将色浆按 100∶45（质量比）的比例加入亚光添加剂（522-322），立即搅拌均匀。然后按 2∶1+10%的比例（体积比）加入固化剂（929 系列）和稀释剂（352 系列），搅拌均匀，黏度为 20～22 s。

（2）银粉漆（55 系列）亚光效果漆的调制。

银粉漆的亚光效果主要体现在清漆层，即底色漆为正常喷涂，而在喷涂清漆时添加亚光添加剂。

① 半光效果漆调制。将清漆（923 系列）按 4∶1（质量比）的比例加入亚光添加剂（522-322），立即搅拌均匀。然后按 2∶1+10%的比例（体积比）加入固化剂（929 系列）和稀释剂（352 系列），搅拌均匀，黏度为 20～22 s。

② 绸缎光效果漆调制。将清漆（923 系列）按 2∶1（质量比）的比例加入亚光添加剂（522-322），立即搅拌均匀。然后按 2∶1+10%的比例（体积比）加入固化剂（929 系列）和稀释剂（352 系列），搅拌均匀，黏度为 20～22 s。

③ 丝光效果漆调制。将清漆（923 系列）按 100∶70（质量比）的比例加入亚光添加剂（522-322），立即搅拌均匀。然后按 2∶1+10%的比例（体积比）加入固化剂（929 系列）和稀释剂（352 系列），搅拌均匀，黏度为 20～22 s。

六、喷涂纹理效果面漆

一般汽车的内表面上有许多不同的纹理结构，在修复的塑料件上做出纹理时，新纹理不一定要与原来的一模一样，但纹理的粗细程度必须与原来的一样。

为获得纹理效果，主要的方法是在面漆（素色漆涂装系统）或清漆（银粉漆涂装系统）中加入纹理添加剂。

"鹦鹉"纹理添加剂（522-345）的技术说明见表 8-10。

表 8-10 　　　　　　　　　　"鹦鹉"纹理添加剂（522-345）的技术说明

技术图标	工艺参数	技术要求	
	应用	22 系列面漆，22VOC 系列面漆	P23 系列清漆
	修复涂装工艺系统		
	步骤 1： 混合比例（体积比）	按颜色配方称量，或 1 份 22 系列或 22 系列 VOC+1 份 522-345	2 份 923 系列+1 份 522-345
	步骤 2： 混合比例（体积比） 固化剂 稀释剂	2∶1+10% 2 份 22 系列/923 系列（522-345）+1 份 929-91/93/31/33+10%（体积比）352-50/91	
	喷涂黏度 DIN 4（20 ℃）	16～18 s	活化时间（20 ℃）： 6 h（使用 929-93） 4 h（使用 929-91）

技术图标	工艺参数	技术要求	
	重力式喷枪；喷涂气压	HVLP 喷枪：1.2～1.3 mm；2.0～3.0 bar/0.7 bar（0.2～0.3 MPa/0.07 MPa）（风帽气压）	
		兼容喷枪：1.2～1.4 mm；2.0 bar（0.2 MPa）	
	喷涂层数	2 层	膜厚：50～70 μm
	固化剂 干燥　　　（20 ℃）　　　　　（60 ℃）	929-93/33：10 h 30 min	929-91/31：6 h 20 min
	红外线　　（短波）　　　　（中波）	8 min 10～15 min	

应用：使表面有纹理、弹性和亚光的效果，比如，当修复汽车保险杠时，针对硬塑料，可以以 1∶1 的
　　　比例与 22 系列，22 系列 VOC 纯色面漆混合，或以 2∶1 的比例添加 923 系列清漆。

注意：不要过滤该材料。

由表 8-10 可知，使用纹理添加剂制作纹理效果的区别主要体现在涂料调制配比方面。喷涂方法、干燥方法与普通漆喷涂的相同。需要注意一点，在将调制好的涂料装枪时，无须过滤。

（1）素色漆（22 系列）纹理效果漆的调制。

① 将色浆按 1∶1（体积比）的比例加入纹理添加剂（522-345），立即搅拌均匀。

② 按 2∶1+10%（体积比）的比例加入固化剂（929 系列）和稀释剂（352 系列），搅拌均匀，黏度为 16～18 s。

（2）银粉漆（55 系列）纹理效果漆的调制。

银粉漆的纹理效果主要体现在清漆层，即底色漆为正常喷涂，而在喷涂清漆时添加纹理添加剂。

① 将清漆（923 系列）按 2∶1（体积比）的比例加入纹理添加剂（522-345），立即搅拌均匀。

② 按 2∶1+10%的比例（体积比）加入固化剂（929 系列）和稀释剂（352 系列），搅拌均匀，黏度为 16～18 s。

寄语：从上述两种特殊效果面漆的调制技术可以看出，汽车上多数面漆的特殊效果实际上是由特殊的涂料调配而来的。在学习和工作中应用科学思想解决问题，提高创新思维。

任务 8-2　水性漆的涂装

【任务引入】

水性漆就是以水为稀释剂的汽车修补涂料。由于没有有机溶剂，所以水性漆的环保性明显提高。受世界环保法规越来越严格的要求影响，水性漆得到快速的发展，各大汽车涂料生产商均在加紧研制水性漆，如德国 BASF 公司生产的"鹦鹉"水性漆，目前主要有水性底漆（70 系列）和水性面漆（90 系列，见图 8-10）。

图 8-10 "鹦鹉"水性面漆

因水性漆有其独特的特点，在涂装时其工艺与溶剂型漆的工艺会有所差别。

寄语：研发和使用水性漆，是对世界环境保护的支持，是对"全方位、全地域、全过程加强生态环境保护"的贯彻执行。

【学习目标】

1. 知识目标

（1）能够正确描述水性涂料与溶剂型涂料的主要差异。

（2）能够正确描述水性漆的干燥、储存及喷涂施工时对温度、湿度的要求。

2. 能力目标

（1）能够正确解读"鹦鹉"水性漆产品说明。

（2）能够正确进行"鹦鹉"水性漆的涂装。

3. 素质目标

（1）培养安全卫生习惯和环保意识等职业素养。

（2）培养可持续发展的综合素养。

【相关知识学习】

一、水性涂料与溶剂型涂料的差异

树脂溶解在溶剂中成为溶解型涂料，树脂分散在水中成为分散型的水性涂料。它们的性质和流动性有较大的差别，此外，水和有机溶剂也有很大的差别。在使用水性涂料的场合必须熟知这些差别。

1. 颜料的分散性

有机溶剂型涂料几乎都是溶解型涂料，涂料中的树脂分子呈"人"字形。而水性涂料多系分散型涂料，树脂分子呈绕线团形的圆粒子状。所以这意味着水性涂料中的分散粒子难吸附在颜料表面上。此外，水性涂料在施涂初期的光泽鲜艳性好，但在室外暴露时的光泽保持率低。现在的水性涂料在经人工老化促进试验 3000 h 后，能维持光泽保持率 85% 以上，已是最高的限值。

2. 表面张力

水性涂料的表面张力较溶剂型涂料的高，在涂装时易产生下列缺陷。

① 不易扩散进入被涂物表面的小细缝中。

② 易产生缩孔、针孔。

③ 展平性不良。

④ 易流挂。

⑤ 不易消泡。

3. 蒸发潜热

水非常难蒸发。它的沸点为 100 ℃，比大多数有机溶剂的沸点高，汽化所需蒸发潜热非常高，远远高于一般的有机溶剂。所以水性涂料在涂装时易产生流挂，还有在涂装金属底色时，第二层和第三层的晾干时间过长，延长整个涂装时间而使作业效率变低。溶剂型涂料涂装时，考虑季节的温度差，可通过调配与某温度相适应的蒸发速度不同稀释剂的组合技术，使其作业效率仍保持良好。

4. 温度、湿度的影响

水性涂料对于温度和湿度的变化也不像溶剂型涂料那样柔和。

5. 分散粒子的安定性

溶解的粒子对剪切力、热量、pH 值等都安定，而分散的粒子是不安定的，所以需要对分散粒子采取安定化的对策。受剪切力后的分散粒子容易被破坏，剪切力增大导致黏度下降，因而须考虑在制造、输送水性涂料过程中避免受剪切力的作用。分散粒子对 pH 值很敏感，漆液中混入酸性物质后分散粒子被破坏而容易产生胶化。寒冷时，在循环管路内输送过程中受冻结后的分散粒子易被破坏，涂料也就不能使用。

二、修复用水性涂料

1. 双组分水性底漆

水性双组分防腐底漆用在钢板、镀锌钢板、铝材上，用作 1K 填充中涂底漆下的防腐底漆和附着底漆，也可以用作磨穿处的底漆，表面上可以直接喷涂水性面漆。表 8-11 为"鹦鹉"70-2 水性底漆技术说明。

表 8-11   "鹦鹉"70-2 水性底漆技术说明

技术图标	技术参数	技术要求	
	应用	防腐或附着底漆	用于磨穿处，直接喷面漆
	涂装工艺系统	锐丽-水性系统	
	可喷涂面积效率	360 m^2/L（膜厚为 15 μm）	
	混合比例（体积比）	1∶1+30% 1 份 70-2	
	固化剂	1 份 270-2	
	稀释剂	30%（体积比）90-VE	
	喷涂黏度 DIN 4 （20 ℃）	16 s	活化时间（20 ℃）：5h
	重力式喷枪；喷涂气压	HVLP 喷枪：1.3 mm；2.0～3.0 bar/0.7 bar（0.2～0.3 MPa/0.07 MPa）（在喷嘴处）	

续表

技术图标	技术参数		技术要求
	喷涂层数	2 薄层	2 薄层，向周边小范围渐变喷涂
	膜厚	20～25 μm（遮盖）	约 20 μm，在磨穿区域
	闪干　　　　（20 ℃）		约 10 min 至亚光
	手工湿打磨		边口粗糙区域可用白色百洁布轻打磨
	干燥　　　20 ℃	约 20 min 至亚光	
	60 ℃	约 10 min 至亚光	

应用：水性双组分防腐底漆。

特性：可作用在铁板、镀锌钢板、铝材上，鹦鹉 76-71 1K 填充中涂底漆下的防腐底漆和附着底漆。也可作为磨穿处的底漆，表面直接喷涂 90 系列底色漆。

注意：① 高湿度及低湿度的环境中施工，需延长闪干时间。用吹风机加速闪干。在喷涂其他材料前，要确认这个底漆表面已经完全呈亚光状态。
　　　② 所有用法的最长活化时间是 5 h。活化时间结束后，材料黏度增加，其他的性能随之改变。

从表 8-11 中可以看出，水性底漆与溶剂型底漆涂装的主要区别在于涂料的配套性，即"鹦鹉"水性底漆（70-2）应与专用的固化剂（270-2）及 90 系列 VE 稀释剂配套使用。

2. 单组分（1K）水性填充底漆

单组分水性填充底漆用于固化不良的旧漆膜的封闭处理，还可以用在防腐底漆之上，作为填充用的底材处理，还可以作为打磨指导层使用。表 8-12 为"鹦鹉"76-71 水性填充底漆的技术说明。

表 8-12　　　　　　　　　　"鹦鹉"76-71 水性填充底漆的技术说明

技术图标	技术参数	技术要求
	涂装工艺系统	锐丽-水性系统
	可喷涂面积效率	373 m²/L（膜厚为 15 μm）
	稀释剂	90-VE，如果需要
	喷涂黏度　DIN 4　（20 ℃）	26～36 s（开罐即用）
	重力式喷枪；喷涂气压	HVLP 喷枪：1.7～1.9 mm；2.0～3.0 bar/0.7 bar（0.2～0.3 MPa/0.07 MPa）（在喷嘴处）
		兼容喷枪：1.6～1.8 mm；2.0 bar（0.2 MPa）
	喷涂层数	2 层
	膜厚	50～70 μm
	闪干　　　　（20 ℃）	约 5 min，层间闪干至亚光
	干燥　　　　（60 ℃）	30 min
	红外线　　　（短波）	8 min
	（中波）	10～15 min

续表

技术图标	技术参数	技术要求
	手工湿打磨	P800 再一次用水或鹦鹉 700-1 清洁剂做清洁

应用：水性填充底漆。

固化不良的旧漆膜的封闭剂。

做 TPA 的底材处理。

可以作为打磨指导层（1∶1 与鹦鹉 90-VE 混合）。

特性：只含低于 5% 的有机溶剂。

注意：① 最低施工温度为 15 ℃。

② 干燥主要取决于温度、湿度、气流循环和膜厚。

③ 喷枪不用时，可以将枪头浸在水中。

④ 使用 700-1 做相关工具的最后一遍清洁。

⑤ 收集残留的涂料和废水，并按照相关的技术说明，用 700-7 做凝结处理。

⑥ 当 70-2 作为其底漆时，不要用红外线干燥。

⑦ 储存时间：12 个月。

3. 水性底色漆

水性底色漆分为水性银粉底色漆和水性纯色底色漆两种，属于 1K 型涂料，按双工序施工，表面可以喷涂水性或溶剂型清漆。水性底色漆遮盖力极强，溶剂含量只有 10%。表 8-13 所示为"鹦鹉"90 系列水性底色漆的技术说明。

表 8-13　　　　　　　　　　"鹦鹉"90 系列水性底色漆的技术说明

技术图标	工艺参数	技术要求
	修复涂装工艺系统	锐丽-水性系统
	可喷涂面积效率	130 m²/L（膜厚为 1 μm）
	混合比例	2∶1（体积比） 2 份 90 系列金属色/纯色（按配方调配）+1 份 93-E3
	稀释剂	（加入调整剂后，立即混合均匀） 如果用了慢干 90-M4，就必须用慢干 93-E3
	喷涂黏度 DIN4　（20 ℃）	18～24 s
	活化时间（20 ℃）	混合后的涂料在塑料容器内可以储存 6 个月
	重力式喷枪；喷涂气压	HVLP 喷枪：1.3 mm；2.0～3.0 bar（0.2～0.3 MPa） 兼容喷枪：1.3～1.4 mm；2.0 bar（0.2 MPa）
	喷涂层数	2 层遮盖，1/2 效果层。膜厚：10～15 μm
	闪干　　　　（20 ℃）	每层间约 5 min，闪干至亚光
	干燥　　　　（20 ℃）	用吹风机吹干至亚光

续表

技术图标	工艺参数	技术要求
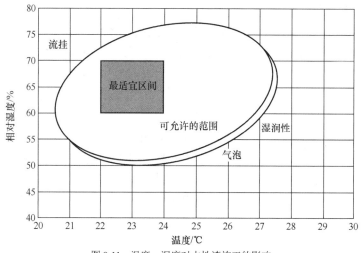	轨道式打磨机	干打磨去除尘点，然后用驳口渐淡法轻喷表面，除去磨痕

应用：银粉底色漆和纯色底色漆/清漆修复系统。

　　　湿碰湿喷涂鹦鹉 923 系列清漆。

特性：非常强的遮盖力，工作效率高。

　　　水性，仅有少于 10%的溶剂。

注意：① 配方中需加入 90-M4，能满足汽车修补漆的所有颜色需求。

　　　② 在高温或大面积修复时，可用慢干 90-M4，同时用慢干 93-E3。

　　　③ 当储存在塑料罐内或有内涂层的铁罐内时，调好的涂料可储存 6 个月。

　　　④ 汽车生产厂家对固化剂有要求时，参考 93-IC330 的 TDS。

　　　⑤ 使用合适的吹风机显著地缩短闪干时间。

　　　⑥ 喷涂 923 系列清漆前闪干 2～3 min（至表面亚光）。

　　从表 8-13 中可以看出，水性底色漆需要与专用调整剂（93-E3，去离子水）配套使用。

三、温度、湿度对水性漆施工的影响

　　如图 8-11 所示，水性漆最佳的施工温度和湿度范围为：温度为（23±1）℃，相对湿度为 65%±5%。

图 8-11　温度、湿度对水性漆施工的影响

四、水性底色漆的干燥

　　水性底色漆的干燥曲线如图 8-12 所示，干燥过程分为红外线烘烤约 1.5 min、吹热风约 2 min 和吹冷风约 2 min 这 3 个主要步骤。烘烤温度不得高于 75 ℃。

　　为了解决水性面漆闪干慢的问题，应使用吹风机来加快水分的蒸发，如图 8-13 所示，保证在喷涂清漆前，水性底色漆中的水分必须蒸发到小于 10%。在做小面积修复时（例如车门、翼子板的修复等），可以减少喷烤漆房的加热需要，以提高工作效率。水性漆干燥方式的比较见表 8-14。从表 8-14 中的数据可以看出，用吹风机辅助干燥的速度明显要快于烘烤和自然干燥的。

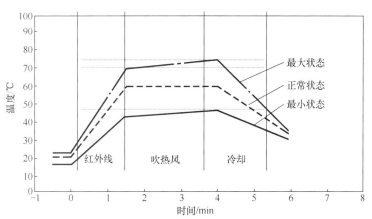

图 8-12　水性底色漆闪干过程时间-温度变化曲线

图 8-13　吹风机辅助干燥

表 8-14　　　　　　　　　　水性漆干燥方式的比较

干燥系统	在 25 ℃下自然风干	在喷烤漆房内以 60 ℃烘烤	在 20 ℃下用吹风机
第一道喷涂时间	30 s	30 s	30 s
挥发时间	15 min	9 min	3 min+10 s
第二道喷涂时间	30 s	30 s	30 s
干燥时间	17 min	8 min	3 min+15 s
总干燥时间	32 min	17 min	6 min+15 s

注：喷涂工件为翼子板，喷烤漆房内空气流量为 27000 m^3/h

五、水性漆的储存

水性漆的储存环境温度为 5～30 ℃。其在冬、夏两季运输过程中必须分别加热和冷却，运输车需装备恒温系统，涂料储存间和调漆间需安装空调，盛放的容器使用防腐蚀材料制备，如不锈钢和塑料等。

【技能学习】

一、劳动安全与卫生

尽管水性漆的溶剂含量很少，但仍然对人体有一定的危害，特别是在整个涂装系统中，并不是从底漆到面漆均为水性漆，所以，进行水性漆涂装作业时的劳动安全与卫生注意事项与涂装溶剂型漆的一样。

二、整板喷涂水性面漆

因水性漆完全可以涂覆在溶剂型旧漆膜上，而底漆相对面漆而言，涂装操作相对简单，故以下仅以水性面漆涂装为例，介绍水性漆的涂装方法。

如果涂装的是塑料件，则应在清漆中加入柔软添加剂 522-111。其调制方法为：将清漆和柔软添加剂（522-111）以 4∶1 的体积比先混合（对于 PU，体积比为 2∶1），然后将混合物、固化剂和稀释剂以 2∶1+10% 的体积比混合即可。

如果要喷涂亚光效果，则应按"鹦鹉"中浓度亚光清漆 923-55 和 923-57 的技术说明调制亚光效果清漆。

1. 准备工作

（1）清除粉尘。用吸尘器或压缩空气除净待涂装表面的粉尘。

（2）遮盖。对不需要涂装的部位进行严格的遮盖。

（3）除油。用专用除油剂（700-10）对待涂装表面进行一次彻底的除油。

（4）清洁。用专用清洁剂（700-1）对待涂装表面进行一次全面的清洁。

（5）准备涂料。水性漆的调色方法与溶剂型漆的相同。调配好颜色后，将色浆按规定的比例加入专用水（水性漆调整剂 93-E3，"鹦鹉"漆建议的体积比为 2∶1），过滤后装入面漆喷枪。

（6）检查。对打磨、除尘、除油及遮盖情况进行一次全面的检查，确认可以喷涂面漆。

2. 喷涂

（1）水性底色漆喷涂。

① 第一次喷涂薄薄的一层。

② 调整吹风机使漆面被吹干至亚光状态。

③ 第二次厚喷涂。

④ 调整吹风机使漆面被吹干至亚光状态。

⑤ 第三次薄喷涂（1/2 层）。

⑥ 调整吹风机使漆面被吹干至亚光状态。

⑦ 打磨。如果表面有灰尘，此时可用美容砂纸将其打磨掉，并再次薄喷一遍。

（2）清漆的喷涂。

在水性漆表面喷涂清漆时，完全可以用溶剂型清漆。

第一次薄薄地喷一层，间隔大约 5 min 喷第二次。清漆喷涂面积可扩大一些。喷涂时要边观察色调边喷，以形成光泽。

如果为局部涂装，则应在清漆与旧漆膜过渡区域喷涂专用驳口水（90-M5）。

3. 干燥

按清漆规定的干燥要求进行干燥即可。

如果是整板喷涂塑料件，其涂装工艺与银粉漆的涂装工艺基本一致，但在喷涂面漆时，需要先喷涂 55 系列底色漆，再喷涂珍珠效果漆。

水性底色漆的喷涂

三、驳口喷涂水性面漆

水性面漆驳口喷涂工艺有板块内驳口喷涂、板块外驳口喷涂和珍珠效果漆驳口喷涂 3 种工艺。由于 3 种工艺与银粉漆的驳口喷涂工艺非常相似，主要是使用材料上的差异，故不详细说明操作步骤。

如果涂装的是塑料件，则应在清漆中加入柔软添加剂 522-111。其调制方法为：将清漆和柔软添加剂（522-111）以 4∶1 的体积比先混合（对于 PU，比例为 2∶1），然后将混合物、固化剂和稀释剂以 2∶1+10%的体积比混合即可。

如果要喷涂亚光效果，则应按"鹦鹉"中浓度亚光清漆 923-55 和 923-57 的技术说明调制亚光效果清漆。

1. 板块内驳口工艺

"鹦鹉"90 系列水性底色漆板块内驳口修复系统如图 8-14 所示。

1. 驳口区域的前处理

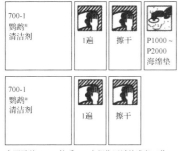

参照鹦鹉RATIO体系TDS中损伤区域的准备工作。

2. 修补区域的喷涂

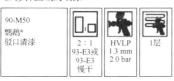

3. 损伤区域的喷涂

注意：大不闪干的情况下连喷两层。为了获得平滑的过渡效果，第二层喷涂面积要大于第一层的。

4. 喷涂效果层

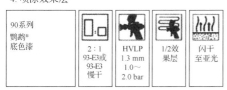

注意：喷涂效果层以匹配最终颜色效果。

图 8-14　"鹦鹉"90 系列水性底色漆板块内驳口修复系统

5. 清漆的喷涂

923系列 鹦鹉® 高浓度清漆	 2:1+10% 929系列 352系列	 HVLP 1.3 mm 1.0～ 2.0 bar	 1¹/₂～ 2涂层	30 min 60 ℃

注意：如果不受装饰条或边缘限制，喷清漆时应该在修复区域向相邻区域减淡，用352-450或352-500将清漆驳口区域处理平滑后再进行烘烤干燥。

6. 清漆驳口或过渡区域平滑处理

352-450鹦鹉® 驳口稀释剂或 352-500鹦鹉® 点修复驳口水	 HVLP 1.3 mm 1.0～ 2.0 bar	 1～2层	 30 min 60 ℃

图8-14 "鹦鹉"90系列水性底色漆板块内驳口修复系统（续）

2. 板块间驳口工艺

"鹦鹉"90系列水性底色漆板块间驳口修复系统如图8-15所示。

1. 驳口区域的前处理

700-1 鹦鹉® 清洁剂	 1遍	 擦干	P1000～ P2000海 绵垫

700-1 鹦鹉® 清洁剂	 1遍	擦干	

参照鹦鹉RATIO体系TDS或修复系统4a中对于新工件或损伤区域的准备工作。

2. 新部件或待修部件的喷涂

90系列 鹦鹉® 底色漆	2:1 93-E3或 93-E3 慢干	HVLP 1.3 mm 2.0 bar	1薄层	闪干 至亚光

注意：喷涂新部件或待修复部件时，在与相邻板块的过渡区域预留10 cm。

3. 过渡口区域及相邻区域的喷涂

90-M50 鹦鹉® 驳口清漆	2:1 93-E3或 93-E3 慢干	HVLP 1.3 mm 2.0 bar	2层

注意：喷涂两层，层间无须闪干，为了获得平滑的过渡，第二层喷涂面积需要大于第一层的。

图8-15 "鹦鹉"90系列水性底色漆板块间驳口修复系统

4. 两个板块之间过渡口区域的喷涂

90-系列 鹦鹉* 底色漆	2:1 93-E3或 93-E3 慢干	HVLP 1.3 mm 1.5 bar	2层 在两个相 邻板块间 渐变过渡

注意：降低气压，喷涂两层，层间无须闪干。

5. 新部件或待修复部件的喷涂

90-系列 鹦鹉* 底色漆	2:1 93-E3或 93-E3 慢干	HVLP 1.3 mm 2.0 bar	1层 向板块 边缘 渐淡	闪干 至亚光

注意：在板块边缘之内喷涂一层，以达到遮盖效果。

6. 过渡区域及相邻板块的效果层喷涂

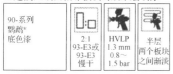

90-系列 鹦鹉* 底色漆	2:1 93-E3或 93-E3 慢干	HVLP 1.3 mm 0.8～ 1.5 bar	半层 两个板块 之间渐淡

注意：降低气压，喷涂效果层以匹配最终颜色效果。

7. 新部件或修复部件的效果层喷涂

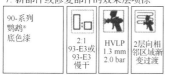

90-系列 鹦鹉* 底色漆	2:1 93-E3或 93-E3 慢干	HVLP 1.3 mm 2.0 bar	2层向相 邻区域渐 变过渡

注意：在相邻区域渐淡法喷涂效果层以匹配颜色。

8. 清漆的喷涂

923-系列 鹦鹉* 高浓度清漆	2:1+10% 929系列 352系列	HVLP 1.3 mm 2.0 bar	1¹/₂～ 2涂层	30 min 60℃

注意：喷涂清漆。

* 如果是银粉漆，需另加10%～20%的93-E3（18～22s DIN 4）。

图 8-15　"鹦鹉"90 系列水性底色漆板块间驳口修复系统（续）

[1] DEROCHE A G. 汽车车身修理与漆面修复[M]. 李军，译. 北京：国防工业出版社，2000.

[2] 范家春，刘习成. 汽车涂装[M]. 北京：机械工业出版社，2015.

[3] 蔡志勇，韩雪中. 汽车涂装[M]. 合肥：中国科学技术大学出版社，2015.

[4] 缪建明，徐利琦. 汽车涂装[M]. 杭州：浙江科学技术出版社，2015.

[5] 韩星，燕寒. 汽车涂装技术[M]. 北京：国防工业出版社，2016.

[6] 李远军. 汽车涂装技术[M]. 北京：北京理工大学出版社，2015.

[7] 宋孟辉，惠有利. 汽车涂装与修复[M]. 北京：机械工业出版社，2016.

[8] 黄启敏. 汽车涂装基础[M]. 北京：北京理工大学出版社，2016.

[9] 杨光明，魏金营. 汽车涂装快速入门[M]. 长沙：湖南科学技术出版社，2015.

[10] 谷祖威. 汽车涂装与美容装饰[M]. 青岛：中国海洋大学出版社，2015.